电子科技大学马克思主义学院学术著作出版基金

电子科技大学 2021 年度哲学社会科学繁荣计划文科重点项目培育计划

电子科技大学天府协同创新中心数字党建研究所科研项目

资　助　出　版

川渝红色文化体系及其当代价值研究

CHUANYU HONGSE WENHUA TIXI

JIQI DANGDAI JIAZHI YANJIU

刘宗灵 著

人民出版社

序　一

　　《川渝红色文化体系及其当代价值研究》一书,是电子科技大学马克思主义学院副院长刘宗灵同志在其团队的支持下,历时两年有余辛苦耕耘所完成的学术成果。该书也是四川省社会科学研究"十三五"规划 2020 年度重大项目"川渝红色文化的发掘、传承及其对打造成渝地区双城经济圈的现实价值研究"(SC20ZDCY004)的最终成果,并在 2022 年秋的课题结项评审中获得专家高度认可,获评"优秀"等级。本书具有鲜明的地域特色与时代特色,是对川渝红色文化体系及其当代实践价值的专题研究成果。

　　川渝地区是西南大区的核心板块,在中国共产党的领导下,万千巴蜀儿女拼搏不止、奋斗不息,在这块沃土上缔造了内涵丰富、意义充沛的红色文化,且蔚为体系。正如本书作者所述:"川渝红色文化体系是川渝地区广大人民群众在新民主主义革命时期创建的红色文化综合体,是在中华传统优秀文化、独具特色的巴蜀文化、先进的外来革命文化等各方文化因子影响下逐渐生成的,具有深厚而宽广的文化渊源与历史底蕴。"这一红色文化体系中的每一个因子都值得后人去细细探究、咀嚼与体悟。本书作者的相关研究,可谓正当其时,价值匪浅。本书的鲜明特点大致来说有以下三个方面:

　　第一,体系完整,逻辑架构充实。在本书问世之前,学术界、理论界亦有不少探讨四川省、重庆市所在区域红色文化资源相关议题的论著,为本成果的研究提供了厚实的学术资源与前期基础。不过,针对川渝红色文化资源的内涵特征、形成条件、生成逻辑、演变过程、当代价值、实践进路等多层面议题,进行整全性、体系性研究的专著成果,确是付诸阙如。因此,共计 20 余万字、主体内容多达八章的本成果撰成面世,或可为学术界、理论界进一步拓展与深化对川渝红色文化体系乃至地域红色文化资源的全面研究提供一份助力。

第二,研究较为深入,阐释较为翔实。本书作者多年浸润于新民主主义革命时期中共四川党史革命史研究,在发掘四川党史相关革命史料、探究四川党史革命史实、研讨四川党史革命史发展演变规律等方面用功颇深,积累了比较丰富的前期成果,为本书议题展开论述奠定了深厚的学理基础。例如,作者先后在《中共党史研究》《党史研究与教学》《民国档案》《苏区研究》等国内党史革命史以及史学类知名核心期刊上发表相关学术论文 10 余篇,先后承担了国家社科基金项目"民主革命时期中共四川地下党组织研究"、教育部人文社科项目"百年来中国共产党人对'五四精神'的纪念、诠释及其价值意义研究"等各类高级别党史研究课题多项,这些都是本项成果得以顺利开展并圆满完成的前提,也有力地保证了本书的学术品质。

第三,现实意义鲜明,实践指向性强。本书并非单纯讨论四川地方党史革命史学术研究问题的理论著作,而是有着鲜明的现实关怀、强烈的实践指向的成果。该书在前半部分花了较大篇幅分析孕育川渝红色文化体系的土壤要素、背景条件及其内涵特征,但最终落脚点是探析成渝双城经济圈建构视域下,川渝红色文化体系所能发挥的区域文化共同体熔铸价值与国民思想政治教育实践意义,这一点在本书第七、八两章"成渝双城经济圈建设战略背景下川渝红色文化的传承路径""川渝红色文化体系对于打造成渝双城经济圈的现实价值"的相关论述中得到了较好呈现。成渝地区双城经济圈建设是一项重大的国家战略,近年来从中央到地方均发布了若干意义非凡的相关文件政策,为西南经济社会发展轴心的成渝地区发展指明了方向。在中国区域发展板块上,成渝地区一直举足轻重,国家也明确将成渝城市群与京津冀城市群、长三角城市群和粤港澳城市群等并列,预期将其打造成整个西部地区新的经济增长极。在这样的国家宏大战略背景下,本书的研究无疑具有强烈的时代价值,可从历史文化认同与思想精神资源发掘利用等多个层面,为区域经济社会发展和社会主义先进文化建设提供一份来自学界的力量。可以说,本书是熔历史梳理与现实探讨、历史意义分析与实践价值发掘于一炉的学术成果,在近年来关于地域红色文化资源探究的诸多论著中,具有鲜明特点与独特意义。

刘宗灵同志是近年来地方党史革命史研究领域中涌现出来的青年学者,既有敏感的问题意识和创新意识,又有深厚的学术功底和学术担当。本书较好地将党史革命史研究学术成果,转化为促进地方红色资源发掘与红色文旅产业发展的理论成果,是一种有意义的学术研究和实践尝试。

衷心希望刘宗灵同志在中共党史、地方党史革命史以及更广泛的研究领域取得更多、更扎实的学术成果。

是为序。

华南师范大学马克思主义学院院长
教育部"长江学者"特聘教授
教育部高校思政课总教指委副主任委员

序　二

　　我院青年才俊刘宗灵同志的又一本专著即将问世了,他托付我为其新书作一序言,思虑良久,盛情难却,遂勉为其难,提笔落墨,聊寄数语以资勉励。

　　宗灵同志于2011年夏季正式入职我所在的电子科技大学马克思主义学院(当时学院名为马克思主义教育学院,2017年初经学校批准更名为马克思主义学院)。宗灵与刚刚建院不久的成电马院共同成长,迄今已在本院工作近12年了。在12年的奋斗中,宗灵工作勤勉、笔耕不辍,醉心于四川地方党史研究,屡有佳作问世。本书的付梓便是他近年来持续深研四川地区党史革命史的结晶,有汗水,更有智慧。

　　巴山蜀水地域辽阔,文脉发达,历史悠久,而氤氲其中又绵延流畅的革命精神无疑更值得我们敬仰与敬重。近代以来无数仁人志士在这片热土上浴血奋斗,以解民于倒悬,拯救苍生,重塑美丽家园。在这个过程中,逐步形成了以开国元勋、将帅高干、革命志士、英模烈士、知名爱国民主人士以及党的重要领导机关的故居、活动场所、牺牲就义地等遗迹旧址为红色基点,以红军主力部队长征路线和各地革命游击队活动路线为红色线路,以川陕苏区所包含地理板块为红色片区,类似这样数量众多的点、线、面所交织融汇而成的红色资源库。这个宝贵的川渝红色资源库不仅熔铸了绵延不绝的红色文化,缔造了伟大的革命精神,也刻就了今天已浸润入中国人民思想胚胎的红色基因、红色元素。川渝红色文化既是近代以来形成的中国先进革命文化的有机组成部分,也作为巴蜀本土地域文化的一部分而存在。这正如本书作者所述,川渝红色文化分布广泛、类别构成多样、资源丰富多元,且同当地民俗文化融合度高。它既体现为物质形态的红色文献、标语、歌谣和影视戏曲作品,星罗棋布的红色遗址和纪念设施;也体现为精神形态的"川陕苏区精神""长征精神""红岩精神"等等;还体现为党领导的红色政权、红色武装、红色团体等积淀而成的,以制度形态存在的各项政策规定、方针措施及其他制度性实践。于此可见,川渝红色文化体系正是马克思主义基本原理同中国具体实际相结合、同中华优秀传统文化相结合的产物,既体现了新民主主义革命时期一代代革命者为国为民浴血奋斗的悲壮历史,也呈现了改革开放和社会主义现代化建设新时期一代又一代建设者不忘初心、奋发图强的源头回水与高质量发展壮阔历程的厚重底色。

作者在本书中尝试对川渝红色文化体系及其所具有的当代价值进行全面、系统的探析,立意于从理论与实践相结合、历史与当下相融汇的视角,从全局视野与整体思维出发,以"文化"及其载体为主要议题,围绕着川渝红色文化这一中心要素展开发掘、梳理。与此同时,作者也为本研究限定了具体的时空范畴,即以 1919 年至 1949 年为主要时间维度,以今四川省和重庆市为空间范畴,对这一具体时空维度之下地域红色文化体系所蕴含的丰富内容进行系统考察和探索解析。更重要的是,作者还围绕着川渝红色文化的当下实践价值这个维度,对川渝地区红色文化的传承延续具体路径,作为红色文旅资源的创新性可持续开发之途,及其在铭记历史、思政育人、促进经济发展、共享交流、传承文明等各层面的现实价值,展开了分析探究。从某种程度上来,本书对于今天作为党和国家促进地方经济社会发展重大战略之一的成渝地区双城经济圈建设事业,富有启发意义。作为四川省核心地带的环成都经济区与作为云贵川黔陕鄂湘等多省区结合部的整个重庆市,既然在革命年代能够携手共创一段波澜壮阔的红色历史,在和平年代能够共享一个丰富充实的红色资源宝库,那么她们在新时代中国特色社会主义建设事业正如火如荼的攻坚克难期,又为何不能协作共进、融为一体,共同缔造全面建成社会主义现代化强国之路上的辉煌"双城记"呢？

　　最后，我衷心期待宗灵同志在研究的路途上持续耕耘、不懈奋斗，以更多的佳作助推学院的学术科研事业继续向前发展，也为青年教师树一面旗，为马克思主义理论学科更好地与社会需求相结合努力贡献自己的一份力量！

　　是为序。

电子科技大学马克思主义学院院长

法学博士，教授、博士生导师

目　　录

导　言

　　"红色文化"一词内涵丰富、源远流长,就专指中国的语境而言,它是中国共产党与全体人民团结一心,在中华优秀传统文化的继承与发扬上,以马克思主义基本原理为指导、结合中国不同时期的国情,在进行伟大革命、伟大斗争、伟大改革、伟大建设的过程中产生的超脱于单纯物质范畴,但同时以物质为载体的文化产物,其包含了精神、制度、物质三个层面的要素。习近平总书记指出,红色是中国共产党、中华人民共和国最鲜亮的底色,在我国960多万平方公里的广袤大地上红色资源星罗棋布,在我们党团结带领中国人民进行百年奋斗的伟大历程中红色血脉代代相传。红色文化萌芽于中国近现代的革命浪潮之中,成熟于中国共产党领导的新民主主义革命时期,传承于中华人民共和国成立后全国上下勠力同心建设社会主义伟大事业的时期。红色文化所含蕴的,是中国共产党人与中华民族顽强不屈、开天辟地的豪情壮志:在新民主主义革命时期,它体现为破旧立新的革命文化;在社会主义革命和建设时期,它体现为战天斗地的开拓文化;在改革开放与社会主义现代化建设新时期,它体现为革新进取的创新文化;在当今的新时代,它体现为包容统一的和谐文化。时至今日,红色文化毫无疑问已成为中国特色社会主义文化体系的重要构成部分。红色文化资源是我们党艰辛而辉煌奋斗历程的见证,是中华民族在当代最为宝贵的精神财富。每一个历史事件、每一位革命英雄、每一种革命精神、每一件革命文物,都代表着我们党走过的光辉历程、取得的重大成就,展现了我们党的梦想和追求、情怀和担当、牺牲和奉献,汇聚于我们党领导人民浴血奋斗而铸就的红色血脉之中。这一条沉淀了中华民族不屈意志与斗争精神之优秀基因的红色血脉,正是中国共产党政治本色的集中体现,也是新时代中国共产党人的精神力量源泉。

川渝红色文化体系是川渝地区广大人民群众在中国共产党领导的民族民主革命时期创建的红色文化综合体,是在中华优秀传统文化、独具特色的巴蜀文化、先进的外来革命文化等各方文化因子影响下逐渐生成的,具有深厚而宽广的文化渊源与历史底蕴。本书尝试展开对川渝红色文化体系及其当代价值的全面、系统的研究,旨在从理论与实践相结合、历史与当下相融汇的视角,从全局视野与整体思维出发,以"文化"及其载体为主要议题,围绕着川渝红色文化这一中心要素,并以1919年至1949年为主要时间维度,以今四川省和重庆市为空间范畴,对其红色文化蕴含内容进行系统考察和梳理探索,并结合其当下实践价值的维度,对川渝地区红色文化的构成内涵、整体性特征、传承路径及当代意义展开探究。总体而言,川渝红色文化分布广泛、类别构成多样、资源丰富多元,且同当地民俗文化融合度高。它既体现为物质形态的红色文献、标语、歌谣和影视戏曲作品,星罗棋布的红色遗址和纪念设施;也体现为精神形态的"川陕苏区精神""长征精神""红岩精神"等;还体现为制度形态的各项政策规定、方针措施及制度性实践。川渝红色文化的诞生,离不开清末民初以来广大人民群众的不屈抗争,离不开五四前后新文化新思想在川渝地区的广泛传播,也根植于近代以来国势沦丧背景下川渝地区日益紊乱而畸形的经济社会结构,当然也离不开新民主主义革命运动的催化、中国共产党人的坚强领导与川渝地区广大革命者们的浴血奋斗。

川渝红色文化包容多元,具有科学性、广博性、民族性、大众性、时代性和创新性等特征。同时,得益于川渝地区独特的生态环境与地域历史,川渝红色文化既同主流红色文化水乳交融,又体现出独具一格的地方特色。可谓是地域性与整体性、文化性与政治性、民间性与共同性、历史性与时代性的巧妙结合。川渝红色文化既继承了巴蜀优秀传统文化的基因，也脱胎于中国近现代先进革命文化的长期孕育。一方面，川渝人民自古就有着务实肯干、质朴求真、刚毅勇猛、敢作敢为等优良的民俗传统；另一方面，自重庆、万县等地相继开埠之后，川渝人民就走上了反侵略、反封建的近代革命道路，在血与火的反复淬炼中，川渝人民"为有牺牲多壮志，敢教日月换新天"的不屈不挠、敢于斗争的革命意志，为本土红色文化的诞生打下了坚实的基础。由先进革命文化所脱胎而出的川渝红色文化，是我们党和人民在新时代确保信仰阵地不动摇、发展路线不犯错的重要保障力量。

目前，我国正处于全面推动实现中华民族伟大复兴中国梦的关键期，西南腹地也成为促进我国经济社会可持续发展的重要一极，成渝地区双城经济圈建设战略已全面铺开，这既是机遇，也是挑战。当下，有关川渝地区红色文化的传承、保护、发掘与利用工作仍然存在诸多不足，部分红色资源的湮没无闻、相关部门本土性知识的缺失、相关领域工作规划与实践的薄弱、社会各界关注度与资源投入的匮乏，等等，均是对川渝地区红色文化资源宝库开发利用的种种掣肘。例如，川渝红色文化资源在融入本土高等院校思想政治教育过程时，依然面临着内容学理性不足、方式方法陈旧、融入程度不深入不协调以及融入效果不够显著等各方面问题；其在面对广大本土党员干部乃至社会大众进行传播渗透的效果也有待提高。这些问题背后所暴露出的，是社会相关各方对本土红色文化资源开发运用不充分、融入渠道构建流于形式、缺乏系统的育人机制等各种不足之处。如何实现对红色资源的有效利用，如何确保红色文化教育与红色基因传承入脑入心，这需要专业的师资团队、完善的网络平台、适宜的育人环境等系统性工程建设来完成。另外，对红色资源的开发利用同样存在资源浪费、布局欠妥、学理支撑缺乏等亟待解决的问题，这也需要我们进一步去思考未来红色文化资源的发展方向与传承路径。

传承川渝红色文化的优秀基因，发扬川渝红色文化的优秀内涵，对于千千万万优秀的巴蜀儿女实现建成成渝地区双城经济圈这一新时代重大战略目标而言,意义不容小觑。充分发掘、利用、传承川渝红色文化资源,有助于推动双城民众共同历史记忆的建构,消灭历史虚无主义带来的危害,提升双城民众的历史文化素养,更有助于接续巴蜀优秀传统文化精髓,推动社会主义先进文化建设战略,在推动双城文化旅游经济联动的同时,促进双城人民的深厚情感认同与身份认同。

因此,本书拟以八章的篇幅对川渝地区红色文化体系的概念、内涵、构成、特质、形成过程、传承进路及其他相关议题,展开层层递进的考察梳理,以期为今人保护、开发、传承与利用川渝红色文化资源提供一点可能的助益。在总的八个章节中,第一章就国内学界对红色文化的相关研究成果进行了分类述评,并从广泛意义上讨论了红色文化的内涵、基本特征及其功能价值;第二章就本书的主要研究对象川渝红色文化体系进行了初步的解析,涉及其概念、特点、物理形态、精神谱系等等;第三章则集中讨论了川渝红色文化体系形成的社会历史条件,包括政治环境、思想语境、经济背景及其直接肇因等等;第四章进一步从系统化、条理化与综合视角分析了川渝红色文化的若干主要特征,包括其科学性与广博性、民族性与大众性、时代性与创新性等基本特征,以及该红色文化体系的地方特色,如地域性与整体性的融合、文化性与政治性的契合、历史性与时代性的耦合;第五章的内容,则是集中探讨川渝红色文化与巴蜀优秀传统文化的内在关联,论及川渝地区的自然人文环境与建制沿革、巴蜀优秀传统文化的主要内涵、川渝红色文化中的巴蜀优秀传统文化基因等分析视角;第六章的内容,集中探讨了川渝红色文化与中国近现代先进革命文化的内在关联性,首先分别讨论了新、旧民主主义革命时期诞生的先进革命文化的内在意蕴,紧接着对近现代中国先进革命文化的核心基因展开了探析,最后挖掘了川渝红色文化中所内涵与承接的中国先进革命文化基因,从总体上透视了川渝红色文化体系得以形成的时代基因;第七章从当下实践价值维度出发,集中解析了成渝地区双城经济圈建设战略背景下川渝红色文化的传承路径,首先梳理了成渝地区双城经济圈建设战略根本规划及其文化内涵,其次通过问卷调研与实时数据分析,考察了川渝地域红色文化融入川渝地区高校思想政治教育过程的途径及其既有问题,接着探析了川渝地区红色文旅资源开发利用的现状及其问题归因,最后尝试对川渝地区红色文旅资源开发的可持续发展路径与相关对策进行构建谋划,以期对相关主管部门的决策施政产生一定的资政效果;第八章则分别从铭记历史的价值、文明传承的价值、思政育人的价值、促进经济的价值、共享交流的价值等五个方面出发,对川渝红色文化体系建设可能给打造成渝地区双城经济圈带来的现实价值进行了探讨。

综上所述,本书结合历史与现实、理论与实践、意义与价值、过程与结果、形式与内涵、空间与时间等多个维度,从自身的逻辑框架出发对川渝红色文化体系的多个相关议题进行了探讨,限于学识学力之不足,拙作难免有不少浅薄疏漏之处,还望方家多多批评指正!

第一章　红色文化的基本概念

迄今为止,学界、理论界对"红色文化"相关主题的研究,成果已经相当丰富,其中有不少优秀成果可供本著参考借鉴。总体而言,相关成果都是约定俗成地以中国为讨论的空间范畴,以中国近现代乃至当代历程为探讨的时间范畴,而其结合历史脉络与空间形态的梳理,对于我们理解川渝红色文化体系的来龙去脉及内涵外延,具有较大的启发意义。

第一节　国内学界对红色文化的研究成果评述

一、关于红色文化的内涵及表现形式研究

目前,关于红色文化研究成果已较为丰富,国内专家学者多着重于研究红色文化的内涵和表现形式等相关基本议题,学界普遍认为广义的红色文化是在整个社会主义运动历程中,人们所创造的精神、物质文明发展达到一定程度而诞生的产物。但广义的红色文化概念运用到中国实际情况当中,又产生了新的解读与诠释。赖宏、刘浩林认为,红色文化是指中国共产党领导下的中国人民为实现民族独立和人民解放,在革命斗争以及建设社会主义现代化过程中,通过历史实践凝结而成的观念意识形式。[①] 上述两种关

---

① 参见赖宏、刘浩林:《论红色文化建设》,《南昌航空工业学院学报(社会科学版)》2006年第4期。

于红色文化概念的定义成为学术界讨论的热点,绝大部分学者在撰写红色文化相关论著的时候均默认赞同后者。曾喜云认为,红色文化实际上是人民群众联合人民政党和人民军队在革命时期进行艰苦奋斗过程中产生的人格、事迹以及精神遗产。① 杨海霞认为:"红色文化是指在中国共产党领导下,以马克思主义理论为指导,以共产主义为目标,以人民为主体,以新民主主义革命为开端,在长期的革命、建设和改革中形成的影响人的思想模式和行为样式的抽象总和。"②李东坡、郭佳琪指出:"红色文化是党领导人民在中国革命、建设、改革进程中形成的宝贵精神财富,是中国共产党人初心与使命的集中体现,其特有的思想内涵和民族特性对于思想政治教育工作的深入发展具有重大意义。"③邓显超、邓海霞则针对 21 世纪初学界对红色文化由来和概念的研究成果进行了较为全面的概括,他们认为从 2015 年往前的十年间,学术界对红色文化的定义大致可以分为"文化资源论、革命文化论、先进文化论、特色文化论"④这四种类型。

学界对红色文化的概念探讨不仅着眼于对其进行基本定义,亦根据不同表现形式将其归纳为不同形态。彭陈认为:"红色文化是中国共产党在领导人民群众进行革命和建设的过程中形成的集物质形态、精神形态、制度形态为一体的一种文化形态。"⑤郭少华就这三种形态对红色文化进行了解释:物质形态主要指革命纪念馆、烈士遗物、历史遗迹等;制度形态主要包含了政治、经济、文化、军事多方面的制度性、政策性的条例、决议、政策、法律法规等;精神形态在普遍认知内可以理解为革命精神,或者在红色文化和百

---

① 参见曾喜云:《红色文化资源开发利用中存在的问题、原因及对策》,华中师范大学2008 年硕士学位论文。
② 杨海霞:《红色文化的内化困境及对策探析》,《思想政治教育研究》2020 年第 4 期。
③ 李东坡、郭佳琪:《红色文化基因融入思想政治教育意蕴》,《毛泽东思想研究》2019年第 5 期。
④ 邓显超、邓海霞:《十年来国内红色文化概念研究述评》,《井冈山大学学报(社会科学版)》2016 年第 1 期。
⑤ 彭陈:《红色文化涵养大学生价值观的理论前提与实现路径》,《长沙大学学报》2021年第 1 期。

年党史发展过程中产生的优秀精神品质。① 曾喜云将红色文化划分为物质和非物质两种形态,他所认为的红色文化的物质形态除了红色纪念场馆、革命故居外,还包括能够承载革命精神的物质。② 笔者认为学界对红色文化形态及其表现形式的研究已较为深入、全面,笔者从唯物辩证的视角提出物质和非物质形态是沿用了马克思主义方法论对红色文化的基本性质进行界定,从人类社会发展的视角去解释红色文化的三种形态,指出精神文化是整个人类社会发展的驱动力,在此基础上产生了制度文化,在反映精神文化的同时保障了物质文化的构建,三者共同构成了红色文化体系,体现了红色文化体系的科学性、逻辑性与系统性。

二、关于红色文化融入思想政治教育全过程的研究

学术界关于红色文化融入思想政治教育的研究成果颇多,为何以及如何将红色文化融入思想政治教育成为此研究领域的基本议题。就红色文化融入思想政治教育的价值而言,无论是高校、企业还是地方政府、社会团体的思想政治教育工作都需要吸收红色文化资源,二者之结合有一定的价值内蕴和内在关联。范方红从高校思想政治教育视角分析了红色文化对当代大学生的价值作用,其认为红色文化融入高校思想政治教育能帮助大学生树立理想信念,塑造人格魅力,提升道德品质。③ 郭培荣、徐永超认为红色文化融入高校思想政治教育"有利于坚定大学生政治立场,加强思政教育内容多样性,同时还有利于提升教学实效性,从思想上提高学生的'免疫力'"④。

---

① 参见郭少华:《红色文化融入大学生思想政治教育的价值与途径》,《井冈山大学学报(社会科学版)》2011年第4期。

② 参见曾喜云:《红色文化资源开发利用中存在的问题、原因及对策》,华中师范大学2008年硕士学位论文。

③ 参见范方红:《红色文化融入高校思想政治教育的价值与路径》,《学校党建与思想教育》2017年第6期。

④ 郭培荣、徐永超:《红色文化融入高校思想政治教育的价值与路径》,《学校党建与思想教育》2020年第8期。

徐永健、李盼就红色文化资源与大学生思想政治教育的内在关联问题作出了精确阐述:"红色文化对大学生政治信念具有导向作用;对大学生民族精神培育具有奠基作用;对大学生人生发展具有激励作用"①。同一视角下,董淑萍则认为红色文化所具备的三大功能印证了高校思想政治教育与红色文化结合的必要性,即"价值导向功能、文化传承功能、精神塑造功能"②。

此外,学术界关于红色文化融入思想政治教育的研究,还涉及如何有效地、广泛地将红色文化融入高校思想政治教育全过程。张雅楠认为可以通过三个融入——"融入大学教学过程、融入学生实际生活、融入大学校园文化"③,充分发挥红色文化的育人功能,从而实现将红色文化与大学生思想政治教育过程高效相融的目标。大部分学者认可从思政课堂、学生生活、网络渠道、校园文化四个方面推进红色文化融入高校思想政治教育的观点。红色文化融入高校教育资源库不仅有利于大学生的个人成长,还为高校党建提供了正确的政治导向和可资利用的建设性资源。胡勇胜、唐华山认为红色文化是"深入推进高校基层党组织文化建设的有益实践"④,胡爱军认为红色文化融入高校党建"不仅对社会主义建设工作中起支撑作用,也是帮助高校落实学生党员思想政治工作的重要教育载体之一"⑤。

三、关于红色文化旅游与资源开发问题的研究

渠长根、闻洁璐通过对红色文化资源研究成果的综述,将红色文化资源进行了总结、归纳,他们认为从理论研究来看,红色文化资源分为"物质类、信息类、精神类",按理论和应用相结合的角度来划分红色文化资源的话,

---

① 徐永健、李盼:《试论红色文化资源与大学生思想政治教育的内在关联》,《思想教育研究》2016 年第 12 期。
② 董淑萍:《红色资源融入高校思想政治教育研究》,兰州大学 2018 年硕士学位论文。
③ 张雅楠:《红色文化融入大学生思想政治教育的途径研究》,兰州交通大学 2015 年硕士学位论文。
④ 胡勇胜、唐华山:《论高校基层党组织建设中的红色文化融入》,《学校党建与思想教育》2019 年第 3 期。
⑤ 胡爱军:《红色文化在高校党建工作中的影响及应用》,《南方论刊》2020 年第 9 期。

则可以分为"红色旧居旧址类、红色器物类、红色文献类、红色文学艺术类、红色纪念建筑类、红色意识形态类"①几个类别。学者张泰城以"主题分类"为主、"兼顾学科"②的原则对红色文化资源进行细致划分,笔者将其整理为十个大类,如表1-1所示。

表1-1 红色文化资源基本分类概况

类 别	子 项
红色旧址	民居宅第、旅店客栈、坪台场地、祠堂寺庙、学校书院、医院诊所、商贸店铺、道路桥梁、井泉渠堰、农田设施、工业建筑及设施、军事建筑及设计。
红色器物	学习用品、办公用具、印信图章、旗帜牌匾、证件徽章、货币票证、邮票邮品、服装被褥、家用器具、耕作农具、器材工具、通信器材、武器装备。
红色文献	纲领规章、宣言公报、决议决定、指示命令、记录纪要、法规条例、布告通告、标语、信函、电报、报告、总结、著作、报纸期刊、讲稿笔记、统计数据、音影图像。
红色人物	具有较高知名度和社会声望、或担任重要职务、或在某方面有代表性、或因其重大历史事件中起了重要作用的人物。
红色事件	党的建设、政权政务、经济财贸、群众运动、文化、教育、体育、卫生、统战工作、理论创新、军事斗争、国际共运。
红色文艺	诗词韵文、小说、报告文学、散文杂著、歌谣唱词、故事传说、绘画、宣传漫画、书法篆刻、雕塑、摄影、音乐、歌曲、舞蹈、戏剧戏曲。
红色建筑	博物馆、纪念堂馆、烈士陵园、碑亭台柱、牌坊塔祠、园林景观、纪念广场、纪念雕塑。
红色精神	思想理论、精神信仰、理想信念、观念观点、伦理道德、意志品格、情感情操、价值观。
红色研究	科研论文、学术著作、对策建议、咨询报告、调研报告、文献综述、教学设计、展陈大纲、规划方案、实验报告、软件开发、科技专利。
红色创作	诗词韵文、小说、报告文学、散文杂著、故事传说、绘画作品、书法篆刻、雕塑、摄影艺术、音乐、歌曲、舞蹈舞剧、戏剧文学、戏剧戏曲、影视文学、影视作品、动画动漫。

注:本表所列资料参考了张泰城《论红色文化资源》(《红色文化资源研究》2015年第1期)一文。

---

① 渠长根、闻洁璐:《红色文化资源研究综述》,《浙江理工大学学报(社会科学版)》2019年第2期。

② 张泰城:《论红色文化资源》,《红色文化资源研究》2015年第1期。

在梳理红色文化资源开发研究的过程中,笔者发现红色旅游研究在红色文化资源开发研究中具有代表性,是红色文化理论与现实的有机结合。在党的十九大召开之前,纵观红色旅游相关研究主要集中在开发模式和路径研究上,金鹏、卢东、曾小乔对中国红色旅游资源开发研究进行了梳理,总结出适合当前红色旅游资源开发的模式主要有"联动开发、社区参与、体验导向、生态开发"①这四种。进入新时代以后,红色文化资源的挖掘和开发引起国家和社会的高度重视,其对于政治、经济、社会、文化的价值影响成为构建现代化强国、实现民族伟大复兴的重要因素。李晓琴、银元认为红色文化资源从外部受到国家战略部署、政策变化、市场需求等影响,其"内部驱动力主要为人民群众对于精神文化的诉求"②。尤其是在我国战略统筹和政策支持下,乡村振兴战略的提出使得中国红色文化旅游迎来新的发展契机,乡村振兴根本目的在于解决"三农"问题,而我国红色旅游资源大部分分布在农村或城乡周边地区,以红色文化资源促进乡村旅游,推进乡村振兴有其内在逻辑。王安平、杨可认为乡村旅游与乡村振兴"存在同一性关联、阶段性关联、同步融合性、具有主导作用和主体作用的一致性以及凝心聚魂共通性功能"③。毛嘉正、李玮认为乡村振兴视域下的红色旅游资源具有五大价值导向:"引领经济推动物质文明;营造宜居文化改善生态文明;弘扬乡土道德提升精神文明;创新基层治理丰富政治文明;提高民生保障水平助力乡镇富裕生活。"④在乡村振兴战略部署和精准扶贫要求下,李勇论述了红色旅游与精准扶贫战略属于"软硬兼施、优势互补、注重结合"的逻辑关系,"以红带绿"构建城乡文化生态经济综合体,体现了红色旅游资源开发与全面乡村振兴总

---

① 金鹏、卢东、曾小乔:《中国红色旅游研究评述》,《资源开发与市场》2017 年第 6 期。

② 银元、李晓琴:《乡村振兴战略背景下乡村旅游的发展逻辑与路径选择》,《国家行政学院学报》2018 年第 5 期。

③ 王安平、杨可:《新时代乡村旅游业与乡村振兴融合发展途径研究》,《重庆社会科学》2020 年第 12 期。

④ 毛嘉正、李玮:《乡村振兴战略下革命老区红色旅游资源价值及开发》,《中国经贸导刊(中)》2020 年第 7 期。

目标的价值。① 杨凯、陈丽军认为一方面乡村振兴推动农村经济发展，另一方面通过红色旅游的方式传承红色文化，能够实现从"扶贫到扶智"的转变。②

学术界不仅从宏观上对红色文化资源的整体开发价值、路径进行了探讨，更根据不同区域特色将红色文化与当地传统文化相结合，进行了独具地方魅力的红色文化内涵、价值等方面的研究。像重庆解放碑这样将红色文化、地区文化以及城市标志性建筑相结合，且红色资源集中分布在城市的情况比较少见，此类研究也较为具体、特殊，因此相关成果较少；大多数红色文化与区域文化相结合的研究主要以井冈山红色文化、延安红色文化等革命圣地红色文化研究的标志性成果居多；也有类似于广西红色文化、江西红色文化、福建红色文化、四川红色文化等地方性红色文化的研究，但这两类大都离不开对红色旅游资源的开发探索和乡村旅游带来的经济文化发展的关注。于此可见，红色文化的发展演进已从历史的遗产、科学的理论走向了社会生活层面的具体实践。龙江兰等人以川渝红色文化为例，对川渝红色文化的政治、经济、文化影响作了简要分析，提出川渝红色文化与当前热门的 IP 概念进行结合，从内涵、联动、衍生品三方面进行红色文化的形象树立和红色旅游文化 IP 传播策略。③ 继续以川渝红色文化为例，地方红色文化与民族文化相结合也是相关资源开发与创新的一条路径。朱小玲认为四川红色文化与甘孜、藏族文化处于交融、交流的情况，以少数民族生态旅游的"绿"与红色文化的"红"进行互补，促进少数民族地区旅游产业与四川地区红色旅游发展，进而丰富和创新红色文化的内涵，这条路径是颇具价值的。④

---

① 参见李勇:《革命老区旅游发展与扶贫攻坚战略刍议——以贵州黎平革命老区为例》,《凯里学院学报》2018 年第 5 期。
② 参见杨凯、陈丽军:《乡村振兴背景下红色旅游扶贫的创新模式和路径——以湖北省黄冈市为例》,《三峡大学学报（人文社会科学版）》2019 年第 5 期。
③ 参见龙江兰、刘然、吴振兴:《川渝红色旅游文化形象建构与传播》,《新闻研究导刊》2019 年第 14 期。
④ 参见朱小玲:《四川红色文化资源及其利用研究》,西南科技大学 2018 年硕士学位论文。

四、关于红色文化面临的发展问题研究

从红色文化概念来看，邓显超、邓海霞认为学术界关于红色文化概念研究的不足有四点：一是学界关于红色文化概念研究颇多，但高质量成果较少；二是学术界尚未对红色文化的基本概念有明确界定；三是红色文化概念的研究缺乏比较的视野；四是由于红色文化的"政治色彩"导致学术界和政界对红色文化的概念问题仍然存在不同看法。[①]

从红色文化资源来看，常胜认为当前红色文化资源面临的困境表现为"理论支撑薄弱，实证研究不足；红色文化氛围不浓厚，公众参与不足；红色文化资源研究碎片化、平面化；红色文化资源宣讲队伍不足导致红色文化资源效用难以发挥"等问题。[②] 董淑萍根据红色资源融入高校教育过程视角建议当前高校思想政治理论基础教育应该更多融入红色资源，融入过程中也应不断健全相应机制，并开发新的红色教育载体，实现教育教学方法的创新。[③]

从红色文化实际应用来看，杨海霞认为"红色文化学理论证不够完善，市场经济对红色文化认知带来挑战，红色文化与日常生活二分影响内化效果"[④]。李阁认为年轻一代对红色记忆的缺失导致红色感情淡化，而市场经济带来的负面影响使得年轻人对红色文化的认同衰减，红色文化"形式化、工具化、低俗化"倾向削弱其影响力。[⑤] 青年人的红色文化认同与红色文化融入思政教育的实际效果具有很大关系。卞成林认为红色文化融入学校思政教育面临三大困境，即"对红色文化认识和理解参差不齐的认同困境；教

---

① 参见邓显超、邓海霞：《十年来国内红色文化概念研究述评》，《井冈山大学学报（社会科学版）》2016 年第 1 期。

② 参见常胜：《红色文化资源效用：现实考察与理性审视》，《广西社会科学》2018 年第 10 期。

③ 参见董淑萍：《红色资源融入高校思想政治教育研究》，兰州大学 2018 年硕士学位论文。

④ 杨海霞：《红色文化的内化困境及对策探析》，《思想政治教育研究》2020 年第 4 期。

⑤ 参见李阁：《中国青年红色文化认同：诉求、困境和对策》，《保定学院学报》2019 年第 5 期。

学方式创新不足的教学困境;传播手段和话语方式跟不上时代变化的传播困境"①。

笔者在梳理国内学者对红色文化的研究时发现,目前国内学者对红色文化的相关研究主要停留在国内视野,红色文化根植于中华优秀传统文化和中国共产党百年奋斗经验,具有特殊意义,但红色文化的诞生和发展也反映了世界脚步。从当今中国的国际地位与话语国际传播效果不难看出,中国红色文化对国际社会也产生了不小的影响,近几年国外学者对于"中国共产党为什么行"等重大问题也进行了一些深入研究,中国特色社会主义道路成功的原因也被许多海外学者所关注与探讨。中国共产党为什么能够带领人民群众取得胜利、为什么能够带领中华民族走向国际舞台中央,离不开我党所遵循的先进科学规律指引,离不开人民群众的团结一心,更离不开红色文化的精神引领。所以,学界对红色文化的国际影响力、红色文化对其他国家的潜在启示等,还有待继续深入研究。②

第二节 红色文化的内涵与基本特征

一、红色文化的概念

从字面意思来理解,"红色文化"在于"红色"和"文化"的结合。笔者根据《现代汉语词典》对"红色"的基本定义,将"红色"理解为简单色彩,美

---

① 卞成林:《红色文化创造性地融入高校思想政治教育的实践路径》,《社会科学家》2020年第5期。

② 近年来学界理论界对长征史迹及其精神的国际影响与世界意义展开了探讨,就是一个很好的开端。参见王智、曹野:《超越时空的长征与长征精神——长征研究的域外视角述评》,《理论月刊》2017年第3期;何一民、关浩淳、邓真:《全球视野下长征精神再认识及其当代意义》,《党政研究》2016年第6期;祝小著:《论红军长征胜利的国际意蕴——纪念中国工农红军长征胜利八十周年》,《北京警察学院学报》2016年第6期;刘宗灵、刘飘:《俯仰天下:长征精神的国际影响及世界性价值探析》,《绵阳师范学院学报》2020年第1期;等等。

术学视角下的"红色"是构成各种颜色的三原色之一;光学视角下的"红色"属于光的三原色;人文视角下的"红色"具有一定的"政治色彩"。从中国历史和传统观念视角来看,"红色"来源于民间大众,具有"民俗""风俗"色彩,象征了喜庆、吉祥,在中国传统习俗中,逢年过节会用红色装饰器物,传统节日和喜庆大事进行舞狮表演,其装扮大都以红色、黄色为主,结婚嫁娶也是挂红帐、穿喜服,跨火盆作为中国传统礼仪,这些也都暗示了中国人将"火红"视为吉祥和兴旺的象征。红色的政治性在中国古代就有暗示,从秦汉到清朝的宫墙都以红色为主色调,古代官邸、皇家园林也大都以朱砂色进行外墙和柱体颜色描绘,除了象征着权力和威严的宫墙、官邸等带有红色基调,红色在古代的地位还体现在朝服上,以明朝汉制官服为例,四品以上官员才有资格着朱衣,其余阶品官服以青色、绿色为主。

而《现代汉语词典》对于"文化"二字给出的名词解释分为广义和狭义,即"人类在社会历史实践中所创造的物质财富和精神财富的总和;社会的意识形态以及与之相适应的制度和组织机构"。作为意识形态的文化能够折射出它所处的社会政治和经济状况,比如中国红色文化的发展程度能够反映出中国政治和经济的发展状态,并且中国红色文化的发展速度也能够呈现出中国政治和经济的发展脚步。每一种社会形态都有与其匹配、适应的文化,且这种文化会根据社会物质生产发展步伐不断完善自我,因此文化便具备了社会物质生产发展过程中的一些特质,比如连续性和历史继承性。

通过上述名词解释可以看出,"红色文化"不同于一般文化形态。中国共产党人将红色从色彩学当中提炼出来,赋予其深厚的人文含义与历史意蕴。1864 年,第一国际成立,其标志的颜色是红色;《国际歌》中也唱道:"快把那炉火烧得通红,趁热打铁才能成功!"①《辞海》对"红色"的政治意义进行了解释:"红色"二字的政治性源于苏联红军,象征着共产主义。② 1927

---

① 高虹洁:《红色文化资源融入高中思想政治教育的应用研究》,华中师范大学 2017 年硕士学位论文。

② 参见刘琨:《红色文化研究》,辽宁大学 2015 年博士学位论文。

年大革命运动失败之后,中国共产党人从血泊中坚强奋起,在白色恐怖下建立起了星火可以燎原的红色政权。书法家吴兰陔先生曾作"痛恨绿林兵,假称青天白日,黑暗沉沉埋赤子;光复黄安县,试看碧云紫气,苍生济济拥红军"①,首次以"红军"一词称呼中国共产党领导的革命武装。为什么说红色象征着革命呢?革命斗争过程中需要有人牺牲,而红色代表着鲜血、生命、火焰、激情,代表着中国共产党对革命胜利的信心和决心。自五卅运动以来,中华民族在中国共产党带领下,通过传承东方文明、学习西方思想、结合中国国情、探索救国道路、进行革命斗争、推动伟大建设,将理论运用到实际,在经济、政治、文化、生态等多方面进行实践活动,从而诞生了丰富的思维、意识、精神、理念等无形产物,这些产物及其物质的、制度的载体就被称作"红色文化"。它是代表着希望、信仰、革命、斗争、奋斗的物质和精神共同发展的财富,包含了意识、人物、历史、精神、物质、制度等一系列内容,以中华五千年历史为起源,经中西方进步思想的洗礼,随着中国革命奋斗史而不断充实、发展,其在不断积淀、丰富、创新过程中形成了一种具有中国特色的社会文化范式。

二、红色文化的内涵

当今社会文化形式多种多样,各种社会思潮、外来价值观涌入中国,中国特色社会主义先进文化始终占领主要阵地的原因,正在于其独具特色的红色主旋律基调。政界、学术界关于红色文化的具体概念至今没有官方界定,但红色文化作为一种区别于其他文化的政治文化意识形态,是社会、经济、政治和文化发展到一定状态的综合反映,并能够对特定形态下的经济、政治及文化产生较大作用和影响;红色文化体系的发展过程印证了中国共产党的成长发展历程,是中国共产党代表先进文化前进方向的有力表征。

---

① 王祥:《十年内战时期社会称谓研究》,山东大学 2007 年硕士学位论文。

中国近现代的红色文化以革命文化为其萌芽的胚胎,逐步形成于1919年五四运动以后,依靠中国共产党成立的契机开始了长达百年的发展与繁荣。在新民主主义革命时期,红色文化的内涵达到前所未有的兴盛与充实,在中国共产党领导的雄伟壮阔革命过程中产生的红色文化,是推动马克思主义理论中国化的重要环节,是一种先进的、科学的文化。以革命斗争为主题的红色文化在这个时期展现了中国共产党人浴血奋斗、一心为民的朴素精神,通过建立革命根据地、走农村包围城市道路,鼓励发展根据地战时经济,创造了承载、体现红色文化内核的物质文化,又延伸出了先进的制度文化,进而从精神、物质、制度三个维度构建了集经济、政治、文化于一体的红色文化体系。至此,红色文化从萌芽到成熟再到繁荣,完整地反映出新中国成立以前经济、政治、文化、社会的发展变化历程。中华人民共和国成立以后,我国进入社会主义革命和建设阶段,红色文化得以延续和发展。此阶段的中国经济因战争、外部封锁等因素发展缓慢,国内任务着重在于大力恢复经济和进行社会主义改造,在此过程中相继诞生了抗美援朝精神、北大荒精神、大庆精神、雷锋精神、焦裕禄精神、"两弹一星"精神等红色精神,分别从国家安全、经济发展、精神文明、社会道德等方面为红色文化的内涵添砖加瓦。在社会主义建设取得相当成就之后,红色文化继续发挥其价值引领作用,以自我革新为内部驱动力,以社会主义现代化建设需要为外部驱动力,与社会主义和谐文化相结合,与社会主义市场经济效应相融合。此时期的红色文化作为新民主主义革命时期红色文化本体的外延,包涵着革新、复兴、和平、发展等核心要素。进入新时代后,国际局势变化和社会基本矛盾的变化,使得红色文化从国家层面、社会层面都对人的全面发展产生了巨大影响,国人对文化建设的战略地位认识迎来了新的跨越,以红色文化为内蕴的中国先进文化促进了中国特色社会主义文化道路的发展、完善;习近平新时代中国特色社会主义思想继承了马克思主义、毛泽东思想、邓小平理论、"三个代表"重要思想以及科学发展观,贯穿于整个习近平新时代中国特色社会主义思想体系的红色文化元素也获得了新的生机,推动了马克思主义中国化的新飞跃;中国共产党全面领导的中国红色政权发展至今,锻造了人民民主专制、多党合作和政治协商制度、民族区域自治制度等在内的政治制度,和公有制为主体、多种所有制经济共同发展的基本经济制度,以及建设"四有"公民为目标的基本文化制度,产生了先进、科学、系统的红色制度文化,充分展现了中国特色社会主义制度优势;以红色基因为内核精髓的红色文化延续了中华优秀传统文化的核心要义,在与马克思主义思想的巧妙结合后,成为中国共产党人百年奋斗的文化支柱。在全球化视域下,红色文化与世界文化进行的交流和碰撞,更加凸显了以红色文化贯穿始终的中国特色社会主义文化体系代表的先进方向。

从革命战争年代的先进革命文化、改革开放以来的社会主义和谐文化,到新时代的中国特色社会主义文化体系,其间不断传承、丰富、发展,是历史与实践的高度理论抽象,是马克思主义中国化与中华民族千年优秀文化的有机结合,是继承与发展、继承与超越的有机统一。学者周宿峰对红色文化的内涵进行了深刻诠解:"红色文化是中国人民在中国共产党领导的长期革命实践过程中,不断选择、融化、整合中外优秀文化思想基础上所形成的无产阶级反对帝国主义、王权专制官僚政治、民族的、理性的、人民的精神纯粹。"①因此,笔者认为红色文化实际萌芽于新、旧民主主义革命相交替的1919年前后,在新民主主义革命时期发展壮大,在新中国成立后70多年的历程中持续发展、深化、熔铸,刻写进了中华民族的最深层基因里。因此可以说,红色文化是中国共产党与全体人民团结一心,在对中华优秀传统文化的继承与发扬基础上,以马克思主义基本原理为指导,并结合中国具体国情,在进行革命斗争、改革建设的过程中产生的超脱于物质,但同时又以物质、制度等为载体的意识形态产物。由于红色文化具有民族性、创新性、时代性等特质,对其展开当代传承、赓续具有较高的现实价值,因此本书关于红色文化的表述也会涉及其本体以外的延展性内涵。

---

① 周宿峰:《红色文化基本问题研究》,吉林大学2014年硕士学位论文。

三、红色文化的分类

（一）红色精神文化

红色精神文化形态的哲学实质是将红色的内核内化于心。红色文化是中国共产党领导我国各族人民在革命战争时期形成的,在国家建设时期和改革开放实践中延续的独有的精神文化、制度文化和物质文化的有机统一体,其呈现的精神形态主要体现为红色精神。红色精神是中国共产党领导全国人民在革命、建设和改革的各个时期凝结而成的伟大革命精神的总称,是中国发展的历史经验总结和宝贵的精神财富。红色精神是中华民族伟大精神和传统文化的积累凝聚,不仅传承和发展了民族精神,而且是中国共产党人优良品质和革命精神的具体体现,是中华民族宝贵的精神财富和先进文化的重要体现。

红色文化的精神形态具有三层意义。红色精神文化以构建精神文明的方式促进个人、社会、国家的全面发展,其育人功能帮助个人树立正确价值观,帮助社会进行道德建设,帮助国家维护意识形态安全。其一,红色精神文化是革命者和红色文化的践行者、传承者与弘扬者出于对民族独立、国家富强、人民幸福的伟大追求不断进行艰苦奋斗、勇于牺牲自我的伟大精神集中,彰显了个人价值和人生意义;其二,红色精神文化是全体人民期盼建立稳定、繁荣、和谐的社会氛围之下认识社会和改造社会的过程中产生的产物,是引领全体社会共同发展、构建文明社会的精神核心所在;其三,红色精神文化通过意识形态功能凝心聚魂,将个人与集体、政党与群众紧密联系,从而维护政权稳定、实现民族伟大复兴。红色精神文化形态蕴含在红色文化的物质与非物质两个范畴当中,蕴含在其三个维度的深层结构之中,是对其他两个维度——红色物质文化和红色制度文化的精神凝练,并作为核心促进"三位一体"的红色文化体系发展壮大。不同历史阶段的红色精神文化在量变与质变中保持内核不变,始终坚持科学的理论指导,始终坚持先进执政党的领导,始终强调德育教化功能,始终围绕社会主义核心价值观,在不同时代中表达时代主人翁的诉求,在不同人群中传递符合时代主题的价值观,是中华民族最宝贵的精神财富、最深厚的精神资源、最强大的精神动力。

（二）红色物质文化

红色物质文化形态的哲学实质是将红色文化的内核外化于形。红色物质文化是承载红色文化精髓的物质形式,属于红色文化的外在表现形态之一。学界内大部分学者认为红色文化的物质形态大致可理解为以戏曲、影视、读物等为例的红色作品;以遗迹、故居、博物馆、纪念馆等为代表的红色建筑;以证件徽章、战时装备、烈士遗物等为例的红色器物,这些都是红色文化的物质载体,属于红色资源范畴。朱景林对红色文化物质载体作了总结:"红色文化物质载体是承载中国共产党革命精神的物质性实体。"[1]

笔者认为红色文化的物质形态包含了人、事、物三个维度。从人的维度来看,在红色文化萌芽、发展、丰富的过程中,具有代表性和重要贡献的人物作为现实的个体,属于哲学范畴,其可以根据红色文化的意识形态功能产生相应的行为、影响,属于红色文化的载体;从事的维度来看,在红色文化伴随革命斗争、改革、建设的过程中发生的代表性事件作为已经发生、已经存在的事实,属于历史范畴,能够记载和解释人们关于红色文化缔造的历史进程,是对红色文化的传承、积累、扩展;从物的维度来看,在人们进行红色文化作业的过程中产生的实际存在的实物,是具体、现实的东西,属于物理范畴,将红色文化的抽象精神和丰富内涵通过物质形式表现出来,并运用其育人功能对广大群众进行潜移默化的影响,更广泛地、更大众化地去传承、赓续红色文化。

（三）红色制度文化

红色制度文化形态的哲学实质是将红色文化的内核固化于制、展示于度。中国共产党领导全体人民推翻"三座大山"、抵御列强入侵、实现民族

---

[1] 朱景林:《红色文化物质载体培育社会主义核心价值观的展示应用研究》,《思想理论教育导刊》2017 年第 5 期。

独立过程中形成了一系列理论、政策、制度等,可以说,中国共产党百年奋斗的过程就是红色制度文化发展演进的过程,是庞大红色文化体系的重要成果。从中共一大到古田会议,确定了党内的基本原则、制度,实现了毛泽东思想的初步发展,以毛泽东同志为主要代表的中国共产党人在对中国特殊国情研判后决定将马克思主义基本原理与中国具体实际相结合,一方面继承了马克思主义基本原理,一方面则又不断探研中国实际,在理论创新和具体实践中逐步形成了毛泽东思想,实现了马克思主义中国化的第一次历史性飞跃。建立苏维埃红色政权是中国共产党对中国特色社会主义制度的初步探索,而新民主主义革命时期中国共产党针对群众问题、根据地问题、党内建设问题等颁布的一系列条例、法令为新民主主义革命时期根据地的生产和建设提供了制度保障,成为中国特色社会主义制度建设的雏形,为此后的社会主义法治建设与社会治理体系奠定了基础。在此期间诞生的红色制度文化继续围绕近现代中国的时代主题、历史任务不断发展。新中国成立前夜召开的人民政治协商会议,是红色制度文化进入全新发展阶段的重大标志,人民代表大会制度和民族区域自治制度的创建,是红色制度文化在新中国日益具有特色性、民族性、民主性的集中体现。红色制度文化的发展不仅限于基本制度建设,中国共产党在社会主义革命和建设时期关于教育、医疗、就业等问题坚持发展完善红色制度文化,提出一系列政策、举措,大力推动国家经济社会事业的恢复、发展、建设。以邓小平同志为主要代表的中国共产党人根据国情与全体人民的根本利益需要,大胆提出改革开放战略,将马克思主义、毛泽东思想与中国具体建设实际紧密结合,开始形成中国特色社会主义理论体系,实现了马克思主义中国化新的飞跃。改革开放时期党在关于完善分配制度、规范社会组织、关注民生建设等方面作出了巨大努力,"一国两制"伟大战略举措的提出更加彰显中国制度建设的特殊性。这一时期红色制度文化得到创新,其发展更为全面、广泛,为进一步探寻中国现代化制度建设打下牢固基础。进入新时代以后,实现中华民族伟大复兴成为全体中华儿女的共同夙愿,习近平新时代中国特色社会主义思想的诞生实现了马克思主义中国化新的飞跃,阐明了红色制度文化的当代理论意义。以习近平同志为核心的党中央及时总结党的百年奋斗经验,提出"十个明确""十四个坚持"等重大思想理论创新成果,充分发挥历史主动精神,积极以红色文化基因的传承和发展推进红色制度文化建设,以提升国家文化软实力、增强核心价值观认同,筑牢文化强国建设根基,加快实现国家治理体系和治理能力现代化。

四、红色文化的特征

中国红色文化本体和外延的发展演变过程,反映了与之相对应的中国不同历史时期的先进文化发展状态,作用于每个阶段中国社会的政治、经济、文化、军事等方面,涵盖了历史学、哲学、社会学等学科研究领域。"它既区别于欧美式的资本主义文化,也区别于经典马克思主义文化和前苏联式的社会主义文化,还不同于中国古代的传统文化"[1],其是在民族存亡之际,中国共产党人将马克思主义基本原理与中国具体实际相结合的产物。其主要特征有以下几个方面:

第一是科学性。红色文化之所以是科学的文化体系,是因其具有科学的思想内核、坚持科学的理论指导。就科学思想和科学理论而言,红色文化起源于以马克思主义为代表的西方社会主义先进思想,启发于马克思主义科学理论,继承了辩证唯物主义和历史唯物主义的世界观和方法论,具备了马克思主义思想基本特征,从哲学意义上来讲,红色文化是科学性和革命性的统一。红色文化的实际诞生蕴含于早期中国社会主义思潮之中,伴随着毛泽东思想的形成而逐步发展,继承了马克思主义基本原理,坚持马克思主义科学理论,坚持辩证唯物主义和历史唯物主义,坚持实事求是原则,坚持理论结合实践,科学揭示了中国革命斗争和社会主义建设的客观规律,是马

---

① 江旺龙、方文龙:《红色文化是马克思主义中国化时代化大众化的重要成果——学习习近平总书记关于红色文化重要论述》,《景德镇学院学报》2018 年第 4 期。

克思主义中国化重要理论成果的具体实践产物。红色文化的科学性不仅体现在其具有科学的指导思想与理论基础,还体现在其先进、革新、创新等特点上面。红色文化以马克思主义理论为科学指导,反对一切封建腐朽思想,追求先进科学思想,追求科学理论,追求先进科学文化,代表了国家和民族的发展方向,具有先进性和前瞻性;红色文化继承了马克思主义批判精神,坚持以科学理论武装全党,坚持用科学的理论来指导中国革命实践,在发展过程中进行批评和自我批评,实现整体自我革新,推动我党不断取得进步,团结人民不断创造奇迹;红色文化蕴含着马克思主义思想体系中的鲜明创新精神,在中国共产党人领导人民推动红色文化的百年发展历程中,其始终坚持将马克思主义与中华优秀传统文化、地方文化、少数民族文化相结合,创造出了多元一体、形态多样的红色文化范式,永葆红色基因的鲜活生机。红色文化的科学性与其先进、革新、创新等特点密不可分,共同构成具有科学思想、科学理论、科学实践的红色文化体系。

第二是时代性。为什么星星之火可以燎原?为什么中国共产党能够夺取政权?为什么中华民族能够屹立于世界民族之林?根本原因在于党坚守以红色文化为核心的中国先进文化体系,坚持以毛泽东思想为代表的中国先进理论,坚持立足于不同的时代特征,建立适应于相应时代的民族大业。新民主主义革命时期,红色文化既是党和人民群众进行政治活动、军事活动和社会活动的产物,又是全体军民抵御外敌、争取民族独立、进行革命斗争的源流所在;社会主义革命和建设时期,红色文化是中国共产党进行自我革命、自我建设的内在驱动力;改革开放和社会主义现代化建设新时期,红色文化是连接海内外中华儿女维护祖国统一、投身祖国建设与发展的坚实桥梁;新时代,红色文化是加快建设现代化强国、实现中华民族伟大复兴的精神支柱。红色文化根植于新民主主义革命时期,在中国共产党历经不同时期的具体实践之中得以丰富发展,映射出我国经济、政治、文化、社会等各方面在不同时代的发展主流和前进方向,具有鲜明的时代特征。

第三是民族性。中华文化起源于华夏文明,经过五千年的历史积淀,融合了不同氏族、部落文明，吸收儒学、道家思想，汇聚各朝代、各民族文化，不断丰富、锤炼，在中华千年的历史脉络中形成了灿烂辉煌而又与众不同的民族传统和文化习俗，赓续了华夏民族的血脉基因，继承了五十六个民族的民族文化，成为区别于其他文明、其他民族的鲜明标识。中国共产党人创造性地将马克思主义基本原理与中华优秀传统文化相结合，孕育出这一历史性和社会性重叠的多形态文化体系——红色文化，它是中国共产党人的智慧结晶，是中华民族特有的文化产物。红色文化是中华优秀传统文化的重要组成部分，是东方文明的延续，其民族性不仅体现在它对中华优秀传统文化的继承、发扬和创新，还体现在与民族发展进步根本方向的一致性上。红色文化在新民主主义革命时期指引中华民族进行革命斗争，在社会主义革命和建设时期鼓舞中华民族进行改天换地的社会改造与新天新地的建设，在改革开放和社会主义现代化建设新时期推动中华民族展开经济建设、推进富国大业，在新时代继续引领中华民族进行伟大复兴。红色文化的价值功能作用于每个历史时期的中华民族，其价值内涵符合各个时期中华民族的主题，是其民族性的鲜明表征。

第四是人民性。红色文化的人民性可以从红色文化的本质直接探寻，即为人民服务。红色文化的人民性主要表现在两个方面，一方面是红色文化的创造主体——人民群众。从哲学和历史学的范畴来看，人类从事生产活动继而诞生国家，人民群众因此创造历史并成为实践的主体，这个过程是一切优秀文化创作的根源，更创造出了反映人民精神意识的红色文化，更是在如此过程中不断形成完善，并呈现出了多种形态。红色文化从内在含义到外在形态都是人民群众进行意识活动和实践活动的产物，是历史创造与社会实践的结果。另一方面则是红色文化的作用主体。教育、艺术、宗教这些一般文化形式的作用主体是人，马克思主义经典学说认为人是一切社会活动的主体。而红色文化的作用主体则是更为具体的人民群众，人民首先是一切社会活动的主体，再则是国家的主体；即便其他个别文化形态同样具有意识形态功能，同样具有政治性，但这类文化大都以团体、组织的形式出现,其核心或为信仰、或为自由、或为其他,并非以人民为中心,而红色文化代表的中国先进文化是真正坚持以人为本,坚持着眼人民群众利益的。我党始终贯彻"全心全意为人民服务"的宗旨,始终以广大人民群众的根本利益为出发点和落脚点,相比之下,中国共产党领导下的红色文化在其他文化形态的基础上,更加强调人民性,更加强调国家民族意识。

第五是大众性。红色文化的产生源于人民大众,服务于人民大众,反映了人民大众的意志和愿望,二者相互作用。红色文化具有非常强烈的群众意识,其发展状态从某种程度而言是群众利益的集中反映。红色文化的兴起是回应大众的内在需求,旨在以人民为中心,但红色文化的大众性区别于其人民性,红色文化的大众性在于"文化"二字,文化的主要目的是提高大众文化素质、提升大众文明素养,红色文化的主要目的是提高大众政治觉悟、凝聚大众精神力量,其大众性体现在红色文化的出发点和落脚点都是大众。红色文化源于艰苦奋斗时期,源于中国共产党和劳苦大众,源于中华大地,具有通俗易懂、贴近群众生活的特点,其大众性一方面体现在具有群众基础,一方面体现在更容易被大众接受。随着社会发展进步,红色文化自身也与时俱进,能够以各种外在表现形式满足大众日益增长的精神文化生活的内在需求,能够在中国历史发展的伟大实践中不断求得发展和创新,其大众性亦体现在符合大众潮流、表达大众诉求、满足大众利益。

第六是创新性。政治经济学乃至哲学范畴的创新帮助人类创造了器具、货物、各种制度规范等,推动人类社会进步;社会学范畴的创新帮助人类在既有条件下走向更先进的文明。如果说人类创造工具是对"创新"的政治经济学解释,那么中国共产党将马克思主义基本原理与中国具体实际相结合就是对"创新"最好的社会学诠释。新民主主义革命时期,马克思主义中国化的第一次历史性飞跃——毛泽东思想,引领中国人民取得了革命斗争的最终胜利,全国人民站起来了;改革开放初期,邓小平同志提出"科学技术是第一生产力""贫穷不是社会主义",带领人民群众大力搞好经济建设,全国人民富起来了;随着国家经济实力增强,港澳回归后,江泽民同志指出,创新是一个民族进步的灵魂,是一个国家兴旺发达的不竭动力。发展科学技术成为改革开放的重要任务之一;当今世界正处于百年未有之大变局,实现中华民族伟大复兴成为当前重任,习近平总书记提出抓创新就是抓发展、谋创新就是谋未来,我们的目标就是在传承、发展、创新中强起来。中国共产党艰苦奋斗、取得一个又一个胜利的百年历程无不印证着红色文化的创新性。

第七是开放性。新民主主义革命时期,毛泽东同志将马克思主义基本原理与中华优秀传统文化相结合,通过分析社会阶级运动,通过对中国当时形势的研判,通过具体的革命斗争实践,使红色文化快速从萌芽走向成熟,短时间内达到质的飞跃。随着我国社会主义建设脚步加快,经济全球化、科技全球化趋势出现,世界上各地区、各民族以及各种社会意识形态的文化呈现出融合发展、多元竞争的趋势,邓小平同志提出了改革开放这一历史性创举,使红色文化资源在经济、政治、文化等多个方面得到继续发展与深入开发的机遇。在新时代背景下,以习近平同志为核心的党中央立足中国国情,将马克思主义、毛泽东思想、邓小平理论、"三个代表"重要思想、科学发展观紧密结合,提出一系列方针、政策,形成了习近平新时代中国特色社会主义思想,向世界舞台展现中国特色社会主义理论体系与当代中国先进文化的主流价值和多元魅力,为红色文化创造更多与其他文明交流、碰撞的空间,充分发挥其开放性,借鉴吸收更多优秀外来文化,进而丰富自身内涵、扩充自身基础,不断进行思想文化淬炼和理论实践。

第三节　红色文化的功能价值

一、红色文化传承对精神文明建设的价值

(一)促进精神家园构建,维护意识形态安全

英国社会学家齐格蒙特·鲍曼认为共同体是一个温馨的地方①,中华

---

① 项继权:《中国农村社区及共同体的转型与重建》,《华中师范大学学报(人文社会科学版)》2009 年第 3 期。

人民共和国是每个中国公民赖以生存的政治文化经济乃至情感共同体,在这个共同体之下,我们需要一种能够凝聚人民力量,表达人民意志的文化,即红色文化。红色文化是民族精魂,是国家根基,是人民对国家的认同感、信念感、归属感、家园感的集中反映。红色文化是全体中国人民的精神家园,培育红色文化离不开中华民族精神共同体的构建。红色文化是中国共产党带领中华民族历经百年奋斗取得的伟大成就,集人的劳动和历史沉淀于一体,是中华民族和中华人民共和国的精神底色。一个国家的精神文明建设关系着民族复兴发展大业,正确的意识形态观是人民群众维护国家政权的基本条件,科学的、文明的、道德的精神文明建设是人民群众实现国家与民族发展的内在动力。就国家层面看精神文明建设,实际上是意识形态范畴的问题,红色文化是构建中国特色社会主义精神文明的核心所在,其意识形态价值表现在传播思想、引导行为、维护稳定、促进发展等方面。红色文化为我党执政奠定了重要的文化基础,党在领导革命成功和国家建设的过程中创造了独特的中国社会主义文化范式,这种文化是对党的宗旨、行动和价值的体现,包括了执政思想、理念和价值。红色文化是马克思主义文化意识形态的重要标识,遵循了马克思主义中国化基本规律,在一次次实践中检验出只有走社会主义道路才能救中国,只有坚持社会主义制度才能发展和强大中国的真理。红色文化与执政文化在奋斗目标和价值取向上具有一致性,始终坚持以广大人民群众的根本利益为出发点和落脚点,为意识形态建设提供有效指导,使其在当前复杂斗争环境形势中始终坚持以人民为中心。意识形态建设关乎党和国家的前途命运,红色文化具有深化马克思主义在意识形态领域指导地位的作用,具有加强中国共产党在意识形态领域领导权的作用。同时,通过传播红色文化,树立社会主义核心价值观,增强民族凝聚力、向心力和归属感,形成最大程度的价值认同,构筑国家精神共同体,这对于增进政治认同、维护意识形态安全、巩固我党执政地位具有重要意义。

（二）营造良好文化氛围，树立社会道德理想

一个社会的环境氛围和文明程度反映了社会发展的整体水平，主要包含了社会生产力水平，社会物质生活条件，政治、经济、文化制度，法律道德建设等。我国是一个社会主义性质的国家，这种性质决定了以人民利益为根本代表、以公有制为主体、坚持共同富裕原则的经济性质，社会主义市场经济正是符合中国特色社会主义的经济形式。用红色文化作为市场经济发展的引领文化范式，是市场经济发展坚持走社会主义道路的重要保障。同时，发展市场经济需要以红色文化为精神动力，在遇到发展困难和矛盾的时候，要用红色文化中的革命拼搏精神为激励资源去战胜困难、化解矛盾。经济社会高速发展导致利益多元化，社会共识和公共价值认同难度加大，人民群众因物质条件发展迅速导致精神世界空虚，道德建设更成为社会发展的重要底线。在物质条件得到满足的情况下，人们开始追求精神世界的富足，红色文化热潮现象反映了社会群体对文化支撑内在的心理需求和精神寄托。随着经济全球化、市场全球化、信息多样化、文化多元化，各种社会思潮和价值观正在渗透社会群体的生活。这些外来文化、外来思潮表现出多元、非主流的特点，反映的是其他民族、地区的文化特点与价值追求，有的甚至具有迷惑性、错误引导性，区别于我们所倡导的社会主义核心价值观，与我国社会文化建设的目标并不一致，因此社会大众文化一度出现了多元演变趋势。而红色文化是起源于大众、服务于人民的社会文化范式，具有不懈奋斗、敢于斗争、艰苦朴素等崇高精神品质，符合社会建设的发展目标，契合人民大众的价值追求、满足社会群众的内心需求。因此，红色文化能够在复杂社会环境中始终占领文化主导地位，并坚持引领大众树立社会主义核心价值观，营造良好社会氛围。良好的社会氛围离不开以为人民服务为核心、以"集体主义为原则"的社会主义道德理想，红色文化恰恰蕴含着充分的社会主义道德理想信念。红色文化的思想渊源、理论基础以及历史实践都体现了全心全意为人民服务的宗旨；革命年代的延安精神、长征精神、西柏坡精神等都反映了中国共产党人不畏牺牲、勇于奉献，将民族利益、集体利益置

于个人利益之上的伟大精神品质。因此红色文化具有推动社会主义社会建设的作用,能够营造良好文化氛围,树立社会主义道德理想,有利于提升全民素质,加强社会集体意识,维护社会稳定。构建红色文化体系有利于传承中华优秀传统文化、传播社会主义科学理论、弘扬共产主义精神,使之能始终立于时代前沿,引领社会主义精神文明和道德建设。革命年代需要红色文化推动社会变革,建设年代需要红色文化促进社会繁荣,中华民族复兴道路上更需要久而弥笃的红色文化旗帜引领我们继续前行。

(三)促进人的全面发展,培养民族复兴栋梁

红色文化的价值追求与社会主义核心价值观同宗同源,二者的同一目标首先就是对现实的人、对现实的个体进行思想政治教育。社会构成要素健康和国家强盛发达离不开个人的发展,红色文化从对帮助个人成长推动社会发展、实现民族兴旺而言,具有积极的影响。第一,红色文化有助于使个人将社会主义核心价值观内化于心。经济全球化、文化多样化、信息科技化一方面推动了人类社会进步,另一个方面也削弱了社会主流价值观的导向功能。红色文化蕴含了中国共产党以人民为中心、以人民利益为核心的执政理念,深刻反映了中国共产党全心全意为人民服务的根本宗旨,以及为人民谋幸福、为民族谋复兴的价值追求,体现了中国共产党人民至上的利益观与实践观。在追求民族独立、人民解放以及社会主义建设伟大事业的全过程中,党不懈努力、坚持奋斗、开拓进取,坚持发展红色文化体系,培养出一代又一代社会主义事业建设者,通过弘扬红色文化,激发人民爱国情感,增强个人使命感与责任感,并使得广大人民群众自觉将个人价值与社会、国家与民族价值统一起来,深入学习社会主义核心价值观的深刻内涵。第二,红色文化有助于人民群众在纷杂涌动的思潮中保持头脑清醒,增强文化自信。在各种社会思潮争奇斗艳的当今时代,利己主义、拜金主义、享乐主义等资本主义腐朽思想盛行,不少"90后""00后"青年们并没有艰苦奋斗的经历,良好的社会条件与宽松的信息传播语境容易使得年轻一代缺乏对外来思潮的辨别能力,容易被错误价值观念误导。当前文化多元、多样、多变,意识形态环境复杂,年轻人作为复兴中华民族的希望所在,必须要保持头脑清醒,对外来文化和价值观具有鉴别能力。从功能和价值上来看,红色文化具有意识形态功能和德育教化功能,有利于强化青年文化底蕴,培养高素质青年人才,加强青年文化自信,提升青年红色认同,增强文化鉴别能力,能够帮助年轻人在移动互联网与大数据时代始终保持坚定的理想信念和正确的发展方向。第三,红色文化的深刻内涵对于个人磨炼意志、锤炼品格具有激励、促进作用。红色文化中蕴含的勇于奉献、努力奋斗、吃苦耐劳精神,在个人的发展成长历程中,能够帮助个体在竞争激烈的社会环境中找到自我、突破自我、发展自我,是引导个人走上正确的人生之路的关键动力。个人与国家是整体与部分的关系,个人的发展关系着国家的命运,红色文化价值引领下帮助个人树立正确价值观,养成良好道德品质,能够进一步促进人的全面发展,为国家富强、民族复兴培养堪当大任的时代新人。

二、红色文化开发对经济社会建设的价值

(一)带动区域新型产业发展

开发、利用红色文化资源,要将其先进性和时代性相结合,在社会高速发展中进行探讨与发掘,才能发现红色文化内在蕴藏的经济社会建设价值。与其他文化资源相比,红色文化的开发和使用是大力提升社会主义核心价值观引导力度、加快经济建设的有效途径。

红色文化是中国共产党在百年艰苦奋斗历程中创造的革命产物,承载了伟大的革命精神和历史记忆,如井冈山精神、长征精神、延安精神以及西柏坡"赶考"精神等,在社会前进脚步中不断发展壮大,如抗洪精神、抗震救灾精神、抗疫精神等,以及勇于探索、艰苦奋斗的全部民族精神,红色文化庞大的精神体系激励和影响了一代又一代中华儿女。开发红色文化资源不仅能够帮助人民群众学习、领会科学的指导思想、树立正确价值观、发扬和传承中国先进文化,还能促进以红色文化为中心的区域经济快速发展。经中西优秀文化和先进科学理论共同孕育于中华大地的红色文化,区别于其他

文化且同时具有经济、政治、文化、社会、生态等多方面价值,因此成为社会主义市场经济条件下推动区域经济发展的强大动力,是区域经济和第三产业发展的重要媒介。当前,红色文化推动经济发展主要形式为红色旅游,红色旅游主要是以"中国共产党领导人民在革命和战争时期建树丰功伟绩所形成的纪念地、标志物为载体,以其所承载的革命历史、革命事迹和革命精神为内涵,组织接待旅游者开展缅怀学习、参观游览的主题性旅游活动"①。红色文化孕育了以红色旅游为主导的新型经济模式,其主要作用有两个方面:第一,从红色文化视角来看,红色旅游属于互动式传承红色文化的重要形式,也是红色资源开发的重要内容,能够通过大众更易接受的形式进行社会主义核心价值观的植入,对于激发群众爱国热情、唤醒群众红色记忆、加强情感认同具有极大积极作用。第二,红色文化促进了旅游业发展,是区域经济增长的新渠道,红色旅游过程中会产生餐饮、住宿、讲解、商品、交通等方面消费,消费是拉动经济增长的主引擎。鼓励红色文化融入旅游业全产业链,一方面会为旅游业注入更多的精神内涵,另一方面推动旅游业的形式深层改革与健康、多样化发展;同时,以培养民族责任感和宣传红色文化保护意识的红色旅游作为第三产业的热门领域,能够拓宽资源、刺激消费、拉动内需,成为区域经济发展的增长点,引领新型产业进一步推进区域经济全面深化改革。除此而外,红色文化的发掘还具有广泛的政治效益、社会效益等等,对当地人文环境、社会进步带来的积极影响是全面、综合、系统的,因此红色文化开发对经济发展和社会建设都具有良好的推动、促进作用。

（二）推进公共服务体系建设

红色文化是健全人格、服务社会、建设国家的重要文化,不论城市、农村的发展都需要红色文化进行推动。红色文化是党和人民在伟大斗争中孕育的具有革命性质的服务型文化,是中华优秀传统文化和中国先进文化的重

---

① 翁钢民、王常红:《基于 AHP 的红色旅游资源综合评价方法及其开发对策》,《工业技术经济》2006 年第 2 期。

要组成部分。红色文化继承了中国共产党全心全意为人民服务的初心和宗旨,即为中国社会公众服务,因此,红色文化服务体系是构成公共文化服务体系的关键要素之一。笔者通过阐释红色文化的基本含义介绍了红色文化的三种形态,其精神形态具有意识形态价值,符合我国社会主义核心价值观的内在要求,在教育传播和文化传播的过程中有利于加快构建教育体系和公共文化服务体系;其物质形态具有较高经济效应,红色资源开发过程中形成的以缩减城乡差距、推进城乡融合发展的第三产业对公共基础设施有了更高要求,因此开发红色资源对加强公共设施建设、提升公共服务水平进而推动社会经济发展具有积极意义;其制度形态具有规范、约束作用,在不断的制度改革创新中有利于维护公共安全,对构建社会保障体系、完善中国特色社会主义市场经济体制具有推动作用。继承和发展红色文化,是弘扬主旋律、传递正能量、彰显文化自信的重要路径,是提升社会主义现代化强国的软实力,开发红色文化资源、健全红色文化服务机制、完善红色文化公共服务体系是增强中国文化软实力的重要举措。

中国先进文化中蕴含着丰富的红色文化资源,尤其是特殊的功能价值,比如红色基因的凝聚作用、红色事业的服务作用、红色产业的竞争作用、红色宣传的号召作用等。我们要把握红色文化的发展规律和特征,对其进行充分开发与有效利用,对于学习先进科学理论、创新中国特色社会主义理论体系、传承红色文化基因、增强国家文化软实力、促进文化强国建设,具有极高的理论意义和重要的现实意义。因此,红色文化体系是公共文化体系的一部分,传承和发扬红色文化,提升红色文化公共服务体系对社会建设和国家发展具有重大意义。

(三) 加快城乡融合发展步伐

党的十九大以来,我国社会的主要矛盾已经发生了转换,不平衡不充分的发展已经无法满足人民对美好生活的需求。我国红色文化资源丰富的地方,个别具有经济发展相对缓慢的特点,以山高路远、区位条件较差的农村地区居多。主要原因有两点:第一,红色文化诞生于新民主主义革命时期,而这个时期我们党结合自身国情开辟出了一条独属于中国的革命道路——农村包围城市、武装夺取政权,依靠无产阶级革命运动推动社会改革的政党建立的根据地主要都是在偏远的农村地区,一方面是更为贴近农村群众,另一方面更利于共产党的生存和发展;第二,战争导致了人员、财物甚至环境遭到破坏,因此这些地区经济发展相对缓慢。当今城镇红色文化发展趋势良好,受二元经济结构的影响,城镇的物质条件、教育资源、政府投入、社会文化氛围都要高于农村地区,从个人情况来看,城镇居民大多受过良好教育,更容易领悟红色文化的精神内涵;从渠道来看,城镇居民可以从学校、企业、单位、社团等多个组织接受红色文化教育;从方式来看,城镇居民可从网络、影视、书本、演出等多种方式接受红色文化的熏陶。而一些农村居民的教育水平、教育资源不如城市居民,接触红色文化的渠道、方式都比较单一,由于前面提到红色文化大都分布在农村地区,相比之下开发、挖掘城市红色文化资源可能会面临一些困难,比如红色资源不够充足,但却更加凸显了农村红色文化资源的优势。所以要大力开发红色文化资源,建立城乡红色文化互动机制,将城市红色文化的打造资源向农村倾斜,加强农村红色文化氛围建设,提升农村红色文化基础设施建设,结合地方特色,打造"红色村""红色乡",吸引城镇居民到农村红色文化基地参观旅游,这不仅能够提升城乡居民的整体文化素质、加强城乡居民的价值认同,也能依靠第三产业带动农村地区经济发展,实现经济、文化共同进步,进一步缩小城乡差距与区域差距,促进城乡融合发展。

三、红色文化保护对生态文明建设的价值

(一) 引领生态文明建设理论创新

红色文化是社会主义先进文化的重要组成部分,蕴含了社会主义的理想信念、价值取向、基本原则和制度规范,而绿色生态作为五大发展理念的内涵之一,遵循了科学发展思路。当今社会追求人与自然和谐相处,物质经济发展与生态文明平衡发展,红色文化所蕴含的中华传统美德、革命道德情

操和时代文明价值,符合当今社会的价值追求、道德要求、精神诉求。弘扬红色文化、推崇绿色生态是实现新时代总目标、建设人类文明新形态的内在要求。关于红色文化与生态文明建设的结合实际上是对"中华民族发展"与"中华民族怎样发展"这两个问题的解释,既明确了当前中华民族必须以"复兴为己任"的前进方向,又深刻体现了"遵循自然、和谐发展"的发展规律。因此,在推动中国特色社会主义现代化发展进程中既要坚定共产主义理想信念,谋求民族复兴,具有大局意识,也要坚持生态文明理念,追求人类发展,具有长远格局。红色文化是中华民族奋力向前的源泉动力,是执政党屹立不倒的精神支柱,是不可复制的意识形态产物,保护红色文化有利于推进红色文化传承与发扬;中国特色社会主义生态文明秉承马克思主义生态文明观,反映了可持续发展道路的精神内核,因此,红色文化开发保护与生态文明建设成为当前中国特色社会主义现代化建设的两个重要内容。

在长期的革命战争年代,以毛泽东同志为主要代表的中国共产党人开辟了一条农村包围城市、武装夺取政权的正确道路,实现了马克思主义中国化的历史性飞跃,深刻体现出中国共产党人开拓创新、锐意进取、坚持奋斗、勇于牺牲的精神品质,反映了红色文化的精神内涵。红色文化体系形成的过程和体现出来的价值影响,足以体现中国共产党人坚定马克思主义信仰、坚持发展科学理论与实践相结合、坚定复兴中华民族伟大理想的印迹。对于红色文化,习近平总书记在多次重要讲话中明确了以保护传承红色文化作为全党全国重要任务的中心思想,加强革命文物保护利用,弘扬革命文化,传承红色基因,是全党全社会的共同责任。[①] 对于生态文明,习近平总书记指出:"生态兴则文明兴,生态衰则文明衰。"[②]该讲话一方面对文明发展规律进行了科学总结,对农业文明的历史教训进行了反思,对工业文明的根本弊端进行了揭示;另一方面,传承了中华千年生态文明观,同时立足中

① 参见胡和平:《立足文化和旅游特色用好红色资源、传承红色基因》,《人民日报》2021年7月19日。
② 《习近平关于社会主义生态文明建设论述摘编》,中央文献出版社2017年版,第6页。

国国情,深刻体现了辩证唯物主义的世界观和方法论,是对广大人民群众根本利益的维护,是对文明发展的历史担当,是对构建人类命运共同体的巨大贡献。绿水青山就是我们的红色江山,"红绿相间"更是中国特色社会主义事业"五位一体"总体布局中文化建设和生态文明建设这两个领域的重要内容,要让我们的红色江山永不变色,就要保护好红色文化,实现红色文化保护与生态文明建设的有机结合。习近平总书记站在对文明发展规律的科学判断的战略高度上,提出的一系列新思想、新论断,把生态文明建设与以红色文化所代表的中国特色社会主义文化统一起来,丰富和深化了马克思主义世界观和方法论,体现了重大的理论创新,有利于推动社会主义先进文化建设和生态文明建设,推动现代化的精神重建与生态转向,为人类文明建设理论创新奠定了牢固基础。

（二）促进生态文明建设体制发展

红色文化作为我国传统文化的一部分,对推动中国特色社会主义生态文明事业发展具有重要的时代价值。红色文化不仅是中华优秀传统文化的延续,更是中国共产党带领广大人民群众,在不同历史时期进行长期的、艰苦的、不懈的实践中创造出来的中国人民独有的崭新文化。中国共产党在百年奋斗历程中所进行的一切以人民利益为核心的革命、斗争、建设等,都为我们留下了宝贵的财富,可以说红色文化不仅是党和人民的实践成果,更是奋斗经验和教训,这当中的精神文化和制度文化对当今生态文明体制改革尤为重要。

在马克思主义生态文明观和唯物辩证法指导下,中国历代领导人的执政理念中都体现了对生态文明建设的重视,红色文化中所蕴含的发动群众、凝心聚力作用在我国生态环境建设历程中有所体现。在中国共产党人奋斗事业的早期,生态文明建设处于探索阶段,以毛泽东同志为核心的党的第一代中央领导集体便提出"节约资源、保护环境";改革开放后,以邓小平同志为核心的党的第二代中央领导集体意识到环境污染问题的严重性,并建立环境保护制度;随着经济发展,工业化脚步加快,以江泽民同志为核心的党的第三代中央领导集体对西方资本主义工业化道路进行了反思,首次提出可持续发展战略构想,胡锦涛同志在党的十七大报告中提出建设生态文明的要求。历代党中央领导集体坚持以人民为出发点和落脚点,为了中华民族更长远、健康的发展,为了全体人类家园的发展,结合中国实际情况,在计划生育、水利建设、农林改造、自然环境保护等方面创造性地进行了实践探索,一系列关于环保方面的政策、措施体现了中国共产党人坚持走区别于单纯追求经济增长、罔顾生态环境的社会主义国家可持续发展道路,证明了中国特色社会主义道路的优势所在。中国共产党的生态思想传承于儒家天人合一思想、传承于道家崇尚自然思想,源远流长,有理可循。历代党中央领导集体关于生态文明建设方面的探索具有相当的成效,在党和人民群众的共同努力下逐步形成了我国红色文化中关于中国特色社会主义生态文明事业的基本思路与马克思主义中国化的重要理论成果,在当今生态文明体制改革大局之下具有重要借鉴意义。中国共产党关于生态文明建设工作中取得的成就进一步丰富了红色文化的生态内涵。红色文化作为中国当代先进文化的主流,其本身就蕴含着生态文明的本质要素,也凝结着中国共产党人生态实践的经验和教训,是当前生态文明体制改革的重要理论基础。以习近平同志为核心的党中央,近年来以坚定的历史主动精神着力推动生态文明体制改革,正是对中国特色生态文明事业的最新实践,也是对红色文化的传承和丰富。今天身处中国特色社会主义新时代这一全新的历史方位,我们更要坚持马克思主义生态文明观,坚持以带有中国优秀传统特色的、中华民族特色的、中国社会主义特色的红色文化促进中国生态文明建设体制发展。

(三) 推动生态文明建设路径扩展

红色文化保护与生态文明建设是相互作用的关系。红色文化视域下进行生态文明建设是对红色精神的传承和发扬,在生态文明建设过程中传播红色文化所代表的价值理念,一方面巩固了红色文化的社会地位,升华其价值作用;另一方面使得生态文明建设能够与红色文化的政治效应、经济效应、文化效应相结合,拓宽二者的发展路径。两者的结合有一定事实依据:在土地革命战争时期,红军借助于井冈山易于隐藏、生态资源繁多的优势,在多省交界的山区乡村建立了苏维埃的革命根据地,这才有了"星星之火,可以燎原"的坚韧革命力量生存的空间;万里长征时期,党和红军利用雪域高原、茫茫草甸、深山老林等生态屏障瞒过敌人对我军行军路线的侦查,利用各地山货特产、野物野果乃至草根树皮等所有地域生态资源来解决生存温饱问题,最终凭着坚定的革命信仰和顽强的革命精神终于三军会师于大西北,实现了万里长征的伟大胜利;艰苦卓绝的全民族抗日战争时期,我们党领导人民抗战力量以芦苇水湾、高山峡谷、林海雪原、苍茫草原等为依托,建立起一个又一个敌后抗日根据地,坚忍不拔地持续打击日本侵略者,为全面抗战的最终胜利打下了坚实的基础。某种程度上说,党和人民军队正是借助中国大地上无比丰富的自然生态资源这股潜在力量作为夺取最后胜利的重要凭借。生态与人类的关系神秘而紧密,生态文明建设与中国人民的发展息息相关。在新疆,生态建设主要是植树造林,种植瓜果,防风固沙,防治水土流失;在西藏,生态建设主要是防污治水,发展畜牧业,保护安全屏障,防治草地退化。不管任何历史时期,不管任何地区,在党的带领下,在全国各民族的团结下,中华民族始终坚持与实际相结合,进行生态文明建设方面的实践,始终为了中华民族发展而不懈努力奋斗。

作为中华民族伟大复兴的两个关键环节,红色文化体系与生态文明建设虽然各自具有不同的内涵价值和功能,但二者有着共同的发展目标。站在第二个一百年的起点上,加快实现中华民族伟大复兴是全体中华儿女的共同愿望,也是对红色文化进行资源保护和生态文化文明建设的意义所在。此处,笔者以红色文化和生态旅游为例来略微阐释红色文化传承与绿色生态发展在发展路径上的互补性。首先,红色文化能够为生态旅游提供平台。生态旅游可以借助红色文化的宣传效应,吸引游客与投资商,创造更多经济效益和社会效益。其次,生态旅游能够为红色文化资源开发和保护赢取资金、政策等方面的支持。生态文明建设是关系着中华民族永续发展的千年大计,因此社会各界对此关注、投入加大,通过发展生态旅游吸纳更多的生态文明建设资金投入红色文化体系的生态治理工作,从而使红色基础设施得到改善,对于完善红色文化公共服务体系、提升红色文化经济效益具有促进作用。除了第三产业带来的经济发展,在构建生态文明的过程中,吸取伟大历史经验,注入优良精神品质、融入创新思想理论、汇聚中国新生力量是必不可少的几大关键要素。红色文化的发展历程包含了中国共产党人百年奋斗的历史经验,蕴含了中华民族传承千年的精神品质,有其深厚的思想渊源和理论基础,培养了一代代为社会主义奋斗终生的群众力量。由此可见,将红色文化元素融入生态文明建设之中,在红色文化领域传播生态理念,有利于拓宽绿色生态的探索途径、扩展生态文明建设的发展路径。

第二章　川渝红色文化体系概述

在前文首先阐释了红色文化相关的一些基本概念之后,我们需要接着对川渝红色文化体系的概念、特点、物理形态、精神谱系、制度遗产等要素进行初步的解析与探赜,以促进今人对这一地域性红色文化宝库的理解和认知。川渝红色文化是中国大地上诞生的众多红色文化中的一种,既具有一般红色文化的共通性与普遍性元素,也具有自身地域和独特历程所赋予的特殊性、个别性要素,川渝红色文化体系的概念特征与形态内涵,是今人理解、认知、保护、发掘、利用、传承该红色文化的出发点与根本基石。

第一节　川渝红色文化体系的概念解析

澄清前提、划定界限是研究开始的第一步。因此,我们首先需要对川渝红色文化体系的概念进行剖析梳理。笔者认为,川渝红色文化体系并不是一个专有名词,而是一个复合概念。为了弄清楚这一复合概念,实有必要弄清它的属概念,这其中又以弄清文化、红色文化、文化体系、红色文化体系这四个名词的概念为重中之中。这并非指"川渝"这一概念不重要,而是因为"川渝"是一个地理意义上的名词,对于其属地的划分和限制随着时局的变化不断进行调整,而我国现在的行政区划相对完善和稳定,因此对于"川渝"的概念和认知也比较清晰。"川渝不分家""川渝一家亲"的俗语更是早已流传在川渝的民间大地。进入 21 世纪,川渝在各方面的发展联系更加紧密。在 2020 年中央财经委员会召开的第六次会议上提出的建设"成渝双城经济圈"的远瞩规划更是将川渝整合为一个联系更加紧密的整体。因此,这里的川渝从地理意义来说就包括现在的四川全境和整个重庆区域。就文化这一概念来说,其存在本身就是与自然相对的概念,"化"这一字就十分明确地表现了人类参与的痕迹。因为参与的人的活动的复杂性和延续性,文化是一个极难被定义的概念,不仅有广义和狭义之分,也有内涵和外延之别,还有时间和空间之差。我国权威综合性词典《辞海》对文化进行了相对普遍的三种解读。第一,从广义上看,文化"指人类社会历史实践过程中所创造的物质财富和精神财富的总和",从狭义上看,文化"指社会的意识形态,以及与之相适应的制度和组织机构";第二,文化"泛指一般知识";第三,文化是"中国古代封建王朝所施的文治和教化的总称"①。从文化产生的背景和条件来看,人的参与是文化得以形成的前提和基础,因此,笔者认为文化是人类实践活动的一切成果,某种程度上就是"人化"。就红色文化而言,研究成果相对丰硕,本书在这里就不再呈现这一复杂的研究现状。在悠久的历史长河中,红色文化是一种崭新的文化形态。尽管学界对于红色文化产生时期有相当大的争议,但是对于其发端时期却鲜少有异见,多主张其产生于中国共产党领导的民族民主革命时期,与牺牲、奉献等名词紧密相关,带有阶级性、时代性等鲜明的特征。

笔者认为,红色文化是中国共产党领导人民群众在认识社会、改造社会过程中渐次形成的一种先进文化形态,以中国传统文化为根本、以地域文化为基石、以马克思主义理论为滋养,是时代诉求在文化上的反映,不仅为中国革命提供了理论指导,也为今天的中国社会建设提供了精神滋养。再看"文化体系"一词,在《辞海》当中,体系被界定为"若干有关事物互相联系互

① 夏征农:《辞海(文化、体育分册)》,上海辞书出版社 1988 年版,第 1 页。

相制约而构成的一个整体"①,结合体系这一词语概念来看,文化体系则是指文化内部之间诸要素相互依赖又相互制约而形成的某种特定模式,是"文化领域由若干个相互联系的统计指标所组成的有机整体"②,在不同的要素构成下呈现出纷繁复杂的形态。这表明了文化体系的独特性,不同的区域和区域内因为传播速度、空间距离、社会历史文化条件等因素的影响将形成不同的文化体系。这为我们分析、比较川渝地区的红色文化体系的特点提供了新的思考。任何一种文化,其核心都是在与其内在的体系和结构,美国地理学家 J.E·斯潘塞和 W.L.Jr·托马斯从文化特质—文化复合体—文化体系的逻辑演变来理解文化体系。在他们看来,文化特质是文化的最小单元或者某个项目,相关的文化特质的集合又构成了文化的复合体,多个相关的文化复合体又组成了一个文化体系。③ 不难发现,文化体系是一个系统,在这个系统里面,受到内外多种因素的作用和影响,从系统的功能性上看,红色文化体系还具有极大的现实意义,如当前党和国家极力倡导的构建红色文化育人体系、旅游体系,对于刺激经济的发展和培育健全的人格意义重大。

　　综合以上几个名词的概念,我们或许可以试着对川渝红色文化体系作这样一个初步的定义:川渝红色文化体系是川渝人民在中国共产党领导的民族民主革命时期开始创建的红色文化的综合体,其发展于社会主义革命和建设时期,深化于改革开放和社会主义现代化建设新时期,繁荣于中国特色社会主义新时代;她是在中华优秀传统文化、独具特色的巴蜀文化、先进的外来革命文化影响下生成的,具有深厚而宽广的文化渊源。从作为学术研究对象的川渝红色文化体系着眼,其旨在基于理论研讨的视角,从全局和整体观出发,以"文化"为主题,围绕着红色文化这一中心,以 1919 年至 1949 年为主要时间维度、以四川和重庆为空间限定,对该红色文化体系的

---

①　上海辞书出版社编辑:《辞海·语词分册(上)》,上海辞书出版社 1985 年版,第 200 页。

②　宋洁、程望杰:《城乡规划领域文化体系构建模式研究》,《规划师》2014 年第 1 期。

③　转引自:唐涛、吴晓:《人文地理学词典》,远方出版社 2006 年版,第 95—96 页。

内容进行系统研究和建构探索,深入挖掘川渝地区红色文化的整体性特征及其世界性价值的突出意义。

第二节　川渝红色文化体系的特点

文化是全人类的财富和遗产,从大的生存、生长环境来说,人类整体被限制在地球上进行着人类活动,从这个意义上看,人类文化具有相同的文化源,在这个基础上产生的文化也具有最大的普遍性。"十里不同风,五里不同俗",具体到区域内,在漫长的历史演进过程中和复杂的生成背景下,各地区的文化又纷灿迥异。文化的普遍性使之适应了整个人类社会的文化体系而不至被视为"异端",而区域内部文化的差异性又塑造和影响着区域内部居民的独特气质,影响着其生活的方方面面,并构成文化异彩纷呈的形貌,川渝红色文化体系呈现出如下所述的特点。

一、分布广泛与相对集中

有学者认为,"文化地理区域是客观存在的地理实体,是文化区域性的表现形式",其形成和经历了持续、漫长的演进过程,受到两方面因素的制约,"一是来自地域空间的'距离'因素,二是来自文化自身的'传播'因素"[1],在这两方面因素的双重作用下,川渝地区红色文化体系呈现出分布广泛与相对集中的特点。就地域空间距离因素来说,川渝地区作为一个大的地理分区,区域内距离相对遥远,使之呈现出分布广泛的特点。就文化自身的传播因素来说,川渝地区在历史上属于同一个分区,其文化在本源上有许多共同、共通之处,对于文化的认可度和接受度较高,因此文化的传播速度较快,又由于人类活动的集中性和群体性的加持,所以在分布广泛的基

---

① 夏日云、张二勋主编:《文化地理学》,北京出版社 1991 年版,第 505 页。

础上又呈现出相对集中的特点。

川渝地处西南腹地,是中国西部的门户,区域面积巨大。四川省总面积近49万平方公里,重庆市面积8万多平方公里,川渝共计50多万平方公里的辽阔土地,地理面积位居全国第五位。川渝地区气候湿热、经济水平较高、资源丰富,较适合人类居住和生存。革命年代,凭借着川渝相对辽阔的地形地貌、相对丰富的物产与自然资源,以及广大人民群众的质朴好义、勇敢果决,从东部丘陵到中部平原到西部草地草甸再到西北部雪山高原都留下了革命者的足迹,红色文化要素遍及全境,可谓是"赤化全川",使川渝红色文化体系呈现出离散型的点状分布特点。据不完全统计,"四川全省有重要红色旅游景区(点)106处,全省80%的市、州都有红色旅游资源分布"①。另四川全省21个市(州)、183个县(市、区)均有不同时期的革命文物遗存,四川拥有不可移动革命文物1900余处,其中全国重点文物保护单位22处,居全国第六位;省级文物保护单位214处,居全国前茅;市县级文物保护单位800余处;不可移动长征文物在红军长征途经全国15个省(市、区)中位列第一。同样作为西南经济腹地,重庆红色文化资源也相当丰厚,"全市共有革命文物423处,登记备案革命纪念馆27家,馆藏革命文物29374件,其中珍贵文物5137件,各级各类爱国主义教育基地208个"②。需要说明的是,革命文物只是红色文化资源的冰山一角。由此可以想见,川渝红色文化资源之丰厚,恐到了难以计数的地步。

"团结就是力量",在革命年代,这句话显得尤其的意义重大,革命是一个阶级推翻另一个阶级,是一种群体的行为,所依靠的也是群体的力量,在革命年代,革命也是群体在一定的环境下进行统筹规划、战斗拼搏的活动,所留下的红色文化遗产也带有群聚性。因此,川渝红色文化体系

---

① 李化树:《现代德育论》,西南交通大学出版社2013年版,第115页。
② 《用好"四大优势"　发挥"三个作用"　在推进西部大开发形成新格局中展现新作为实现新突破——国务院新闻办在北京举行庆祝新中国成立70周年重庆专场新闻发布会》,《当代党员》2019年第19期。

在点状分布下又呈现出条状和块状分布的特征。四川红色文化资源分布与其旅游资源的分布大致重叠,也可被概括为"一线两区"。"一线"即指红军在四川行军和战斗的长征路线,"两区"即指伟人故里和川东北的川陕苏区。重庆红色资源分布也相对集中,主要分布在"主城及其周边的都市红岩革命旅游区、渝东南的川黔湘鄂革命根据地旅游区、渝东北的川陕革命根据地旅游区"①,重庆红色文化图谱对重庆主要红色文化遗址遗迹的统计可以印证这一观点。

二、类别构成的广泛多样

四川红色资源呈东西南北中全方位分布态势,内容上涉及党政军民学等各个领域,红色资源相当丰富。不仅包括红色文化的硬件,即代表性和遗留性的物质资源,还包括红色文化的软件,即"革命事迹、革命文献、革命文艺等在内的革命历史记录及蕴含其中的革命精神"②。就代表性、遗留性实物来说,大致可以分为两类,一类是与伟人英雄有关的纪念场地及物品,包括伟人故居、纪念馆、烈士陵园、烈士墓、烈士名人纪念碑亭、场馆、塑像、塔祠等。一类是革命先烈留下的红色印记,包括其派发给四川人民的物品、印发的宣传资料和纸币券约、使用过的物品、战斗过的遗址遗迹等。四川红色文化印记中最为著名和颇具特色的当数红军留下的石刻和长征途中的遗址遗迹。1932 年,红四方面军在四川党组织和游击队的配合下,建立了以通(江)、南(江)、巴(中)三地为中心的川陕革命根据地。为了更好地深入腹地、唤醒民众,结合四川特色,党和红军利用石刻这一新颖、接地气的方式进行革命动员和宣传,取得了丰硕的成果。石刻的内容主要是"石刻文献、石刻标语、石刻对联"③三种。这些石刻内容主要围绕着宣传中国共产党的政

① 孟东方主编:《重庆文化发展理论与实践研究》下卷,重庆出版社 2012 年版,第 820 页。
② 张嘉友、陈君峰等:《开发与利用:四川红色文化资源与青少年思想品德教育融合研究》,四川大学出版社 2020 年版,第 1 页。
③ 谯长卫:《川陕革命根据地红军石刻概述》,《四川档案》2011 年第 3 期。

治主张及施政纲领和动员川陕苏区人民群众反抗压迫、踊跃参军支前两大主题。石刻文献类如《中国共产党十大政纲》《中华苏维埃共和国宪法大纲》《川陕省苏维埃政府布告》等，篇幅较为巨大，在同类别资源中享有极高的地位；石刻标语类如通江的"赤化全川""列宁万岁"、南江的"全世界无产阶级联合起来"、达川区石桥镇"列宁主义街"上旧牌坊所书的"打倒国民党统治，建立苏维埃政权"等宣传标语，也颇具特色；石刻对联类如"斧头劈开新世界　镰刀割断旧乾坤"等均极有号召力。① 80 多年过去了，一些石刻已经沉淀、遗留在了历史长河中，但其中镌刻的精神却随着风雨的打磨、时间的见证愈发光彩。四川是红军长征征程当中历时最久、环境最恶劣、战斗最艰难，也是取得斗争成果最多的地域之一，在四川树立了巍峨的革命丰碑。长征中三大主力红军在四川先后经历了懋功、甘孜会师，也在川境发生了许多关键性、决定性的战役，如巧渡金沙江、强渡大渡河、飞夺泸定桥、嘉陵江战役、剑门关战役、土门战役、包座战役等。长征行军途中，党和红军高层先后多次在川境召开了重要的决策性会议，如会理会议、沙窝会议、两河口会议、毛儿盖会议、巴西会议等，这些会议在革命的紧要关头对于找准革命路线、坚定革命信心起到了极大的作用，其遗址作为四川乃至全国红色文化的重要载体，时至今日仍然发挥着极为重要的教育意义。在四川境内的长征路途中，党还展开了无可比拟的建政和统战工作。据前人统计，主力红军在四川长征期间"共建立省级以上苏维埃政府 5 个，县级苏维埃政府 37 个"②。四川民族众多且民族之间隔阂较深，许多民族之间俨然是世仇，宗教、族群冲突等问题严重而繁杂，为党和红军长征出了一道"加试题"。在马克思主义民族宗教理论的正确指导下，党以民族平等和宗教和谐共处的总体原则开展了统战工作，最大限度争取各族各界群众，为红军顺利走出四川、北上抗日奠定了基础。这两类见证了中国共产党革命先驱在川渝境内

---

① 参见赵熙文编著：《楹联撷趣》，湖北人民出版社 1996 年版，第 66 页。

② 孙和平著：《四川红色文化资源开发与利用研究》，四川大学出版社 2010 年版，第 59 页。

建团建党建军建政的艰苦卓绝奋斗经历,凸显了无产阶级革命家和广大革命先驱舍生忘死的大无畏精神。就红色文化的"软件",即口口相传、笔笔相承的革命历史记录和蕴含于其中的革命精神来说,既包括先贤与亲朋故旧之间的往来书信,也包括他们留下的日记、文章、回忆录、口述资料,以及各级革命组织间的往来文件档案资料,等等。此类资料内容相对丰富,享有较高的知名度,为我们深入窥探革命先驱的内心世界、成长历程与革命经历提供了坚实的文本与史料支撑。

三、伴生资源的丰富多元

"伴"即伴随、依随之义,红色文化的伴生资源包括以红色文化为基础的蕴藏于其中的可被"剥离"的其他文化,是红色文化内部的各种类别与形式的衔接和联系,可被视为是红色文化的子集,如红色党建文化、红色廉政文化等。时间拉到近现代,红色文化伴生资源还应包括在红色文化基础上创造出的衍生资源,是红色文化与外部文化的融合相生,也是其延伸和拓展。

红色文化是个巨大的文化宝库,并不仅仅等同于人们通常理解的较为局限的革命文化,它应该是"1+N""文化+"先进文化模式的综合体。即红色文化为整体框架表征,又包括了政党建设的廉政文化和党建文化、姿态各异的民风民俗文化等其他部分。人民群众和党的领导是四川红色文化体系得以形成的两个主体因素,四川的地域特色是四川红色文化体系得以形成的外部环境因素。将党、人民和环境三者结合在一起,势必会产生别样的火花,这也是红色文化体系及其伴生资源得以形成的基础。从中国共产党成立到其领导广大川渝人民取得民族独立与民主革命胜利的伟大成就,一直都在进行着建党、建军、建政的尝试,这其中形成的历史经验和文化遗产是党建文化、廉政文化的重要部分。

在红色文化的延展上面,是人民群众在既有的红色文化基础上运用自身的主观能动性对其进行丰富和加工,以此来进行文化传播和创造经济价值的活动,这一活动是文化发展的客观需要和现实需求,丰富和拓展了四川红色文化体系的内涵和外延。衍生作品大致可以分为演艺业和教育业。演艺业在革命年代主要是通过舞台剧、戏剧、话剧等形式进行展出,在现代主要是通过传媒技术手段进行传播。教育业则主要是通过图书出版、文献汇编等方式进行,如编撰红色人物志、人物传记、红色小说,如阳翰笙所著的《兵变》、沙汀所著的《恐怖》等。

不同于红色文化作品带有的传播红色文化、弘扬主旋律的使命,红色文化产品在传播、弘扬红色文化及其精神的同时,更多兼具的是市场意义、经济价值。为了进一步探索红旅文创产品创新发展模式、促进红色文化资源的整合与共享,更大限度提升四川红旅文创产品知名度和认同度,为红色文化传播搭建新平台,川渝各地使出了浑身解数。2020 年 11 月,在广安市举办的四川省红色旅游文创产品大赛,吸引了全省 20 个市州、228 名文创工作者参赛,从 450 余件参赛作品中遴选出了 48 件颇具创意的获奖作品。乐至县的《红色绿韵　快乐而至》折扇、巴中望红台精品礼盒系列、赤化全川纪念文件夹、泸州四渡赤水笔记本等脱颖而出。2021 年 7 月,在全国旅游创意产品和红色旅游演艺作品创新成果征集活动中,重庆红岩系列的 14 件文创产品入选,其中较为知名的有"八办"蓝牙小音箱、红岩 AR 叶脉画、红梅八件套茶具等。

总的说来,川渝红色文化兼具了内容的丰富性与形式的多样性,正是因为其内容的丰富,我们才可以以一种刨根问底的精神对其进行挖掘,将蕴含于其中的其他文化进行充分挖掘利用,也正是因为其丰富内涵,才使得我们有源源不断的创意和灵感去运用各种技术与手段对其进行打磨和加工,实现其形式的多样化,最终达到弘扬和传承的目的。

四、与地域民俗文化的高度融合

四川是典型的多民族大省,在区域内居住着五十多个少数民族,少数民族在四川的分布呈现出"大杂居、小聚居"的特点,少数民族较多居住在川西及川西北地区。重庆市内也有数量不少的少数民族同胞。川渝地区主要的少数民族有藏族、彝族、苗族、羌族、回族、蒙古族等等。四川红色文化生成场域是四川,必然会与其所处的地域进行空间交流,才能融入当地,从而使其带有地域性的印记。红色文化与地域民俗文化的高度契合彰显了不同文化的关联性,表明了川渝红色文化体系对空间限定与地形隔膜的超越,是红色文化与外部文化进行交往时产生的补充和呼应,从而形成"你中有我,我中有你"的文化形态。例如红四方面军在川陕苏区进行经济建设时,就曾以地方土布为材料进行货币的制作,这样一来,红色文化体系就带有了地方文化的印记,地方文化也带有了红色文化的色彩。在今天的藏族群众服饰上都还留有红色文化的印记,"至今许多藏族群众衣服上还有一种金属纽扣",这种纽扣被群众称为"共产霞币","是当年红军买馍馍、买鸡、买肉和住宿时所付的银币或镍币"①。红色文化作为一种新的文化形态,是依附地区原有文化而生的,在其生成以后又"反哺"着原地域的文化,实现着文化资源的整合。四川东北部及其与今日重庆市相交汇的区域,是伟人故里较为集中的地方,也是川陕苏区的中心地带,这一厚重丰富的红色文化"融入华蓥山、剑门关、阆中古城等著名旅游景区,与三国文化、古蜀文化交相辉映"②。川渝地处西南,少数民族众多、宗教问题棘手,红军在长征途中,若不顾虑到地域民俗文化的特殊性,或将会给长征带来更大的未知挑战。在四川境内长征途中,我党对少数民族和宗教人士统战工作的开展成效显著。红军高级将领刘伯承与彝族沽基部落首领小叶丹根据当地民族风俗共饮血酒,成为松柏寒盟,留下了千古佳话和传世美名,在今天的彝海结盟纪念馆里还设有民俗文物展厅。

在今天,将红色文化与地域文化、民俗文化相结合,俨然成为一种打造

---

① 李后强、秦勇:《红色文化与绿色文化融合发展研究》,四川人民出版社 2016 年版,第63 页。

② 孙和平等:《四川红色文化资源开发与利用研究》,四川大学出版社 2010 年版,第120 页。

新的文化 IP 的方式。这一方面,川西阿坝州坐拥天时地利,抓住了发展的契机,走在了前列。在阿坝州,红军在此停留和战斗了 16 个月,创造了厚重的红色文化资源,州内有一百余处革命历史文化遗迹。就地域生态资源来说,州内有童话世界九寨沟、人间瑶池黄龙、热尔大草原、"蜀山皇后"四姑娘山、"熊猫之乡"卧龙等颇负盛名的自然旅游区。就民俗文化来说,州内民族众多,是集藏族、羌族、回族、汉族等族群于一体的民族共同体区域,该区域内宗教文化气息浓厚,原汁原味的民风民俗璀璨而典雅。正如阿坝州自身所意识到的那样,"整合红军文化资源与自然生态旅游资源、民族文化资源、宗教文化资源"①对于开发高品位、特色浓的旅游项目意义重大。在2019 年,阿坝州又打造了以"长征丰碑·雪山草地——我的长征路"为主题的红色旅游,推出了"红色燎原、九曲漫道、飞渡雄关、万山红遍"四个主题产品,更大限度上整合了红色文化、地域文化与民俗文化。由此可以看出,不管是过去还是现在抑或是未来,红色文化与地域民俗文化的膠漆相融、强强联合都是大势所趋。

第三节　川渝红色文化体系的物理形态

一、红色作品

就一般意义上说,作品是指"文学、艺术和科学领域内具有独创性并能以某种有形形式复制的智力成果"②。作品是可知可感的,是表现红色文化内容的形式和载体。川渝红色作品大致包括以下几类。

(一)文献类

文献是具有一定历史意义和研究价值的作品或产品,是红色文化作品

---

① 中共阿坝州委党史研究室编著:《雪山草地·红色旅游》,四川人民出版社 2006 年版,第 2 页。

② 翟继光主编:《纪检监察依法依纪办案常用法律法规全书》第 2 卷,中国民主法制出版社 2020 年版,第 1559—1560 页。

最为常见的形式,历史文献指的是"关于历史的记录或历史现象在文字上的反映"①。类比可得,红色文献即以文字形式为其载体,具有一定历史意义和研究价值的内容,川渝红色文化体系文献类主要有红色文件、红色日记书信、红色宣传类(红色歌谣、红色报刊等)。

1. 红色文件

红色文件包括重要会议及所形成的文件、上下级之间的书信往来。重要会议及所形成的文件如两河口会议《中共中央政治局关于一、四方面军会合后的战略方针的决定》、沙窝会议《中央关于一、四方面军会合后的政治形势与任务的决议》、毛儿盖会议《中央政治局关于目前战略方针之补充决定》、巴西会议《中共中央为执行北上方针告同志书》;石刻红色文献作品有《中华苏维埃宪法大纲》《中华全国苏维埃第一次代表大会劳动法令(草案)》《川陕省苏维埃政府布告》《中国共产党十大政纲》等。上下级之间的书信往来在《四川革命历史文件汇集》系列丛书当中已经进行了较为系统和全面的归纳和整理,这里便不再列举。

2. 红色日记书信

书信包括了书籍和书信两层含义,红色书籍包括了革命先贤的回忆录、日记等。如《杨闇公日记》《邹进贤日记》《秦青川日记》《王诚意日记》《陈毅早年的回忆和文稿》《郑伯克回忆录》《聂荣臻回忆录》《杨尚昆回忆录》《荣县文史资料选辑·曾莱烈十日记选》等等。此外,很多尚不能独立成册的口述史或回忆,在四川乃至重庆各地的文史资料选辑系列丛书当中有较多的涉及。红色书信是革命人士与亲朋故旧上下级之间的日常书信往来或革命先贤的遗书,表达了其牵挂之情,渗透着革命大义。与朋友间的日常书信往来,如朱德写给李季、陈启修的书信;家书类如刘愿庵、何文元、李硕勋等人的家书;遗书类如赵一曼、江竹筠、刘伯坚等英烈的遗书。

3. 红色宣传类

在宣传方面,党和军队运用地方特色,结合人民群众喜闻乐见的形式,

_____

① 白寿彝:《中国通史1》(第1卷·导论),上海人民出版社2015年版,第237页。

较多的利用歌谣、民谣、顺口溜、莲花落、标语、墙报、报纸等形式展开宣传。

（1）红色歌谣

红色歌谣的典型特征是朴实自然、生动灵活、热情奔放。作为革命大区，川渝地区的红色歌谣瀚如星辰，这些歌谣是对凄风苦雨的日子的纪实，也是对残酷压迫的控诉，反映了我党灵活接地气的宣传策略，更突出了军民鱼水情的深刻记忆。总体说来，川渝地区的红色歌谣可以分为三类，一类是对党和红军政策的宣传以及对其生活的朴素反映，如《红军三大任务歌》《服从革命命令》《红军纪律歌》《红军战士歌》《快快建立苏维埃》《奉劝工农入共产》《出操歌》《子弹歌》《学兵歌》《妇女歌》《共产党十大政纲歌》《农村阶级划分(五言歌)》《戒烟歌》《工农穷人享太平》等；一类是为消灭革命对象的造势或积累的战斗经验的传唱，如《消灭刘湘三字经》《巴中撵到嘉陵江》《革命三字经》《作战要诀歌》《铁树总要把花开》；一类是从人民酸楚的角度出发对中国共产党的歌颂和赞扬，如《盼望救星共产党》《红军一到通南巴》《是死是活跟红军》《想红军》《除非红军早些来》《千山万岭举梭标》《哪天不忘来红军》《找红军》《啥时等到红军来》《红军到川边》《徐总指挥来我家》等。

（2）红色报刊

报刊是传播信息的媒介和载体，是政党的喉舌和传声筒。在四川，党领导人民创办了多种报刊。主要分为官办和民办，这里的"官办"主要指在共产党人直接或间接领导之下所创立的报刊，两者目标一致，都旨在启蒙、动员民众进行翻身求解放的活动。民办报纸如《商务日报》、"五四"的产物《新蜀报》、王右木创办的《人声》、陈铭德创办的《新民报》等。虽然诸种民办报刊说不上是纯粹的红色传媒，但它们在采编发行过程中也有意无意地传播了不少与马列主义等进步思想理论相关的知识、信息、新闻等，如在四川地区最早刊登传播与马克思主义理论相关讯息的，便是几乎持续贯穿整个民国时期的商办大众报纸——《国民公报》。它们所刊登的这些进步乃至革命信息也可以作为我们后人研究本土红色文化的重要资源凭借。官办报纸如被当作是党员学习的材料库、党的政策的说明书的《四川通讯》,穷人的喉舌和向导的《四川晓报》,一度作为中国 YC 团机关报的《赤心评论》,苏区报纸《川北穷人》《共产党》《苏维埃》,中共中央机关报《新华日报》,中共重庆地下市委机关报《挺进报》,星芒社主办的《星芒报》,影响深远的抗日救亡进步刊物《大声》周刊,等等。上述报刊都是构成川渝地区红色文化遗存的重要元素。

(二)影视曲艺剧目类

红色文化有多种传播方式,红色影视曲艺剧目是在原有的红色文化基础之上,运用大众传媒这一先进技术手段进行加工和升华。较知名的作品如电视剧《重庆谈判》《开国元勋朱德》《聂荣臻》《血战丰都》《陈云出川》《长征》《红岩》《江姐》《周恩来在重庆》《烈火红岩》《记忆之城》《兵临城下》《我们的法兰西岁月》《双枪老太婆传奇》等;电影《邓小平 1928》《大渡河》《彝海结盟》《革命军中马前卒》《麈兵天府》等;纪录片《破晓》《大后方》《红旗漫卷西风——红军长征在四川》《隐秘的征程——红军长征在四川》《不朽:四川抗战记忆》《四川抗战将领殉国录》等;革命历史题材剧目如川剧《江姐》《烈火中永生》《小萝卜头》;京剧《张露萍》、话剧《江姐在川大》《红岩魂》《最后的营救》《幸存者》《芙蓉花红》《努力餐》等;舞剧《红军花》《红飘带》;歌剧《彝红》《我是川军》等。此外,还有小品、课本剧、独幕剧、杂技情景剧、动漫动画等形式各异的文艺作品,为川渝乃至全国人民带来了红色文化的精神盛宴。

二、红色遗迹

川渝地区红色文化所历经的时间跨度大,分布的空间范围广,党带领人民在川渝的战斗中留下了遍及全境的遗址遗迹。在《渝东南民族地区红色文化资源的调查、开发与利用研究》当中,作者系统梳理了"两区五县"(黔江区、涪陵区,石柱县、彭水县、秀山县、武隆县、酉阳县)从党创立后到新中国成立之前这一时间段所产生的遗址遗迹,凸显了渝东南民族地区红色文化资源的丰富。作为革命老区,川渝地区红色遗址遗迹众多,无法枚举,这里仅选取部分长征遗址遗迹进行例证。川渝地区长征红色文化遗址十分丰富,如冕宁县红军长征"彝海结盟"遗址、会理会议遗址、巴西会议遗址、卓克基会议旧址、苍溪红军渡、红原县红原瓦切红军长征遗址、两河口会议遗址、会理县皎平渡红军渡江遗址等。再如茂县三元桥战斗遗址、千佛山战斗遗址、土门乡老街活动遗址、土地岭战斗遗址、明足底白岩子红军防御工事遗址等,这些遗址遗迹多呈点状分布,反映了红军长征时期的生活方式、行军路线和作战轨迹,彰显了长征的持久与艰难。经过漫长的岁月沉淀与洗礼,许多遗址遗迹原貌受损,现存的多数红色遗址经过了后人的修缮,在保持原貌的基础上融入现代信息技术,将历史和现实结合起来、将情感表达与科学技术结合起来,为其增添了时代气息,这也是发扬红色文化的重要举措。同时,由于多方面的原因,许多的遗址遗迹并未得到有效的保护与开发,这也是未来红色文化保护、传承、发掘的着力点。

三、纪念设施

纪念设施是后人缅怀、瞻仰先烈的场所,与红色遗址有诸多重合的地方,在红色遗址原有的内容基础之上生成。沿着先辈革命的足迹,川渝地区红色文化体系的纪念设施也主要围绕着"一线两区"进行建造。主要包括巴山游击队纪念馆、广安市邓小平纪念馆、华蓥山游击队纪念馆、万源保卫战战史陈列馆、赵一曼纪念馆、仪陇朱德故居纪念馆、红军攻克剑门关纪念馆、苍溪红军渡纪念馆、红军长征纪念馆、红军四渡赤水太平渡陈列馆、红军长征翻越夹金山纪念馆、红军飞夺泸定桥纪念馆、中国工农红军强渡大渡河纪念馆、红四方面军总指挥部纪念馆、彝海结盟纪念馆。更多的纪念场地主要是伟人、英烈故居,包括邓小平故居、朱德故居、吴玉章故居、张澜故居、陈毅故居、王右木故居、赵一曼故居、罗瑞卿故居、傅钟故居等等。除了场馆和旧址以外,川渝还有许多的陵园、碑林。碑林类:川陕苏区将帅碑林、红军长征翻越夹金山纪念碑、红军长征纪念碑碑园、红军四渡赤水战斗纪念碑,包括土城、元厚、丙安—渡赤水纪念碑;泸州太平镇二郎滩二渡赤水纪念碑和四渡赤水纪念碑;茅台镇三渡赤水纪念碑。陵园类:川陕革命根据地红军烈士陵园、十二桥烈士墓等。这些纪念设施都是宝贵的革命精神与川渝红色文化的象征,需要各级党政机关在保护中开发。2019 年 11 月,中共中央、国务院印发的《新时代爱国主义教育实施纲要》中强调:新时代加强爱国主义教育,对于振奋民族精神、凝聚全民族力量,决胜全面建成小康社会,夺取新时代中国特色社会主义伟大胜利,为实现中华民族伟大复兴的中国梦,具有重大而深远的意义。这给全国各地发掘本土红色资源、充分发挥地域红色文化在爱国主义教育当中的作用进一步指明了方向。2021 年 12 月,四川省人民政府办公厅印发了《四川省烈士纪念设施三年提升行动方案(2021—2023 年)》,对各市州烈士陵园的保护级别、建设内容以及时间安排作出了明确规划。2022 年 6 月,《重庆市红色资源保护传承规定》经重庆市第五届人大常委会第三十四次会议表决通过,并于 7 月 1 日起正式施行。"千川汇海阔,风好正扬帆。"川渝两地的党和政府在红色资源的保护、传承、发掘、利用等方面的相关有力举措,对于进一步保护川渝地区丰富的红色文化,发挥其现实育人功能具有重要的意义。

第四节　川渝红色文化体系的精神谱系

一、坚定忠贞的理想信念

革命理想高于天,红色基因代代传。革命战争年代的理想信念是革命者们最为强劲的精神支撑。川渝红色文化体系中坚定而忠贞的理想信念就是对马克思主义的坚守、对中国共产党的信任、对中华民族必将实现伟大复兴的执着。忠于马克思主义政党、忠于中华民族、忠于中国人民,是厚重红色文化的缔造者们内心摧不垮、抹不掉的信念之光。

在全国星星点点散落的马克思主义组织吸引了一批有识之士的敏锐目

光,在解放前的四川地区,一些觉悟较高、思想超前、具有历史担当精神的进步知识分子们,如杨闇公、王右木、吴玉章、王维舟、童庸生、邹进贤等人成为巴山蜀水较早信奉马克思主义理论的无产阶级革命者。四川早期党团组织的创建人王右木甚至将执行马列主义政党的命令提高到了常人无法想象的坚决地步。当信仰和世俗感情发生冲突时,他明确地表示,"若果认定了马克思团体的纲领、章程、决议案,硬是达解放无产积极的手段,硬是愿做解放无产阶级的事,那吗,自私自利的如一类顾自身生活来源的父亲的事,当然该牺牲了"①。其后,他们又自觉地肩负起了传播马克思主义的任务,开始在各地进行办报讲学活动,动员和影响了大批川渝革命家。吴玉章在一次讲演当中讲道:"据现在的时势看来,尤其是马克斯(思)派的社会主义最为流行,因为经过苏俄试验,人人已知他(它)有实现的可能性"②。正是为了这种可能性,无数的川渝革命家为了它而奋斗拼搏,至死不休。刘伯承曾说"我愿在去世的时候,能在墓上立一块碑,上书布尔什维克刘伯承之墓,即感到莫大的安慰"③。在十月革命送来的马克思主义理论指导之下,中国共产党成立了,其成立之初就旗帜鲜明地为工人阶级发声、为无产阶级正名。中国共产党的这份初心和使命像虹吸效应一样将川籍革命家聚合起来,并在实际革命历程当中塑造革命的信念和信心。革命者之所以对自己的工作具有坚韧的勇气和信心,是因为在其身后"有着马克思列宁主义政党的领导和工人运动的支持"④。这种勇气和信心使他们无限地忠于党,在革命历程中经常自勉:"必须对党无限的忠诚",不仅自己以身作则,还积极主动去感染和影响更多忠于党和人民的人,"教育所带军队,完全接受党的统一集

---

① 《王右木致团中央负责人的信——关于成、渝、川北团的筹建情况》(一九二二年十月十一日),载《四川革命历史文件汇集》甲1,第6页。
② 中共成都市委党史工作委员会编:《中共成都市委简史(新民主主义革命时期部分)》,四川民族出版社1989年版,第6—7页。
③ 刘伯承:《刘伯承回忆录》第二集,上海文艺出版社1985年版,第2页。
④ 吴玉章:《吴玉章回忆录》,中国青年出版社1978年版,第124页。

中的领导,而成为光荣的党的工具"①,更多的人愿意参与到无产阶级革命当中、甘做革命的"工具人",也与党塑造起来的光辉形象与承担的历史使命密不可分,正所谓"扩红一百,只要一歇;扩红一千,只要一天;扩红一万,只要一转"。

在川渝大地上战斗过的革命先驱们之所以能有革命必胜的坚贞信念,主要是来自于广大觉醒了的中国人民的踊跃参与和大力支持,这将马克思主义理论蕴含的群众史观发挥得淋漓尽致。由此,忠于马克思主义理论、忠于中国共产党和忠于人民是有机统一的。对于人民的仁义就是对于中国共产党的忠诚,因为马克思主义理论提出的与精英史观相对应的群众史观将理论与群众紧密地结合在一起,中国共产党以马克思主义理论作为武装自己和人民的铠甲,带领人民冲破了牢笼和禁锢,打造了一个新世界。以坚定的理想信念为支撑,川渝两地涌现出许多抛头颅、洒热血的仁人志士。也正是补足了坚贞的理想信念之"钙",众多为了革命事业奋斗的川渝人民才谱写了彪炳史册的人生华章,各类先进革命精神如苏区精神、长征精神、红岩精神、革命老区精神等在川渝红色文化体系中更是熠熠生辉。

二、浓烈的爱国主义情感

爱国是具体的而不是抽象的、有原则的而不是随意的、明亮的而不是盲目的,有多种表现形式。川渝人民自古就有侠肝义胆的精神,川渝红色文化体系中凸显的爱国主义显现在各个时期,体现在民族独立、民族富强两个方面。五四运动在巴蜀大地最早是在四川的学界得到热烈响应的,为声援北京爱国学生的斗争,川渝学生在祖国的西南大后方一直奋起,以成都高师、省立一师、省立一中、重庆川东师范等学校师生为先导,展开了一场轰轰烈烈的爱国救亡运动,其基本诉求与京沪等地的爱国学生一致,包括惩办卖国贼、拒签合约、收复失地等。后又成立了"川东学生救国团"和"四川学界外

---

① 刘伯承:《刘伯承回忆录》第二集,上海文艺出版社 1985 年版,第 10 页。

交后援会"等学界进步组织。马克思主义开始在巴山蜀水较为快速地传播开来,进一步唤起了川渝人民的觉醒意识和斗争精神。面对救民无路、报国无门的窘境,五四前后,外出留学探索真理成了川渝有识之士的不二之选。他们受到时代的号召,赴法国以及欧洲其他国家勤工俭学,开阔眼界,接近工人群众,汲取先进理论,为此后振兴中华的革命实践积累了丰厚的理论修养与现实经验,这当中涌现出了陈毅、聂荣臻、邓小平、刘伯坚、赵世炎、傅钟、冉钧、程子健等川渝籍革命家。在全面抗日战争时期,川渝红色文化体系中的爱国主义情感发展达到了顶峰。面对着日本帝国主义的叫嚣,在民族大义的驱使下,川渝社会各界团结一心,并肩战斗,携手进行了艰苦卓绝的抗战救亡民族大业。在九一八事变以后,觉醒了的川渝人民就相继成立了"四川抗日救国会""四川各界民众反日救国会""四川国难救济会"等爱国组织,旨在号召各区各界人士团结起来,共御外敌。卢沟桥事变以后,由于敌强我弱,伴随着执行片面抗战路线的正面战场节节败退,国民党政府作出了迁都重庆的决定,自此,川渝成了全国抗战的大后方。这一期间,川渝人民在军事斗争、政治建设、经济发展、文化教育、社会重建等各个方面为民族独立战争作出了巨大的贡献。这一时期,川渝有识之士在中国共产党的号召下,努力贯彻执行以民族大义为根本遵循的中国共产党人提出的全面抗战路线,否定国民党政府的片面抗战路线,最大限度地将广大川渝人民团结在了一起,这当中涌现出了罗世文、车耀先、邹风平、张曙时、漆鲁鱼、张露萍等战斗在巴山蜀水的先进共产党员。广大川军将士响应中国共产党的号召踊跃出川抗战,更是成为全面抗战时期巴蜀爱国健儿缔造的佳话和美谈,这一过程中出川官兵付出了巨大的代价。据统计,全面抗日战争期间,川军三次奉调出川,总人数高达 340 万人,其中"包括 40 万川军部队和 300 万壮丁"①,在战场上留下了"无川不成军"的美名,川军的伤亡人数同样十分沉

---

① 四川省档案馆编:《川魂:四川抗战史料选编》,西南交通大学出版社 2015 年版,第188 页。

重,"伤亡人数约为全国的十分之二",其中"阵亡二十六万三千多人,负伤三十五万六千多人,失踪二万六千多人"①。除了出川抗日,留在川内的各行各业人民群众也坚持奋斗在自己的岗位上支援着抗战,成为全国的兵源、财源、粮食、物资、后勤的重要补给站。川渝儿女的奉献用行动印证了"四川七千万人民所应担荷之责任,较其他省尤为重大"②这句话绝非空谈。而后的解放战争时期,为彻底求得人民的解放和独立,川渝地区进步分子与爱国民众又一次收拾行囊,步伐坚定地跟着中国共产党走上了通往民族复兴的康庄大道。在不同的历史时期,许多优秀的巴蜀儿女还通过文字来抒发内心赤诚的爱国情怀,吴玉章等人历经旧民主主义革命和新民主主义革命两大革命时期,期间,其思想不断接受着时代的洗礼和冲击,在大革命失败后被迫踏上出国征途之时,他时常感叹伟大的祖国"一定会冲破重重的黑暗而走上光辉灿烂的前程",又常常满怀着祖国"何时才能从沉重的枷锁中解放出来"③的深切担忧。陈毅在被迫结束留法勤工俭学旅程后的归国途中,也曾炽热浓烈地表达了对祖国的热爱,在诗文中,他写道"我虽无用,也应报道你的爱重""西北的半天已红,愿这只火把,温热了你全身的冷冻";还有写下"生是为中国,死是为中国"的著名革命烈士刘伯坚,以及在林海雪原驰骋于抗日斗争第一线的"红枪白马女政委"赵一曼等川渝英烈,更是用生命将为国牺牲奉献的誓言刻写在了自己的基因里。他们用那火热的笔触在炽热的情感下催化下,将自己武装成尖锐的利器,谱写出了可歌可泣的革命篇章,为川渝红色文化体系注入了爱国主义的核心内涵,这是中华民族精神的延续,也是对巴蜀优秀传统文化的传承。

三、艰苦奋斗的拼搏精神

"生于忧患,死于安乐",居安思危的传统思想闪耀着辩证法的光辉,农

---

① 《四川简史》编写组编著:《四川简史》,四川省社会科学院出版社1986年版,第278页。
② 四川省档案局(馆)编:《抗战时期的四川——档案史料汇编》(中),重庆大学出版社2014年版,第488页。
③ 吴玉章:《吴玉章回忆录》,中国青年出版社1978年版,第101—102页。

耕文明下的中华儿女,自古以来就面临着严峻的自然环境和严酷多变的社会环境的挑战。因此,催人奋进的忧患意识便逐渐刻写在中国人民的血脉里,稍微的松懈带来的损失和牺牲都将不可估量,这一点,在流血杀头的年代里尤其的明显突出。川渝红色文化体系中艰苦奋斗的拼搏精神是以爱国主义为核心的红色精神的具体呈现。革命先烈的艰苦奋斗并非仅仅为己,而是为千千万万受剥削和压迫的中华儿女而战。只有艰苦奋斗的勉励拼搏,才能捍卫自身生存和家国未来,这里不妨挑选出川渝红色文化体系当中的部分代表性人物和典型案例稍加分析,当然,内容上难免挂一漏万。

(一) 先驱人物——王右木

作为最早在巴蜀地区传播马克思主义、在四川开展建团建党、播火开垦工作的革命先行者,王右木的一生既是辉煌的,也都是在艰苦的拼搏当中度过的。和许多川渝革命者一样,出生于 1887 年的王右木,少年时代过得十分艰苦,恶劣的时代环境在给其留下深刻印象的同时,也塑造了他高尚的情操、优良的品格、不怕困难的拼搏精神与忧国忧民的情怀。王右木年轻时曾考入成都的四川通省师范学堂,因家庭贫困之故,中途曾休学回乡担任龙郡公学的教务长,在学校期间除了基本的教学外还支持学生的正义行动,待其复学高师毕业后,又以教师的身份再次回到龙郡公学。其后留学于日本的明治大学,学成回国后应聘于母校成都高师。观其学习生涯和人生旅途可见,其个人生涯并不顺畅,虽阻碍重重,但其始终不曾放弃,在艰苦的环境下持续通过学习与追求新知来提升自己,进而为国家和民族作贡献。在成都高师任教以后,他便以此为基地进行教学和革命进步活动,曾两次组建马克思读书会,带领校内外的有志青年们进行马克思主义理论的研究和宣传工作,在当时的情境下,马列主义被视为"过激派"的"异端邪说",因此读书会的活动开展得十分艰难,聚会"每星期天集会一次",并且"地点随时变换"①。

---

① 中共四川省委党史研究室编:《四川党史人物传》第一卷,四川人民出版社 2016 年版,第 8 页。

在军阀混战不休、残民以逞的糜烂局面下,读书会在王右木的领导下开展了支援成都学界教育界抗议军阀暴政的罢课罢教活动。中国共产党成立以后,王右木更是积极投身于在川渝地区散播革命火种、建立革命据点的活动中。在其领导下,直属于青年团中央的社会主义青年团成都地方执行委员会于 1922 年 10 月正式诞生,在此前后他又率领进步青年们创办了四川地区最早旗帜鲜明地宣传马克思列宁主义的进步刊物《人声报》。在该报创刊期间,王右木以一人之躯兼顾报纸的撰文、运营、发行等一系列工作,拿起笔杆子进行了英勇的战斗。他在 1922 年夏秋领导和参加了四川教育经费独立运动,斗争胜利后,王右木在成都高师的职务也被官方解聘,但他以更坚定的意志继续着未竟的事业。1923 年,他领导建立了成都劳工联合会,更为重要的是建立了直属中共中央领导的中共成都独立小组,这是整个川渝地区的第一个党组织。在四川领导建党工作以后,他便"将自己经济收入的绝大部分用在了党的组织和理论宣传工作上"[①]。为了促进四川地区党团组织的发展壮大,王右木还一度委身于军阀所创刊物《甲子日刊》担任编辑,以为川渝进步力量寻觅发声空间。1924 年春夏之际,王右木在由穗返川奔走于革命之途的旅程中被地方反动派杀害。正是有了王右木这样的革命先行者,四川地区的党团创建与发展事业才会跟上全国革命的潮流。观其革命活动,其革命历程可谓是"命运多舛",但无论处于什么境地,他始终不忘革命为革命拼搏和奋斗,在艰苦的斗争当中"以强烈的自觉意识与'传道'式的精神,向身边的青年学子们传播灌输马列主义革命理论,渐渐形成一个以自己为中心的影响广泛的四川早期马克思主义者社群"[②]。他以自身苦行僧似的艰苦奋斗拼搏精神影响和感召着一批又一批如张秀熟、袁诗荛、廖恩波、梁华等巴蜀进步青年,将这些革命者引导上救国之途,他们

---

① 中共四川省委党史研究室编:《四川党史人物传》第一卷,四川人民出版社 2016 年版,第 31 页。

② 刘宗灵、赵春茂:《论王右木与四川地区中国共产党早期党团组织的创建》,《绵阳师范学院学报》2018 年第 3 期。

后来也相继成长为像王右木一样具有艰苦奋斗的拼搏精神的巴蜀新民主主义革命运动的先行者。

（二）典型事件——泸顺起义

为了配合北伐的顺利进行,中共重庆地委于 1926 年 9 月 28 日以国民党临时省党部的名义召开了军事会议,会议提出了"相应北伐,会师武汉"的口号,成立了以刘伯承任总指挥的国民革命军川军各路总指挥部。11 月上旬,杨闇公主持召开了中共重庆地委的会议,成立了军事委员会,刘伯承、杨闇公、朱德等担任军事委员,在军委会上对起义的时间和具体的计划作了部署。为更好地配合起义,革命党人做了大量工作,包括打入敌人内部以便争取和瓦解敌人以及分析敌情等。中共重庆地委第一次军委会议召开以后,便派遣了川内左翼党政军的力量到计划起义各地开展工作,先后派遣了"30 多名党员到顺庆、泸州,以及合川、涪陵、彭县、崇庆等预定起义和配合起义地区布置工作"①。在分析敌情方面,刘伯承作了《军事报告》,具体分析了四川军阀群体的背景、特征、本质及其目前的困境,指出了统战策反工作的重要性和可能性,极大地增强了革命胜利的信心。在大革命统一战线内部党政军力量的多方努力下,不少四川军阀暂时归顺了国民革命军。1926 年 12 月,谋划好的起义斗争陆续在泸州、顺庆（今南充）等地爆发。在各部的团结协作配合之下,泸州起义取得了成功,但之后由于参与起义的部分军阀贪婪自利的本性及其摇摆不定的政治立场,不愿及时驰援顺庆,导致了顺庆起义的失败。"独木难成林",顺庆起义失败以后,泸州也陷入危急。后来党中央及时委派刘伯承来到泸州担任全权指挥工作,希望能够力挽狂澜,对起义部队进行军事整顿与纪律建设,加强部队的思想政治教育工作,运用政权力量极力恢复泸州经济运转、宣传革命思想唤醒动员民众,这些措施取得了一定的效果。但在反革命势力回过神来之后,集中反动军事力量

---

① 中共重庆市委党史研究室:《中国共产党重庆历史》第一卷,重庆出版社 2011 年版,第 140 页。

对革命阵营进行了反扑,刘伯承等中共党人巧妙运用各种军事策略、带领起义军队进行了英勇的战斗,固守泸州城一个多月,最终因弹尽援绝而失败。泸顺起义是我党在实力弱小、力量对比悬殊的情况下对反动势力的一次主动出击,这一过程当中,虽最终并未能以小胜大、以弱胜强,实现起义的彻底胜利,但这次在全国来说都具有典型意义的武装革命斗争彰显了中国共产党人在巴蜀大地知难而上、敢于反抗的坚定拼搏精神。在某种意义上,泸顺起义更是如当时《国民公报》所评:"惊破武人之迷梦,唤起群众之觉醒,影响川局,关系至巨。"

四、舍己为人的牺牲精神

川渝人民自古劲勇坚韧,自古便有狭义精神。《华阳国志》记载蜀地民众好辛香、多悍勇,战国时期就留下了将军巴蔓子"刎头谢楚,保巴三城"的忠烈故事。五四以来的先进知识分子不再承袭天道、君命等传统观念,他们明确标榜自身反对道统、君统等封建糟粕的进步思想,积极学习进步的主义和革命理念成了他们的目标,努力站在国家和民族立场上进行斗争。革命不是请客吃饭,不只是物质力量的对决,更是意志和精神的较量,"没有顽强的意志,没有敢于牺牲的品质,再好的武器装备也不能保证胜利"①。止是无数革命者用生命践行着"我不入地狱,谁入地狱"的舍己思想、"为有牺牲多壮志"的大我精神,才有了革命的胜利。川渝红色文化体系的精神谱系里更是写满了"牺牲"二字,多的是像王右木、杨闇公、袁诗荛、罗世文、车耀先等抱定以鲜血献厚土,换取神州大地永得太平的仁人志士。这种牺牲精神的根源和本质在于高举民族大义旗帜,在历史危难时刻甘于舍己为人,在诸多红色先驱的眼中,他人不仅仅是单个与己无关的个体,也是整个中华民族的映射,从更宽泛的意义上讲,也是整个人类的一

---

① 习近平:《在庆祝中国人民解放军建军 90 周年大会上的讲话》,《人民日报》2017 年 8 月 2 日。

部分,是值得牺牲自己去奉献成就的对象。

中国共产党早期组织在四川建立以后,仁人志士先后开展了各种斗争,川渝大地无数的无产阶级革命者们身先士卒,冲锋在前,撼动着反动势力的统治,也为此付出了惨烈的代价。革命自流血始,四川军阀刘湘在蒋介石支持下制造了反共反人民的"三三一"惨案,中共重庆地委负责人杨闇公、地委重要成员冉钧,知名革命志士漆南薰、陈达三等先后被刽子手残忍杀害。之后,随着国共合作的彻底破裂,巴蜀大地的反革命势力更是肆无忌惮地屠杀共产党员与革命群众,中共地下党四川省委书记傅烈、刘愿庵、穆青等,以及历届省委与各地特委的重要成员周贡植、李鸣珂、邹进贤、牛大鸣、郑佑之、李家俊等优秀共产党人也先后惨遭杀害。据统计,直到新中国成立之前,四川(含重庆)总共牺牲了八位省级机关负责人。除上述的杨闇公、傅烈、刘愿庵之外,还有苟永芳、穆青、廖恩波、罗世文、王璞等党的优秀儿女。"强将无弱兵",川渝人民中本就多出古道热肠、侠肝义胆之士,近现代革命历程开启以来,在民族大义的感召之下、在国家民族根本利益诉求的指引下、在中国共产党各级组织的动员和带领下,先后进行了多次英勇斗争,谱写了"我以我血荐轩辕"的爱国史诗,赵一曼、刘伯坚的遗书就是其中的典范代表。下面将列举二位英烈临就义前所留下的字字泣血、句句感天动地的遗书,以作今人感佩敬仰之典范:

给儿子的遗言①

宁儿:

母亲对于你没有能尽到教育的责任,实在是遗憾的事情。

母亲因为坚决地做了反满抗日的斗争,今天已经到了牺牲的前夕了。

母亲和你在生前是永久没有再见的机会了。希望你,宁儿啊!赶快成人,来安慰你地下的母亲!我最亲爱的孩子啊!母亲不用千言万

---

① 褚赣生、邹益编:《告白人间——名人遗书》,杭州出版社 1996 年版,第 144—145 页。

语来教育你,就用实行来教育你。

在你长大成人之后,希望你不要忘记你的母亲是为国而牺牲的!

一九三六年八月二日

你的母亲赵一曼于车中

与妻叔振书①

叔振同志:

我的绝命书及遗嘱你必能见着,我直寄陕西凤笙大嫂及五六诸兄嫂。

你不要伤心,望你无论如何要为中国革命努力,不要脱离革命战线,并要用尽一切的力量教养虎、豹、熊三幼儿成人,继续我的光荣的事业。

我葬在大庾梅关附近。

十二时快到了,就要上杀场,不能再写了,致以最后的革命的敬礼。

刘伯坚

三月二十日于大庾

当然,牺牲不仅是生命的牺牲,还包括财产、健康、时间、精力等多方面的牺牲。不仅有革命志士主动的奉献牺牲,也有许许多多巴蜀民众被动的死难牺牲。仅在 1938 年到 1943 年的重庆大轰炸过程中,肆意残暴轰炸我平民百姓的日机所投掷的弹药就直接导致了渝城民众 2 万余人的死伤,其中"炸死 9990 余人,炸伤 10233 人",造成的财产损失仅房屋一项就"毁坏房屋建筑 8250 幢另 33300 间"②。此外,因侵略者的暴行而间接导致的灾难牺牲就更多了。较著名的如重庆防空隧道大惨案中因窒息而死的数以万计的广大群众,还有道路设施与厂房校舍等遭破坏所带来的巨量损失,等等,更是无法准确地估计。但在这种被动牺牲的环境之下,更不乏冒着牺牲

---

① 褚赣生、邹益编:《告白人间——名人遗书》,杭州出版社 1996 年版,第 106 页。

② 西南师范大学历史系、重庆市档案馆编:《重庆大轰炸(1938—1943)》,重庆出版社 1992 年版,第 26 页。

风险临危受命之仁人志士。他们在掩埋好同胞尸体、擦干身上的血迹之后，以更加热烈的情感与坚决的姿态投入艰苦卓绝的反侵略战斗中，成为中华民族不屈的脊梁！在这种一不怕苦、二不怕死的牺牲精神的支撑下，中华民族"在任何困难和风险面前，腿肚子不会抖，腰杆子不会弯"，终究是"吓不倒、压不垮的！"[1]

五、与时俱进的创新精神

古人云，"穷则变，变则通，通则灵"。"变"和"通"的辩证关系充分说明了创新、求变的重要性。革命形式瞬息万变，如果只是一味地固守之前的思想或者直接采取"拿来主义"，而不审时度势地加以灵活运用，则可能会招致无穷无尽的祸端。红色文化体系本就是一个与时俱进、不断发展的动态生成体系，其中蕴含着宝贵的求变创新思想，包括思想观念、制度文化、革命道路、宣传方式、经济发展、社会建设等多个方面的创新驱动。

思想是行动的指南，川渝红色文化体系中的创新是建立在思想的创新基础之上。正是因为有了思想的创新，才有了一批又一批忠于马克思主义、忠于党和人民，致力于新民主主义革命的革命者们前赴后继。在思想的创新指引下，川渝地区许多革命家由旧民主主义革命者转变为了新民主主义革命者。同时，其革命历程又随着思想的与时俱进愈发走上正轨。早年，吴玉章、刘伯承、杨闇公、李蔚如、李筱亭、陈达三等人都曾参加过旧民主主义革命，刘伯承还曾于上海参加了孙中山等在日本创立的中华革命党，从一个普通士兵成长为四川国民党系统内部的中高级指挥官，有"川军名将"之美誉。作为四川早期党团组织创建人物的吴玉章，其思想演变与人生经历更是横跨世纪，经历了多次转变。

---

[1]　习近平:《在纪念中国人民志愿军抗美援朝出国作战 70 周年大会上的讲话》,《人民日报》2020 年 10 月 24 日。

　　吴玉章生于清朝统治日落西山的年代,早年间,在其思想中占主导地位的还是传统的忠孝节义思想,后随着民族危机的加深、康梁维新思想的盛极一时,又热烈地接受了其变法图强的思想,接触"新学"以后,更是对其学说爱不释手,"一心要做变法维新的志士,对于习八股、考功名,便没有多大的兴趣了"①。好景不长,随着戊戌政变的发生,"六君子"的殉难与愈发深重的民族危机刺激,使其思想一度陷入混乱和矛盾。转机发生在其去日本留学期间,经过上海时开始接触到了资产阶级民主革命思想,虽然当时他对于革命的认知还很朦胧,但其觉得"稍加比较,就觉得革命的道路更为充分",也因此逐渐放弃了康梁的改良思想,转而倾向革命。到达日本以后,他接受了更多革命思想的影响,还曾积极参加了拒俄运动,坚定了革命的立场。在日本留学期间,吴玉章思想上唯一的信仰就是"革命",参与了多次留学生与日本当局的斗争,捍卫了民族尊严和荣誉。1905 年,孙中山在日本东京成立了中国同盟会,取得了极大的反响,吴玉章也曾加入其中并积极开展了革命活动。辛亥革命失败以后流亡海外,在巴黎接触了大量社会主义思潮,对社会主义思潮从茫然无知到被其深深吸引,十月革命对科学社会主义理想的实现更是让其感到无限的鼓舞和兴奋,五四运动的冲击也让其思想与政治信仰逐步实现了"落地生根",从专注于上层到注目于广大人民群众,实现了思想的最终转变并为之奋斗一生。唯创新者进,唯创新者强。川渝革命者们的求"新"求变努力不断地推动着其世界观、人生观和行为抉择上的转变,进而在和现当代革命大潮的互融互通中弹奏出了壮阔动人的人生华章。

---

① 吴玉章:《吴玉章回忆录》,中国青年出版社 1978 年版,第 7 页。

第三章　川渝红色文化体系形成的
社会历史条件

　　马克思主义文化观指出,一定的文化由一定的政治、经济所决定,又高度肯定了整个社会环境对文化形成的作用,秉持社会存在决定社会意识的观点。文化是人类实践活动及其成果,人的实践必然涉及社会的方方面面,其中主要的便是政治、经济、文化。某种意义上说,川渝红色文化体系的形成既受政治的"裹挟",也受经济的"逼迫",更受到社会思想语境的"压制",可说是历史的产物、时代的精华。

第一节　川渝红色文化体系形成的政治环境

　　政治作为文化生成发展的决定因素之一,对文化的变革起着摧毁与重塑的作用。川渝红色文化体系的创建者们以变革旧有的压迫剥削的政治制度作为斗争目标,而这一旧有制度痼疾之危害在困于内忧外患之中的清末民初达到了高峰,辛亥革命、二次革命、护国运动、护法运动等不彻底的旧民主主义革命并未能摧毁其根基,旧制度、旧文化、旧习俗一次又一次地卷土重来,或者从未消失过。从某种程度上来说,民初的政治环境是传统封建专制政治制度语境的延续和残存。这一政治背景,也成了川渝红色文化生成的外部政治环境。

一、晚清民初以来四川地区的政局演变

"天下未乱蜀已乱,天下已治蜀未治。"清王朝在四川建立的统治政权的巩固,逐渐发生在其入关的 20 多年以后。为进一步巩固四川政权,清政府在全蜀归顺王朝统治之后,采取了一系列与民休养生息的政策,包括减轻赋税、兴修水利、发展生产等。此后,四川地区在清王朝的统治下得到了较快的发展。不过,好景不长,随着鸦片战争的爆发,清王朝的统治也逐渐没落,晚清这一时期也是中国社会剧烈变动的时期,政治上层建筑也在内忧外患的冲击下风雨飘摇。政治制度与社会结构的变化不是一蹴而就的,从晚清到民初的改朝换代经历了较为漫长的准备和铺垫。

首先出现的是对政局的改良。随着救亡图存运动的展开,以改变现存政治制度为目标的维新运动在全国各地得到响应,四川也成为维新志士的主要活动地区之一。四川维新人士通过上书、办报、创办政治团体等方式参与到了这场运动当中,大力宣传维新变法思想,为优化政治上层建筑作出了努力。变法运动的持续推进,招致了反动、敌对势力的疯狂镇压,川中名士杨锐、刘光第也英勇就义,是为"戊戌六君子"事件。但维新运动并未从根本上刺激传统政权革新更张,因此四川的政局也较为稳定,尚未出现明显变化。在内忧外患的持续冲击下,尤其是八国联军侵华之后,清王朝日益显出摇摇欲坠之景象,为摆脱生存危机,清政府不得不循着当年改革派的路子,接过维新的旗帜开展"新政"。随着"新政"的展开,四川也先后设立了咨议局、地方自治局、巡警道、审判厅、检查厅等带有鲜明资产阶级民主色彩的行政机构。在川西部分少数民族地区还推行了"改土归流"的政策,将少数民族区域世袭的土官变为清王朝统一选派的流官,逐步废除土司制度,把川边民族地区的政权建制统一在清王朝的政权体制之内。总体上说,清末新政时期,四川政权组织结构较之前有了一定的变化,但总体上仍是皮毛改革,没有触动政治制度结构的根本。

温和的政治改良失败了,但其积蓄的力量却以更为强劲的方式爆发了。

辛亥革命直接打破了旧有的政治体制,在旧制度的废墟上重塑了政治上层建筑。1911 年,随着四川保路运动的开展,清王朝的政治局势变得一发不可收拾,使得清政府在四川的统治难以为继,在革命大潮的冲击下,同盟会革命势力促成荣县独立,建立起了四川第一个革命军政府,掀起了四川各地脱离清王朝独立自主的浪潮。革命者在重庆、成都先后建立了蜀军政府、大汉四川军政府,后成渝两地军政府达成合并协议,组成了新的控驭全川的中华民国四川都督府,由此形成了新的统一的四川省级政权机构,这也表明清王朝在四川的省级政权被瓦解殆尽。新的政治上层建筑建立后,必然会采取一系列措施力图改变旧有政局与社会结构,这一时期,四川政局几经变化、风雨飘摇。在全川统一的政治基础之上,民主共和思想越发强劲,这些直接促使了四川政局与行政机制的变革,主政者亦围绕着立法、司法、行政等进行了多项改革举措。例如,民初四川在地方上较多地设置了充当地方立法机关的县级议事会,主要是辅佐、制衡地方行政权力。在司法上也进行了一些改革,在司法机构上设置了不同层级的审判厅来裁决民事案件,司法制度较之以前也有很大不同,某种程度上彰显了资产阶级民主政治下的人道主义色彩。政局动荡之下的行政机制方面也发生了一些变化,地方行政区划建制频繁变动。不过,好景不长,随着辛亥革命果实被封建地主官僚等旧势力所窃取,资产阶级革命派对四川的统治大权开始旁落。作为袁世凯爪牙的胡景伊掌握四川政权以后,实际上建立的就是以袁世凯为马首是瞻的封建地主军阀政权,四川政局愈发飘摇不定,随着局势日益糜烂,四川地区逐渐进入了军阀混战时期。

四川是军阀混战的重灾区,这既有历史的因素,也有现实的成因。民国初年四川施行的"防区制"则加剧了这一形势。"防区制"形成于川中同盟会势力代表熊克武主政川局时期,各个防区内的驻军首领独霸一方,对防区地盘拥有绝对的控制权,在财政上予取予求,在资源搜刮上敲骨吸髓,对老百姓也是生杀予夺大权操之在手。其时省府抑或中央的政令均需得到防区首领的许可才能施行于域内。"防区制"的设定引起了四川军阀为争权夺利而进行的连年混战,政局更是永无宁日。掌握军权的熊克武、刘存厚等强人之间的对抗导致了成渝两地分属南北两个对峙政府的局面。军阀混战是川渝人民之痛,大小军阀们轮番上演着"你方唱罢我登台"的闹剧,使得四川成为"国中之国",无论是传统的秩序抑或是现代的制度均不能渗透其中,社会陷入失序状态。而这一情况,直到中国共产党领导的人民军队解放整个四川并着力进行剿匪反霸、接管建政等一系列斗争后,才得以真正改变。

清末民初以来,川内四分五裂,权柄数易其主,"乱世英雄起四方,有枪就是草头王"。政局陷入十分动荡的境地,"城头变幻大王旗"的政权更迭使得民众无所适从。政权组织软弱无力,无法真正统一全川,军令、政令无法顺利推行,连年的动乱又使得人民无法安居乐业,各个政权的苛捐杂税、苛政陋规又变成了压在民众身上的重重大山。在这样的时代乱局之下,一度号称"天府之国"的四川沦为了"白骨露于野,千里无鸡鸣"的人间地狱。四川人民在这个炼狱中受尽蹂躏,他们压抑已久的对民主、自由与公平正义的渴望终会以不可阻挡之势爆发出来,为之后中国共产党领导的新民主主义革命奠定了人心基础。

二、清末民初以来四川地区的民众抗争

自晚清以来,清王朝的统治逐渐式微,各地起义暴动不断。就全国来说,影响较大的为太平天国起义,这一起义也得到了四川人民的响应,之后"四川连年发生人民起义,配合太平军的战斗"①,达到了沉重打击清王朝反动统治的目标。1859 年,川滇交界处又爆发了李永和、蓝朝鼎起义,这一起义持续达 6 年之久,主要在川滇黔渝四省交汇一带展开反抗斗争,"起义军驰骋于川南、川东、川西 40 余州县",人数也"由几百人壮大到 30 万人"②,

①　陈世松、贾大泉、温贤美主编:《四川通史》第 7 册,四川大学出版社 1994 年版,第 17 页。
②　陈世松、贾大泉、温贤美主编:《四川通史》第 7 册,四川大学出版社 1994 年版,第 20 页。

使反清浪潮的势力更加强劲。这类起义和抗争虽不是由四川人民主导和策划的,但四川广大人民群众在其中发挥了巨大的作用,是四川人民富于革命精神的体现,为后来的新民主主义革命斗争营造了有利的风气和氛围。

随着列强势力的不断侵入,教会势力也通过各种途径渗入川内,成为其文化侵略的主要方式,极大程度上配合和加强了列强的政治控制。由于西方宗教在列强入侵过程当中充当着"急先锋"的角色,因此四川人民的反帝反封建斗争必然会表现为反洋教斗争,"第一次重庆教案""第二次重庆教案""成都教案"等都是其中的典型代表。晚清以来,四川地区的教案层出不穷,据统计,仅第二次鸦片战争后到中法战争前后的 30 年间,"四川各地爆发教案数十次,范围遍及八、九十个州县",是"当时全国发生教案最多的省份"①。这些反洋教斗争在打压侵略者嚣张气焰的同时也极大地激发了四川民众的反抗意识及斗争精神,为以后民众反抗斗争的深入发展积累了经验、奠定了基础。19 世纪 90 年代爆发的余栋臣武装起义就是其中的典型。民众反洋教斗争虽有着较大的历史意义,但也不可否认其中的局限性,最大的局限性便是其多由没有先进思想理论指导的下层民众所主导,是一种组织程度较低、斗争目标模糊不清、斗争层次较浅的单纯群众运动,这样的斗争注定是短暂且成效甚微的,而真正从根本上改变了这一革命发展态势的当属进步知识分子群体。甲午战败刺激了国人民族意识的普遍觉醒,这一时期前后四川地区涌现出的先进分子有刘光第、杨锐、吴玉章、宋育仁等,这些人秉持着强烈的民族意识,主张改变或变革现有的社会,以达到改变人民艰苦处境的目的,其中不少人还成为后来新民主主义革命的参与者乃至先行者。随着列强与封建统治者的压迫愈发残酷,四川民众的斗争出现了两个显著的变化,一是斗争群体逐渐壮大,二是斗争的范围逐渐扩大。

---

① 陈世松、贾大泉、温贤美主编:《四川通史》第 7 册,四川大学出版社 1994 年版,第 78 页。

四川地区复杂的政治环境、广袤的地域与闭塞落后的交通体系让四川在某种程度上处于"国中之国"或"化外之地"的地位,各种地方势力发达,在川内还广泛分布着各种非正式团体和组织,如红灯教、哥老会、顺天教、江湖会等,都是一股股不容小觑的民间力量。这些民间组织形成的原因各异、彼此之间少有联系,世纪之交在北方义和团运动的影响下逐步汇聚到一起,掀起了四川本土的义和拳运动。

资产阶级革命派力量在川中兴起以后,民众斗争以更猛烈、更频繁的方式进行,爆发了由资产阶级知识分子领导的四川彭县大同军起义。随着同盟会四川支部的建立,四川的武装起义更加频繁,在轰动全川的保路运动开始之前,四川同盟会已先后发动了十余次武装起义,较为著名的有 1906 年江油起义、1907 年泸州及江安起义、1907 年成都起义、1909 年广安起义、1910 年嘉定起义、1910—1911 年彭水及黔江起义等等。这些起义虽规模有限,空间分散,但其发动时间却相当的连续与集中,给清王朝在四川的统治敲响了"丧钟"。保路运动期间,四川人民的斗争范围逐渐扩大,反抗的呼声越来越大,斗争方式也逐渐由原本采取的合法斗争转为武装革命,这一导火索便是四川总督赵尔丰对四川人民保路运动的血腥镇压,制造了骇人听闻的"成都血案"。血案发生后,保路同志会逐步转化为保路同志军,全川民众义愤填膺,极为痛恨清政府的残暴镇压手段,纷纷拿起武器,融入了武装反清的革命起义斗争中,将四川保路运动推向了顶峰,进一步激发了湖北武昌起义。

辛亥革命的成功及南京临时政府的建立,顺应了全国人民求民主、祈民生、谋发展的愿望,四川人民也积极参与到新政权与新社会秩序的建设当中。随着辛亥革命果实被封建地主官僚势力的代表所窃取,民主与专制的矛盾愈发尖锐,在全国旧民主主义革命斗争形势的影响下,四川也相继爆发了讨袁战争、护国战争和护法战争。"宋教仁案"发生以后,革命党人决意武力讨袁,掀起了"二次革命",四川民众也积极响应。1913 年 8 月,熊克武、但懋辛等人策划了重庆独立,建立了四川讨袁军并进行了多次战斗,但最终失败。二次革命被镇压以后,袁世凯复辟帝制的步伐加快,最终冒天下之大不韪搞出一幕"称帝登基"的逆流丑剧,受到了全国人民的坚决反对。在这种情形下,护国战争爆发了,四川人民群起而响应。熊克武、但懋辛、余际唐、刘伯承、石青阳、黄复生、颜德基、卢师谛等旧民党中人纷纷在四川各地领导了军事反袁斗争,有力地支持了云南护国军的战斗。袁世凯死后,北洋集团逐渐分裂、更加反动,施行各种倒行逆施,竟妄图破坏约法、解散国会。在此情形下,护法运动在全国迅速兴起。川内革命党人与新兴军人将主要斗争矛头对准了支持"毁约"的四川老牌军阀刘存厚,在四川靖国联军的围攻下,四川护法战争以胜利结束。为保卫辛亥革命果实的一系列努力是四川人民的正义抗争,在此过程中表现了川人对统一安定的环境的渴望,但历史再一次证明带有两面性的资产阶级力量的诉求愿望终会落空。一系列的抗争并没有使得四川人民安定下来,相反,川人面对的斗争愈发的艰难困苦。辛亥革命的不彻底,使得军阀混战成为各地区的常态,四川尤为突出。防区制的形成,使得巴蜀大地被分割成众多独立王国,不同层级的军阀剥削层层加码,底层百姓的生活愈发难以为继。相应地,川人的反抗斗争也愈发激进,直至革命胜利。

清末民初,四川人民的斗争多以武装斗争为主要形式,但又不仅仅拘泥于这种形式。巴蜀大地的进步民众抗争还有上书请求变革、开展收回利权运动的经济斗争;为推进资产阶级宪政采取的演讲宣传、组织国会请愿的政治斗争;办报兴学组社、宣传进步思想与革命理念的文化教育斗争,资产阶级革命党人先后在川省内外创办了《重庆日报》《四川》等进步杂志,革命书籍也是其瞄准的斗争阵地之一,有名的川籍青年邹容所撰写的《革命家》就是这一时期的产物。这一时期,民众与进步知识分子的斗争场域也不仅限于川内,在东海之滨、长城内外甚至异国他乡均有川人的反抗轨迹,散播了革命火种。许多留学国外的川籍志士也以各种方式声援着川内的斗争,从而服务于桑梓,在1903年的拒俄运动、1904年的争取川汉铁路筑路权运动、1905年的反美爱国运动及其前后的一系列反帝爱国活动,如持续三年的抵制日货的斗争、反对军阀割据的素菜自治运动、争取教育经费独立运动等旧民主主义时期的斗争活动当中,均有诸多川籍爱国人士奔走呼号的身影。

清末民初以来,四川人民在不同的时期将反压迫斗争付诸实践,这些或成功或成仁的革命实践为以后的革命斗争积累了经验、培养了川渝人民的革命意识、营造了革命的语境。正是因为广大久经考验、富于反抗精神的四川民众的存在,川渝红色文化才能自成体系,也才能在众多的地方红色文化当中脱颖而出。

第二节　川渝红色文化体系形成的思想语境

一、五四前后新文化新思想在四川地区的传播

近代以来,随着社会的剧烈变革,思想文化的变革从暗流涌动到波涛汹涌,冲击了原本固化、死板的社会思想文化体系,这种文化变革力量的积蓄是缓慢而持久的,在五四时期达到了抛物线的顶端,以巨大的力量冲破了整个封建社会的文化桎梏。五四之前的新文化新思想的兴起与渗透是这一过程的蓄力环节,五四以后新文化新思想的广泛传播则是这一过程的涟漪与"余波",两者都在极大程度上改变了四川地区的社会风气,营造了彻底革命斗争的语境和风气。

清末民初的时代巨变促进了四川地区近代工业的成长,为四川新文化运动的兴起提供了必要的物质基础。先后经历了各阶层救亡图存道路的失败后,仁人志士开始反思其间原因,在思索了器物、制度的变革之路以后,他们将目光转向了思想文化领域,掀起了新文化运动。四川人民受压迫的程度较深,对民族危机也深为忧虑,因而对于利于改变现状的新思潮易于接受。新文化运动高举"民主"与"科学"的旗帜,在各个地方侧重点虽有所不同,但总体符合大势所趋。新文化运动在四川"集中表现在反对封建礼教,

改革学校教育,提倡妇女解放和文学革命等几个方面"①。在全国新文化运动的影响之下,四川新文化运动可谓是一路高歌。经历过那个时代的弄潮儿张秀熟后来回忆道,1916 年的国立成都高等师范学校里面,"新思潮已经相当浓烈,介绍新文化的书刊也不少"②。在这种文化氛围之下,青年人的心境也很容易发生变化,不少进步分子与敏感青年很快就变成了新文化的信徒,对新文化标举的两大旗帜深信不疑。新文化新思想在四川地区的传播主要借助于报纸、书籍等纸质媒介与学会读书会等社团组织而展开。其中,在川内较有影响的代表性的进步刊物主要有《川报》《新蜀报》《国民公报》《星期评论》《醒群报》等。这些报刊侧重点各有千秋,但都猛烈抨击吃人的制度,宣传自由解放等先进思想。随着民主自由思想的广泛传播,妇女解放也愈发成为焦点。新文化运动时期,妇女报刊如《女界报》《女铎报》《女鉴报》等相继出版,与时代主题相适应,这些报刊也高举反封建的大旗,反对封建道德对妇女的压抑、反对男尊女卑的传统观念,主张男女平权,大大地推动了四川妇女解放运动的进程。在教育上,新文化运动一改旧时封建统治者的愚民思想,主张新文学、提倡白话文,大力宣言读书识字的好处。被誉为"中国思想界的清道夫""只手打孔家店的老英雄"的成都新繁人——吴虞,在 1912 年就曾与其妻子共同发表了《今语有益于教育论》一文。文章主张人民读书识字是有益处的,人民的知识水平与国家的强弱、社会的兴衰息息相关。白话文的不断推广,助力于新文学的发展,涌现出优秀的新文学作品,如曾兰的短篇小说《孽缘》、李劼人的小说《做人难》《续做人难》等,这类文学作品往往贴近生活现实,相对于晦涩难懂的文言文来说便于普罗大众进行阅读,写实的作品往往又更能引起群众共鸣,为揭露黑暗统治、传播新思想、启蒙群众、推动新文化运动作出了卓越的贡献。

可以说,五四前新文化新思想的涌现以爱国为主要动力。此前,落后的

---

① 四川省地方志编纂委员会编纂:《四川省志·文化艺术志》,四川人民出版社 2000 年版,第 21 页。

② 张秀熟:《二声集》,巴蜀书社 1992 年版,第 574 页。

封建统治持续长达 2000 余年之久,封建统治理念及其文化思想深入人心,这种统治之下所倡导的"爱国"是维护既有的"普天之下莫非王土,率土之滨莫非王臣"的封建统治,听命于君,任何有所反抗的思想和言论都是大逆不道,动辄便将引来杀身之祸。其后,在资产阶级民主政治浪潮的冲击之下,爱国演变成了改良社会制度,但在中国很快便走偏了。形式上虽有所变化,但实质还是在为封建统治打圆场。这样肤浅的爱国思想在五四前后发生了深刻变化,人们高举着爱国的旗帜,要求改变现有的人吃人的旧制度,在旧文化旧制度的废墟上重建一个崭新的国家。以这样先进的爱国思想为基础,展开了一系列反专制、反传统、反权威的斗争,上层政治不再是精英的游戏,也不能完全将女子排除在外。一时之间,整个思想文化界的风气可谓是脱胎换骨。

1919 年的五四运动促进了四川新文化运动的转向。五四之前,新文化运动多着眼于资产阶级启蒙思想的宣扬,五四以后新文化运动在百家争鸣的文化环境中逐渐扛起了马克思列宁主义进步理论的大旗。在新形势的影响下,五四运动之后的四川出现了大量学生与进步青年所办刊物,有一定知名度的就有《人声》、《半月》、《直觉》、《威克烈》、《新四川》、《新蜀报》、《渝江评论》、《星期日》周报、《四川学生潮》等等。在当时,马克思主义虽占有一定的地位,但思想界总体发展趋势还不太明晰,学生和进步青年对新潮的鉴别体悟能力存在差别,因此在这些刊物当中免不了有对其他改良主义社会思潮如无政府主义、自由主义、基尔特社会主义、醒狮派的国家主义、日本学者力荐的新村主义等形形色色的"社会主义"思想的宣传。

五四时期是一个百花齐放、百家争鸣的时代,热血青年在这种思想自由的风气下冲破了传统社会思想禁锢的藩篱。西方社会三四百年间才相继出现的思想流派、社会思潮,一时之间都来中国走了个遍。但这些思想总体上是主张求变图强的,起到了革新社会的作用。五四运动之后,川内许多地区发生了工人罢工、游行集会、抵制日货等反抗活动,还成立了工会、劳动自治会、劳动联合会等工人组织,展现了工人群体的力量,表明了其政治意识的逐步觉醒。青年学生、知识分子在五四运动当中也拿起笔杆子,战斗在一线。学生们成立了各种社团如少年中国学会成都分会、学生联合会等,这些学生在社团力量的凝结下,主要是进行宣传演讲,为声援北京五四运动呐喊。由四川最早的共产党员王右木创办的"马克思读书会"也在成都成立,吸纳了一批先进分子。而后,王右木所创办的以宣传马克思主义为目标的《人声》报诞生,该报存在时间虽不到半年,但起到了开一代风气之先的作用,也是中国共产党人在四川领导新闻事业的开端。

总而言之,五四前后各类新文化新思想得以迅速传播的关键在于社会矛盾的加深,始终围绕着爱国这一主题展开,因为爱国所以要反对帝国主义,不能当亡国奴,也不能任由帝国主义的吆五喝六。同时,因为要打倒的对象是危害民族生存的势力,封建主义、官僚主义和帝国主义早在利益勾结下结为一心,因此,"三座大山"均是觉悟了的进步民众所要斗争的对象。面对内外各种挑战力量与风雨飘摇的国势,再加上在追求爱国进步与求新求变的心理欲求推动下,国内思想界文化界掀起了滔天巨浪,各种思想流派不断追赶着所谓时髦,不断推销自家学说,冲击了传统旧思想旧文化。这一时期,社会上的思想极其混乱,直至俄国十月革命吸引了时人的目光,马列主义趁势得以迅速传播。

二、民主革命时期马列主义理论在四川地区的传播

作为现代化标志的民主是近代以来中华民族所要实现的主题之一,先后历经了新旧两段时期。"十月革命一声炮响,给中国送来了马克思列宁主义",因此,这里的民主革命时期特指新民主主义革命时期。

民主革命时期马列主义在四川地区的传播是与时代浪潮同频共振的,在先进知识分子的多方比较和谨慎选择下,信奉马克思列宁主义、走俄国革命的道路,成为他们的共识。在思想的传播当中,人是主要的因素。马列主义传播过程中,川内的马克思列宁主义信仰者在其间发挥了极为重要的作用。信仰马克思列宁主义的川内人士凭借自身影响力组建团体组织,大体

上形成了以王右木为中心的成都早期马克思主义者聚合群体;以恽代英为中心的川南地区早期马克思主义者聚合群体;以吴玉章、杨闇公等为核心的"中国 YC 团"聚合群体。① 在这些革命先行者的促动之下,马克思列宁主义的火种逐渐传播到了川内各地。

　　早在五四运动之前,其实马克思主义就已悄然入川。成都最早介绍马克思主义理论的报刊是商业大众报刊——《国民公报》,其于 1919 年 4 月所载文章《近代社会主义鼻祖马克思之奋斗生涯》对《资本论》一文进行了高度赞扬。五四运动后,马克思主义理论通过各种渠道传入中国,在时代环境和个人觉悟的影响之下,川渝人民在众多的思想流派当中选择了马克思列宁主义,并涌现出一批坚定的追随者。王右木是四川早期传播马克思主义的领军人物,他在 20 世纪 20 年代初前往上海会见陈独秀之后,便回成渝等地进行了一系列以传播马克思主义进步理念为宗旨的活动。马克思主义读书会和《人声》报旗帜鲜明地表明了其立场。这一时期,川内思想拓荒者主要是一批进步知识分子,除王右木以外,还有吴玉章、杨闇公等川中名人。马克思主义理论得以传播的主要方式是教学,载体主要是以共同进步信仰为核心凝聚起来的青年团体组织。马克思主义入川还得益于外省进步人士的大力帮助。中国共产党正式成立前后的中共早期党员,如邓中夏、恽代英、萧楚女等人到川渝各地开展进步思想传播活动,入力宣传马克思列宁主义,影响和教育了一批青年革命战士如余泽鸿、张霁帆、曾润百等人。

　　马克思主义在川的传播为四川党组织的建立奠定了思想基础。早期党团组织建立以后,川渝人民有了更为坚强的领导核心和稳固阵地,并以此为依托将马列主义传遍全川。在这一过程当中,中国共产党采取了丰富多样的形式对马克思列宁主义进行宣传,除报刊以外,还采取文艺宣传、口头宣传、田野走访以及依托高校及进步社团等各种形式进行。在各个时间段,马

---

① 参见刘宗灵:《从"并行不悖"到"百川归海"——四川地区早期马克思主义者的聚合之途及群体特征分析》,《兰州学刊》2018 年第 4 期。

列主义理论的传播都与中国实际相结合,在广阔的空间内生生不息。无论是党组织初创时期早期川省先行者的开天辟地"盗火"之功,还是大革命时期的川东,抑或是土地革命时期的川陕革命根据地,还是四川路段的长征征途当中,乃至各个时期的地下党人秘密工作中,抑或是全面抗日战争时期、解放战争时期的公开宣传动员与各层级统一战线等活动,中国共产党始终以一个坚定的马克思主义政党的形象出现,在实际工作中更是以马克思主义为指导,贯彻了马克思主义革命理论、政党建设、民族宗教政策等先进理念,四川党组织在中国共产党的领导之下身先士卒,为马克思主义理论的传播、新民主主义革命的胜利作出了贡献。

　　民主革命时期马列主义在四川的传播,还得益于川人在外地以及省外进步人士入川的活动。川人在外地的活动以留学活动为要,他们的足迹遍及法国、日本、美国等其他先进国家。他们通过留洋的切身体会与同资本主义的近距离接触使得他们对马列主义有了更加深刻的认识,在反复权衡和比较以后,毅然成为坚定的马克思主义者。例如,聂荣臻回忆他在留法和留比利时期间的思想信仰转变时曾说道:"要想拯救国家民族的危亡,使四万万同胞都能有衣有食,只有建立劳工专政,实行社会主义。"①这群"盗火者"不仅在理论上丰富自己,在实际操作上,他们还在国外建立了党的组织和团体,用各种方式学习马列主义并将马列主义传播到四川。归国后他们更是投身于马列主义所指引的革命当中,并为此奋斗终身,对以后的中国革命产生了巨大影响。省外进步人士入川,在马列主义于四川的传播过程中起着"催化剂"作用。恽代英、萧楚女等省外人士对于马克思主义在川传播过程起到了重要作用,活动成果甚丰。恽代英被周恩来盛赞为"中国青年热爱的领袖",刘愿庵、傅烈等省外革命人士更是为了在川渝实践无产阶级革命事业付出了鲜血的代价。这些省外人士对马克思主义理论在川渝的传播和无产阶级革命在四川的实践作出了极大的贡献。

------

① 聂荣臻:《聂荣臻回忆录》,解放军出版社 1986 年版,第 26 页。

第三节　川渝红色文化体系形成的经济背景

一、陷于停滞的旧式农业经济

四川地处内陆,由于"蜀道难"的问题和清政府长期实行的"闭关锁国"政策,区域内人民"盆地意识"较为明显,处于一种封闭或半封闭状态,以传统农业和手工业相结合的小农耕种模式为主,以家庭为单位,自给自足。这种农业模式是典型的自然经济的产物,生产率较低,只能勉强进行简单的再生产,抗压能力弱,无法抵御天灾人祸的侵袭。明清之际,统治者的励精图治使四川农业生产力有了一定的提高。清朝后期,四川地区的人口不断膨胀,对应的却没有抑制人口减少消耗、撬动资源发展生产的措施,相反还出现了土地兼并日益严重的现象。因而四川在清朝后期就出现了人口过多、耕地不足的局面。随着列强势力的深入,传统的农业体制被破坏,同时对原材料的掠夺、劳动力的吸收、廉价商品的倾销使得农业生产力被进一步压制。战争的冲击使四川地区的农业状况进一步恶化,激增的军费开支、一系列不平等条约带来的巨额赔款、抗击外敌所需的兵役物资汲取了大量的人财物,挤压了传统农业的生存空间。鸦片的泛滥以及烟禁的松弛使鸦片种植泛滥成灾,又挤占了正常的农业用地,给四川人民带来了严重而深层的灾难,据《宜宾县志》记载,"鸦片高峰的民国 17 年到 20 年,县城年均集散约 4 万担(每担 50 公斤)。刘文彩主持川南重镇宜宾税务征收工作时,每年仅从鸦片上就搜刮捐税达 800 万银元,约占他每年在宜宾所收捐税总额的70%"①。此外,鸦片的大量涌入造成了白银的大量外流。银贵钱贱的结果又对农民造成了更为恶劣的影响,严重挫伤了农民的生产积极性。总之,鸦片战争及其后的一系列资本—帝国主义外来侵略渗透行为,给内地传统农

---

① 四川省宜宾县志编纂委员会编纂:《宜宾县志》,巴蜀书社 1991 年版,第 118 页。

业带来了生存危机,也进一步激化了农民阶级与地主阶级的矛盾。清政府在农业方面的新政也仅仅停留在理论层面,并未深入实际,因此也并未改变四川传统农业境况日落西山的局面。早在 20 世纪初,四川农村就出现了资本主义因素,农村中贫富差距相当严重,农业的发展被卷入世界资本主义市场网络,成长日益畸形,普罗大众深受其害。但统治者对四川农业的正常发展极少关注,新政也未曾采取有力措施来促进农业发展与现代化,这样一来,早已混乱不堪的四川农村更加残破。此外,连年的自然灾害,如 1902 年的"壬寅大旱"和 1904 年的"甲辰大旱"等对四川农村经济造成了严重的打击。在生产力不足和无力应对灾害的双重打击下,大批农民流离失所、农村饿莩满地。如此悲惨的农村景象绝非单纯是灾害所致,四川享有丰富的水利资源,本可以抵御一般水旱灾害,但当局不重视水利设施的管理,致使其因年久失修而决堤,许多地方几遭淹没,一时之间旱死、涝死接替发生。如此危局之下,贪官污吏、地主豪绅却大发难民财,趁火打劫、囤积财物,使得传统农业发展面临着有心无力、资源匮乏,乃至难以支撑的严重局面,仅能惨淡维持。民初四川政局的动荡更是给农业与农村带来了毁灭性的灾难,军阀割据带来的经年累月的战斗以及严苛的徭役赋税使得农民处于水深火热之中,破坏着本就摇摇欲坠的传统农业。杂役赋税是农民最为沉重的话题,押金、租额是地主占有农民财富的主要手段。据万县、巴县、合川等 12 县的统计,从 1912 年到 1925 年,"每月苛杂金额为 88.8 万元",其中"每县平均负担 7.4 万元"①。除此之外,还有名目众多的国防捐、特别捐、临时捐、车马捐、百货捐、盐铁捐等各种苛捐杂税,甚至连乞讨都有叫花捐,勒派之多,难以想见。在受到封建剥削的同时,川内传统农业还受到官僚主义、资本—帝国主义的轮番摧残,乡绅、官僚、列强的巧取豪夺,资本主义对农业生存空间的倾轧,都使得农业的发展呈日落西山之势。

---

① 四川省地方志编纂委员会编纂:《四川省志·农业志》上册,四川辞书出版社 1996 年版,第 58 页。

中国作为农业大国,农业的发展已有几千年的历史,这也从反面暗示了问题所在:被称为农业大国的中国为何农业的整体发展却如此停滞不前?新中国成立初期土地改革之前四川各阶层占有土地情况表(见表3-1)或许可以客观地反映旧时代巴蜀地区农业发展落后之部分缘由所在。

表3-1　四川省土地改革前各阶层占有土地情况表　　(单位:亩)

项目	总计	地主	富农	中农	贫农	雇农	小土地出租	其他成分	公田
人口占(%)	100	5.94	3.71	34.06	47.32	3.50	1.99	3.48	
土地占(%)	100	48.00	7.42	22.50	13.19	0.38	4.32	1.05	3.14
每人平均耕地	1.81	14.59	3.61	1.19	0.5	0.20	3.92	0.55	

注:表来源于四川省地方志编纂委员会编纂:《四川省志·农业志》上册,四川辞书出版社1996年版,第54页。

从上表可见,造成四川农业发展缓慢的"罪魁祸首"是封建土地制度。在这种制度之下,"富者田连阡陌",而"贫者无立锥之地"。有官僚军阀背景的豪绅地主凭借特殊的政治经济地位,无偿占有着农民的大部分成果,并以此为凭借,在政治、经济、文化、社会各个方面拥有了绝对的话语权,这张封建制度的大网,束缚着广大底层百姓,使其无法动弹。清末民初统治者的各种土地改革措施只是"新瓶装旧酒",无法根治封建统治的顽疾。因此,只有通过革命斗争彻底打破这种旧有的生产关系,才能真正地使传统农业迈向现代化。

二、薄弱落后的现代工业经济

四川近代工业兴起于甲午战争前后,其兴起之初就存在"先天不足"的问题,在其发展过程中又呈现出"后天畸形"的弊病。四川近代工业兴起的原因不是本土资本主义生产关系的成熟和资本积累到一定的程度,而是在外国资本—帝国主义列强入侵下有限度地移植而来的一整套资本主义生产模式。其后的发展又受到了"三座大山"的压迫,在夹缝中艰难求生,举步维艰,难以发展壮大。在这样的生存背景下,四川近代工业与民族资本主义在中国的总体发展特征大致相符,可以概括为"薄弱落后"四字,具体说来,有以下表现。

首先是工业基础的薄弱。中国作为农业大国,在近代化之前的传统农业本就为社会基础性产业,四川有着得天独厚的自然生态条件与相关资源发展农业生产,手工业在社会经济中占比不高。到了近代,随着技术的进步、资本主义因素的产生,发展近代工业成了时代趋势。清末新政在一定程度上对四川工业发展起了作用,但随着资本—帝国主义侵略的加深、清政府对工业的打压和劣绅贪官的巧取豪夺,不少四川近代工业在生产经营上面临着重重困难,倒闭、破产者不在少数。四川地区的现代工业是在受到列强商品、资本输出冲击与本国封建主义势力盘剥之下开始出现的,缺少必要的资本与技术积累,发展环境亦较为恶劣。轻重工业比例失调,资本积累和资源集聚不足以支撑省内工业体系的发展和完善。首先兴起和发展较快的为轻工业,如棉纺织业、造纸业、印刷业、盐业、糖业、缫丝业等,缺少重工业的基础,无法形成一整套完备的工业体系。作为川东门户,万县(今重庆市万州区)各方面条件俨然是发展近代工业的好地方,但受各方面因素影响,仍出现了"工业很落后"的现象,且只出现了"为数不多的手工业作坊",生产无法自给自足,因此,"绝大部分日用工业品要靠外面运进"①。万县地区的这一概况,大致缩影了清末民初四川工业发展的总体概况。川内企业在生产工具上也较为落后,直至洋务运动以后很久四川才有了极少量的官办工厂,这些官办工厂中仅有少数重工业工厂采取机器生产的方式,大多数仍然是手工作坊,处于简单生产阶段,生产效率极低,导致了商品生产的不足,难

---

① 四川省地方志编纂委员会编纂:《四川省志·商业志》,四川科学技术出版社 1996 年版,第 329 页。

以形成大规模、广范围的专业化、体系化生产。官办企业尚且如此,民营企业更是处于举步维艰的发展状态之中,进展极其缓慢。工业要发展,除技术以外,必然以大量的原材料作为支撑,原料产地的定位不可避免地会影响,甚至阻隔四川近代工业的发展。四川近代工业对封建势力和帝国主义的依赖也使得它必然患上"软骨病",四川的许多近代工厂如火柴厂、洋灰厂、加工厂等的主要原料设备均需要依靠进口,管理人才、技术人才的缺乏迫使工厂高新聘请外国技师。四川许多的工厂主是此前的官僚、地主、小商人转变而来,他们本就和封建主义势力有着千丝万缕的关系,结交权势、利用特权、寻求庇护的为商之道亦成为他们寻求企业发展的捷径。

其次是市场占有份额不足。四川自古便有"蜀道难"的称号,陆路多山地、丘陵,被大巴山、云贵高原等天险所环绕,水路又远离海岸线并受川江航运条件限制,因此大宗小宗商品难以大规模流向他处,商品难以实现"惊险的跳跃",对商品所有者构成了巨大的威胁。宜昌、重庆的先后开埠,使得川江航运条件得以改善。与此同时,资本主义列强对四川的侵略和掠夺也进一步加深。但即便是这样,直到 20 世纪初,"川江航道始终因为水道险狭、季节水位变化的影响,并没有成为外国货轮出没往返的中外水上动脉"①。受运输条件的影响,商品的流通性并不高,因此,四川地区相对于国内沿海地区外国商品的倾销程度较低。同时,川内的货物也难以流出。交通运输的不便与阻隔,还使得技术交流、人才训练、资金流动等现代工业成长所必需的条件成为难题,不利于四川近代工业的发展。即使航运条件稍好一些之后,四川省内工商业仍难以获利。内河航运权的丢失使得外国商船、炮艇等在长江江面横行无忌,控制垄断着四川货物的进出口,在帝国主义的洋行、商店、银行等各类机构的配合下,在买办资产阶级的牵线搭桥中,他们在四川的各个角落里面搜刮资源又倾销商品,因此"四川工商业者一进一出都要仰外人鼻息",毫无自主权,"最后的利益归到帝国主义国家的

---

① 张学君、张莉红:《四川近代工业史》,四川人民出版社 1990 年版,第 36 页。

资产阶级,最终的苦难是落到四川劳动人民身上"①。在外国资本主义列强的商品倾销之下,本土的货物由于成本高、工艺差等不足,无法与之媲美,也直接导致了市场份额的不足。此外,外国侵略者还凭借着先进的生产技术、低廉的原料直接控制了四川近代工业,对其进行生产、销售上的控制,使得企业自主权、创新力受限。以市场为导向、以利益为准则的模式也使得四川商品的生产结构逐步发生变化。在地方军阀豪绅的强迫要求与强力推动下,罂粟在蜀中乡村的大量种植对四川近现代工业发展的压缩与负面影响也可视作为一个典型。

不可否认,现代工业的出现对于四川经济的整体发展起到了促进的作用,但四川地区不可避免的内在缺陷也决定了现代工业对于巴蜀大地现代化进程的贡献实在有限。这样的境况自然会激发蜀中大批有志之士与革命者努力奋起,以自身与封建统治旧势力以及资本—帝国主义力量的浴血奋战来改变桑梓父老乡亲乃至国家民族的命运。

三、紊乱畸形的整体经济结构

经济结构是一个内涵广博的概念,泛指"组成国民经济的各种产业、各个地区、各种经济成分等要素之间的相互关系",地区经济结构即"国民经济中各个地区之间的发展关系和结合状况"②,包括了产业结构、消费结构、城乡结构、地区布局结构、所有制结构等方面。广袤的中华大地,受自然地理、人文地理等各方面影响,经济结构极不平衡,这一状况自古皆然,到近现代时期仍然如此。由于篇幅所限和术业专攻等原因,本著仅以川渝近代城乡结构的演变为例略作阐释,不当之处,敬请方家批评指正。

既往学者的研究表明,重庆开埠前,四川的农业发展即使在外来冲击和内在变革下,传统的农业生产格局出现了细微的改变,副业生产的内容和形

---

① 徐特立等:《光辉的五四》,中国青年出版社 1959 年版,第 158 页。

② 汪慧、丑万涛主编:《经济学基础》,立信会计出版社 2007 年版,第 86 页。

式有所丰富,但由于地理和社会的原因,四川农村的经济整体上仍延续了封建王朝时期的主线,总体上"保存了基本完整的封建经济结构",因而"农业生产力长期停滞不前"①,其固化、板结程度与变动不居的时代环境格格不入。与较为"稳定"的农业发展水平相反,重庆开埠前,在外来资本主义力量的渗透下,得天独厚的区位和资源优势使得四川商品经济的发展进入了一个新阶段。在这一过程当中,商品流通逐渐活跃,商品交易市场也得到明显扩大,并且一些具有特色的农副产品专业化生产区域也逐渐形成。商品经济发展进入"快车道",促进了贸易中心的形成,导致了场镇、城市的快速繁荣,并在一定程度上改变了原有的社会和区位结构。在资本强大的生长性与逐利性基础上,场镇市场和区域贸易中心的发展不断得到强化,使得川内较大规模城市如成都、重庆等变得更为繁荣。重庆开埠后,资本—帝国主义势力顺势深入西南腹部核心地带,四川农村的经济整体状况发生了较大变化,传统的自然经济解体速度加快,在这一解体的过程中也呈现出"更大的不平衡性"②。这种不平衡不仅表现在城乡、地域、产业结构之间,也在对外贸易之间凸显。原本按照资本—帝国主义势力的构想,凭借着低成本、高质量等特点,外国货物必然畅销于庞大的中国市场,但实际上洋货的涌入却是"受到了自然经济、低下的农业生产力、封建剥削制度以及人们消费习惯的抵制"③。这种状况在使得四川自然经济解体的速度放缓的同时,也带来了列强资本主义势力更为强势的渗透、输出与掠夺。重庆开埠后对四川经济结构的影响十分的深远,此后,伴随着帝国主义侵略的加深、封建主义的荼毒以及官僚资本的渗透,川渝的经济结构更为复杂和畸形。在这种复杂和畸形的经济结构之下,城乡矛盾、产业结构失衡、农轻重比例失调等重大民生问题不断凸显,贫富差距、城乡问题尤为严重。

出生于川南叙永县的知识青年傅钟对时局动荡之下家乡"朱门酒肉

---

① 彭通湖主编:《四川近代经济史》,西南财经大学出版社 2000 年版,第 1 页。
② 彭通湖主编:《四川近代经济史》,西南财经大学出版社 2000 年版,第 188 页。
③ 彭通湖主编:《四川近代经济史》,西南财经大学出版社 2000 年版,第 202 页。

臭,路有冻死骨"的情境有着深刻的记忆,在"三座大山"的压迫下,川南广大劳动群众与普通百姓"大多穷苦不堪,衣不蔽体,食不果腹,偏僻山区里十七八姑娘无裤穿屡见不鲜",这样的生活状况成为常态,如果运气不好赶上灾年,则"哀鸿遍野,饿殍满地",与劳动人民绝处求生的艰难处境相比是城里颇具讽刺意味的繁华之景,在城市里则是"盐商巨贾们花天酒地,纸醉金迷"的景象,娱乐生活甚为丰富,烟管和暗娼门前"门庭若市,车马滑竿不断"①,俨然不知人间疾苦。城乡两极分化之下还存在着城市、农村内部的分化。在农村,随着资本主义力量的侵入与近代工商业的发展,农村里的土地兼并进一步加剧。土地作为生产资料愈发地向富人豪绅官僚等权势集团手里集中,而广大真正意义上的直接生产者却成为了少地、无地之贫民。

清末民初,四川的耕地增加不多,但随着人口的增加和财富的集中,大部分土地最终落入地主豪绅手中。据《万县志》记载,民国三十八年,"占全县总人口数的 4.3% 的地主,其拥有耕地竟占耕地总面积的 60.1%",相比之下,"占总人口 60.3% 的贫雇农,其拥有耕地仅占耕地总面积的11.7%"②。这些少地、无地的农民终年在贫困线上挣扎,靠着出卖劳动力过活,在经济实力、土地占有、社会地位等因素的影响下,广大的农村也分为了几个阶层,这与中国共产党对农村进行阶级划分提供了经济依据。

在蜀中的极少数成规模的城市当中,各个阶层的生存境况也是天壤之别,并非所有城市民众都过着莺歌燕舞、灯红酒绿的生活,大多数底层民众苦苦挣扎在温饱线上,也不乏拼命下苦力劳作却难以养家糊口,甚至沦落于卖儿鬻女的悲苦境地。自近代以来,在城市当中享有特权与便捷安逸生活的往往是官僚士绅、城居地主、资本家,以及地方实力派军政人员等。与此同时,勉强生存于城市空间的还有广大工人、流氓无产者、手工业者、城市贫民等等。在"三座大山"的压迫下,他们成为城市当中人数最多、受剥削最

① 傅钟:《征途集》,上海文艺出版社 1993 年版,第 17 页。
② 万县志编纂委员会编:《万县志》,四川辞书出版社 1995 年版,第 142 页。

深的群体。北洋军阀以及国民党反动地方政权控制下的四川城镇经济,在民族危机深重和社会治理秩序严重紊乱的双重背景下急剧恶化,买办官僚、大资本家与各个豪绅权势家族借手中特权敲骨吸髓,竭力搜刮升斗小民,大发横财,建立多个垄断经济组织,控制着绝大多数的四川近代企业,致使工厂倒闭、商店关门成为常态。从经济基础在生产关系、社会关系中所起的基础性作用可以看出,没有牢固的现代的经济基础何以成高楼、何以促进国家的整体现代化? 薄弱而紊乱的整体经济结构,直接使得地方政治、文化、教育等畸形发展,使得社会大厦处于风雨飘摇之中,时时威胁着普通民众的生存权利,不断酿成一出又一出的社会惨剧。在这样的时代背景下,为了求得一线生机,人民群众中的先行者、觉悟者就只能选择放手一搏,拿起武器,引导广大受苦受难的老百姓起而振臂抗争,发出铿锵有力的反抗呼声,竭力为川渝红色文化的缔造打下了坚实的基础。

第四节　川渝红色文化体系形成的直接肇因

一、共产主义革命运动的催化

马克思恩格斯等经典作家描绘的共产主义社会本质上无疑是全球性的,其与世界历史的形成过程——同时也是资本逻辑的全球扩张过程,是相辅相成的关系。因此,十月革命前后的俄国布尔什维克党人始终相信共产主义革命是世界性的。又由于资本—帝国主义列强虎视眈眈、极端敌视社会主义政权的现实处境,新生的苏俄唯有竭力向外推行与实践其无产阶级世界革命的理念,以同时实现自身的理想信仰和改善国家的生存境遇。无论其出于怎样的目的,在资本主义文明所蕴含内在弊端充分暴露,以及极度不平等的国际政治经济秩序日益激起弱小民族不满的状态之下,共产主义革命运动在世界上掀起了一浪又一浪的高潮。德国、芬兰、匈牙利等国相继爆发了社会主义革命,一些资本主义国家的工人运动也相继发生,并屡仆屡起。共产主义革命运动在欧洲屡屡碰壁之后,又在东方殖民地半殖民地以民族解放运动的形式兴起,印度、朝鲜、印尼等殖民地国家掀起了民族独立战争。十月革命和第一次世界大战之后的世界形势让俄国布尔什维克党人深感第三国际建立的必要性和重要性,并使其充当着"统一的世界共产党"的角色,以帮助各国共产主义革命运动的发展壮大。在多方考量与各种权衡之下,新生的共产国际最终在远东重点选择了中国作为推动建立共产党组织和发动反帝反封建革命运动的重点对象。无论历史的演进怎样复杂与波澜叠起,不可否认的是,世界共产主义革命运动的催化、影响在中国共产党领导的新民主主义革命进程中扮演着重要的角色。

首先是道路选择的启示。共产主义革命运动的高涨更加充分地暴露了既有资本主义文明模式的缺陷,十月革命及其余波成了救国无门的中国进步知识分子心中的救命稻草,许多知识分子都相信,"必须走俄国人的道路"[①],盛赞列宁是"世界平民革命的巨人""劳动界的福星"[②]。在共产国际的帮助下,中国共产党于 1921 年成立了,它一成立就将在中国乃至全世界实现共产主义作为最高理想和终极目标,这是其制定的最为长远的道路,是中华民族为之不懈奋斗的动力源泉。在其后党的二大里,中国共产党人又结合当前斗争实际,量身定制了"最高纲领"和"最低纲领",将道路的长远性和阶段性相结合。其后党的三大更是按照共产主义革命运动的大势,作出了联合民族资产阶级进行反帝反封建斗争的重大战略调整,制定了同国民党建立统一战线的策略方针。这些事例难以逐一枚举。纵览中国共产党领导新民主主义革命运动时期,共产主义革命浪潮的整体发展态势对我国时局的影响、新生社会力量的诞生、革命政党政策战略的制定都具有重大的意义。最为关键的是,共产主义革命运动为黑暗中摸索的中国人民指明了方向,在这条荆棘丛生的道路上,一代又一代的中华优秀儿女始终矢志不渝

---

① 吴玉章:《吴玉章回忆录》,中国青年出版社 1978 年版,第 112 页。
② 杨绍中等编辑整理:《杨闇公日记》,四川人民出版社 1979 年版,第 40 页。

地在坚守着。在共产主义革命运动浪潮的席卷下,众多川籍进步人士投入这一时代洪流,川外进步分子与革命志士也相继入川播下了能改天换地的新时代火苗。

其次是在组织存续方面的帮助。这是一个较为宽广的论述范围,组织生存的条件不仅包括内部因素,还有外部的因素。在新民主主义革命期间,共产国际在人财物上给予过中国革命者较大的支持,这些支持是中国共产党从襁褓成长到壮年必不可少的条件。仅从政党发展上说,在中国共产党正式成立之前,重庆还存在过一个鲜为人知的"共产党"组织。但由于缺少经验、资金支持等原因,最后亦是不了了之。在建团建党之初,川内领导人曾多次写信向中共中央寻求建议,当时正值共产国际对中国共产主义革命事业鼎力相助的时期。彼时,处于襁褓之中的中国共产党人对共产国际的依赖性是很强的,因此,中共中央对四川建团建党的指示与看法在很大程度上也体现了共产国际的政策态度。在革命人才的培养方面,共产国际也给予了充分的支持。为了推动在中国传播革命的理论和经验,俄共(布)先后在莫斯科成立了东方共产主义劳动大学和孙逸仙劳动大学,"从 1921 年到 1928 年之间,这两所大学总共为中共训练了大约 3000 名干部"①,其中就包括四川籍的杨尚昆、李伯钊、赵世炎、傅钟、邓小平、聂荣臻、刘伯坚等知名革命人士。

最后是给予中国革命运动的信心支撑。十月革命以后,为了帮助其他弱小民族走向独立,也为了不形单影只地在资本主义列强世界的海洋里讨生活,俄共(布)开始向外"输出革命",尽力帮助被压迫民族取得独立,在世界各地掀起了革命的浪潮。在这种情况之下,世界局势对中国的无产阶级革命运动萌生一度较为有利。由俄国十月革命及其余波产生的影响给了广大的中国无产阶级革命者以新的启迪,让有识之士认识到"社会主义真为改造现世界对症之方",又由于两国国情的相似性,因此"中国也

---

① 陈永发:《中国共产革命七十年》上册,台北联经出版事业公司 1998 年版,第 126 页。

不能外此"①。这些信息鼓舞了被压迫人民的革命斗志,让其在漆黑一片的世界里看到了光亮、找到了出口。川籍革命者与左翼进步人士对此赞不绝口,直言道"感谢十月革命,它的万丈光芒照亮了殖民地人民的前途"②,给中国人民带来了放之四海而皆准的理论武器——马克思列宁主义。并且俄国十月革命的后劲越是充足,这种信心也越是强烈。川陕苏区建立之初,苏联正处于第一个五年计划与第二个五年计划的过渡时期,社会主义建设运动在苏联开启了新的局面。这样的时代背景下,中共川陕省委在 1933 年 5 月颁布的《中国共产党川陕省委关于保卫赤区运动周决议》中指出,巩固赤区、消灭敌人之所以有把握的重要原因之一就是当前苏联的成就"给帝国主义世界以致命打击",与此同时又"大大加速了世界尤其是中国革命之成功"③。在他们看来,天平的一端已经大大地倾向了社会主义阵营,帝国主义反对社会主义的战争一定会失败,社会主义最终会完全战胜资本主义。

中国的共产主义革命是国际共运史的一部分,没有整体的存续与发展,部分也便不可能存在。正是由于世界社会主义运动与国际共运的不断发展、影响,中国先进分子所领导的共产主义革命事业才能逆流而上,最终取得成功。而这样遍及世界乃至影响全国的共产主义革命运动,对川渝红色文化体系的形成可以说是产生了奠基式的影响与根本性的塑造作用。没有外部共产主义革命运动的兴起、发展与浪潮涌动,就不可能激起千万巴蜀优秀儿女投身民族解放事业,创造一个又一个伟大的故事,谱写一幅又一幅壮丽的篇章,最终融汇构筑成波澜壮阔的川渝红色文化体系。与此同时,中国的共产主义革命运动也为国际共运的未来发展提供了有益的借鉴和参考,未来我们也一定会在这条充满着中国特色、中国智慧的道路上继续昂首前进。

---

① 嘉兴学院中国共产党革命精神与文化资源研究中心、嘉兴学院红船精神研究中心、浙江省中国共产党创建史研究中心编:《列宁主义在中国早期传播史料长编:1917—1927》(上),武汉大学出版社 2019 年版,第 275 页。
② 吴玉章:《吴玉章回忆录》,中国青年出版社 1978 年版,第 121 页。
③ 《川陕革命根据地历史文献选编》(上),四川人民出版社 1979 年版,第 6 页。

二、中国共产党的坚强领导

相较于上海、北京、广东等经济社会较为发达的区域,川渝地区党团组织建立的相对较晚,直到中国共产党成立两年以后,四川地区党的地方组织才开始建立起来,三年多以后才有了第一个省级领导机关。从 1923 年到 1949 年新中国成立,川渝党组织先后经历了大革命时期、土地革命战争时期、抗日战争时期和解放战争时期,因为主要是以国统区地下党的样态存在着,组织建设上便一直处于变动不居、坎坷曲折的状态。但总体上来说,这一时期是川渝党组织不断吸取经验、不断成长的时期,走过了"建立发展、再建立再发展的曲折历程"①。中共重庆地委成立后不久,四川就发生了反共反人民的"三三一"惨案,共产党员与左翼进步人士在四川的活动被迫转入地下。但中国共产党人的意志并没有就此被打垮。之后不久,四川革命者便筹备建立了中共重庆临时地方执行委员会并选派代表参加了中国共产党第五次全国代表大会。党的五大以后,根据中共中央指示与安排,傅烈等党的高级干部受派入川,领导成立了中共四川省临时委员会,开始着手恢复和整顿四川党组织。国共合作破裂以后,整个四川党组织完全转入地下,生存状态十分局促与恶劣。土地革命战争前期,面对国民党及地方军阀的迫害,四川党团组织的许多领导人如傅烈、周贡植、刘愿庵、穆青、李鸣珂等在领导四川人民进行民族民主革命斗争过程中壮烈牺牲。整个土地革命战争时期,中共四川地区党组织筚路蓝缕,通过各种方式极力推动党的力量在巴蜀大地发展、成长。在此期间,"中共四川地方组织领导农民暴动 30 多次,发动川军兵变 40 多次,组建革命武装 47 支"②。川陕革命根据地创建以后,中共川陕省委和红四方面军在进行根据地建设、反对敌人围剿时也展开

---

① 中共四川省委党校、中共四川省委党史研究室:《中国共产党四川历史十讲》,四川人民出版社 2020 年版,第 2 页。

② 中共中央组织部等编:《中国共产党组织史资料》第二卷,中共党史出版社 2000 年版,第 1377 页。

了党组织建设。先是组建了中共川陕省临时革命委员会,在通江、南江、巴中等各地率先建立起党组织,后又在此基础上选举成立了直属于中央领导的中共川陕省委,为根据地政权建设奠定了组织基础。在川陕苏区"反六路围攻"取得胜利以后,中共川陕党组织的高级干部周纯全在川陕第四次全省党代会总结上指出,党和红军取得斗争胜利的重要原因之一便是"川陕的党坚决执行了中央进攻路线和红军中党的坚决领导"①。

在革命环境日益恶劣、根据地被摧毁殆尽,主力红军被迫进行长征战略转移过程中,党的领导也发挥了巨大的作用。1935 年 2 月,红一方面军在组建川南游击纵队时还组建了中共川南特委,有力地配合了主力红军作战。川南特委在领导游击队与黔北边区游击纵队会师以后又改称为川滇黔边区特委。红一、红四方面军在川西懋功会师以后,又撤销了川陕省委,随即组建了川康省委,其主要工作是"随主要由红军总部和红四方面军组成的左路军北上,在阿坝一带开展建政工作"②。全面抗日战争时期,党主要领导四川人民进行了抗日民族统一战线的建设工作和动员群众团结起来一致抗击外敌的斗争。在这一过程当中,为适应繁杂的革命形式,川渝党组织及其领导机构经历了数次变化和重建。刘宗灵的研究论著表明,全面抗日战争时期四川地下党组织为了恢复土地革命战争时期被破坏殆尽的党组织,四川省工委通过自上而下的方式重建了组织网络,又通过青年救亡团体找到了自下而上的支撑。并在此过程中解决了四川党组织组织力涣散和干部匮乏的两大问题。③ 抗战时期,四川地区的爱国民主运动十分频繁,四川党组织在号召民众进行抗日集会活动、动员青壮年参加民族革命战争、为前线抗战将士募捐、开展上层统战工作等方面都作出了重要贡献。这一时期,川内各地的武装起义斗争也层出不穷,在党的领导下,川东民变武装、川内起义

---

①　《川陕革命根据地历史文献选编》(上),四川人民出版社 1979 年版,第 90—91 页。

②　中共四川省委党校、中共四川省委党史研究室:《中国共产党四川历史十讲》,四川人民出版社 2020 年版,第 18 页。

③　参见刘宗灵:《抗战初期中共四川地下党组织的重建与整顿》,《中共党史研究》2017 年第 9 期。

武装、川西民变武装以及颇负盛名的华蓥山游击队的斗争，都有条不紊地进行着。解放战争开始后，随着人民解放军的胜利推进，国民党反动派政权节节败退，国民党反动派政府在解放大军压境的情势下垂死挣扎，妄图在以川渝为中心的大西南地区建立最后的顽抗基地。川康地区党组织在中共中央及其下属机构的统一指挥下，不避艰险，深入群众，顽强奋斗，为在国统区开辟第二战线、深入农村开展武装斗争、争取各民主党派爱国人士，扩大统一战线等方面浴血奋斗，为配合中国人民解放军进军大西南、解放成都作出了极大的贡献。

整个民族民主革命时期，中国共产党的领导以东西南北中这样一种全方面的姿态渗透在党政军民学的各个领域当中。也正是在川渝红色文化体系的领导者——中国共产党的坚强领导下，参与缔造川渝红色文化体系的主体——川渝地区广大人民群众及其优秀代表，才得以从封建专制主义的桎梏和帝国主义列强势力的铁蹄蹂躏下解放出来，才有了川渝红色文化体系的萌芽、发展与成熟。因此，我们完全可以说，中国共产党的坚强领导是川渝红色文化体系得以形成的根本前提与关键保障。

三、巴蜀先进分子的浴血奋斗

因旧有封建统治势力根基深厚，官僚资本主义势力盘根错节，它们与资本—帝国主义力量紧密缠绕、相互勾结，压榨盘剥亿万中国人民，使得中国的现代化之途路漫漫其修远兮，无数革命者、建设者上下艰辛求索。人民群众是推动历史前进的主体。"江山代有才人出"，川渝地区自古以来就有"华夏竹海有川渝，竹者是君""江山有巴蜀，栋宇自齐梁"的美誉。在革命年代，巴蜀地区涌现了无数英雄豪杰，如朱德、陈毅、刘伯承、聂荣臻、江姐、邓小平、王右木、郑佑之、赵一曼、吴玉章、王维舟、杨闇公、熊国炳、张澜、郭沫若、万涛、王维舟、李家钰、王铭章、许国璋等，为四川赢得了"将帅之乡""革命沃土""伟人故里"的荣誉。在这些巴蜀先进人士身先士卒的号召和领导下，巴蜀人民团结一心，为推动近现代中国实现民族独立、国家富强、人民富裕的现代化大业浴血奋战,作出了卓越的历史贡献。在研究巴蜀先进分子革命活动时,我们可以时间为经、空间为纬,大致能够将巴蜀地区的先进分子划分为"黎明前"与"他乡魂"两类,当然,此说或许较为肤浅,尚待识者批评指教与充实完善。

"黎明前"主要是新中国成立以前巴蜀先进分子围绕着实现近代中华民族两大历史任务而进行的奋斗,其核心是革命与求变。首要的就是建团建党活动的开展。作为在巴蜀大地传播与研究马克思主义的先驱——王右木,他领导建立了马克思主义读书会、创办了报刊,在革命和实践中发展了四川的党团组织。在王右木这样魅力型领袖的影响下,众多有识之士相继加入这一行列,如袁诗荛、张秀熟、童庸生、阳翰笙、邹进贤等等。需要指出的是,川籍有识之士与进步分子的建团建党活动,不仅在川渝大地内部开展,也在川渝之外萌芽开展。例如,赵世炎、邓小平、聂荣臻、刘伯坚、陈毅、傅钟等作为中共组织较早发展的党团员,他们在留法勤工俭学期间就进行了众多卓有成效的革命活动,如学习马克思主义,探索救国道路、教育组织华工为争取自由而斗争等,将理论和实践紧密结合,对中国革命起着较大的贡献,宣传了马克思主义,为我党培养了一大批卓越的领导干部。他们毫无疑问也是中国共产党的早期创建和发展进程中不可或缺的有机组成部分。

在不同的历史时期,巴蜀先进分子均跻身历史洪流之中,成为其中的"领潮人""弄潮儿"。在大革命时期,英帝国主义在万县制造的"九五惨案"引发了全国性的反帝运动,"三三一"惨案则让更多的人认识到了帝国主义和反动军阀相互勾连的本质,泸顺起义则成为八一南昌起义的先声。土地革命战争时期,党领导红军扎根巴蜀,创建了川陕苏区、湘鄂川黔等革命根据地,之后又在巴蜀大地上以英雄的壮举演绎了四渡赤水、飞夺泸定桥等壮丽无比的长征华章。全民族抗战时期,四川成为全国抗战大后方,重庆成为中国战时首都,周恩来、董必武、吴玉章、叶剑英、王若飞等中共高层领导人在巴山蜀水开展了艰苦卓绝的斗争。日本帝国主义疯狂的侵华野心与令人发指的残暴行为,蹂躏着华夏大地。为了争取全面抗战的最终胜利,四川人民积极进行了英勇的斗争。整个全面抗战期间,整个四川出兵出壮丁达300万人以上,14年全面抗战期间"征兵数量占全国的20%以上"①。长时间、高频率的重庆大轰炸也让四川人民承担着难以估量的损失。但英勇的川渝人民并没有被吓退,在整个全面抗战期间,四川人民出钱、出力、出物资,调动了一切资源支援全民族抗战。待到全面抗战胜利以后,毛泽东、周恩来、王若飞等中共高层领导人亲赴重庆与国民党政府展开和平谈判,促成旧政协会议在重庆召开,中国共产党掀起的时代风云大戏在巴蜀舞台生动上映。因需服务于革命大局,许多知名川渝红色人物如邓小平、刘伯承、聂荣臻、陈毅、赵一曼等革命先驱的主要活动轨迹,并不在四川省内。但正是无数个像他们一样舍小家顾大家的革命先驱秉持着牺牲奉献的崇高价值取向,才有了中华民族最终于深层苦难中涅槃重生的宏伟史诗。总的来说,巴蜀儿女多奇志,在众多的重大历史事件中,均有巴蜀英杰的参与,他们跟随历史前进的逻辑而前进,为神州大地增添了一抹抹亮色。

"他乡魂"主要是自省外入川为巴蜀革命运动作出努力和牺牲的先驱、先烈与先辈们。地区革命势力是否强劲、革命的人才储备是否充足,受各种因素影响,川渝地区显然在革命人才储备上不如其他经济社会较为发达的中心地域充足,难以满足日益增长的革命需求,在这样的情况下,许多省外革命者与进步人士先后来到广阔的川渝地区参加战斗。例如,正式成立的中共四川省委第一任书记江西人傅烈便是其中之一,大革命失败后,傅烈被派往当时的巴蜀革命中心区域重庆开展工作,到达重庆后他及时向各级组织传达八七会议精神、整顿恢复与发展党的基层组织、大力开展宣传工作,重新掀起了巴蜀革命浪潮。同样作为外省籍的四川地下党省委书记刘愿庵,也为恢复和整顿四川党组织,乃至领导全省武装斗争做了大量工作,因叛徒出卖而被捕后,仍以坚贞昂扬的姿态从容赴死。类似的典型人物、事例

① 四川省档案馆编:《川魂·四川抗战档案史料选编》,西南交通大学出版社2015年版,第2页。

数不胜数。无数省外革命志士为了川渝这片热土上的革命大局,主动请缨来川参与革命斗争,最终血洒巴蜀,这片"他乡"也由此成为他们的第二故乡,巴蜀人民也将永远铭记他们为四川人民、为革命事业所作出的巨大牺牲。革命没有严格的地域之分,中华民族是一个彼此深度联结的命运、情感、利益乃至理念共同体,一荣俱荣、一损俱损。如前所述,正是由于川内川外的无数仁人志士竞相参与到川渝大地的革命洪流当中,才使得巴山蜀水的数千万民众得以获得新生。正如革命烈士罗世文诗中所云,为了"西南偿夙愿",革命烈士们付出了巨大的代价,"闇公首义""楚女横流"都只是其中的缩影,其内在的艰辛困苦与曲折坎坷实难以名状,先驱先烈们所缔造的红色文化体系中所蕴含的无穷韵味与宝贵精神养料,也让今天的巴蜀儿女们难以忘怀,永铭于心。

第四章　川渝红色文化的主要特征

如前所述,川渝红色文化既有与全国红色文化相契合的一般性与共通性,也有与自身地域特色、历史进程同根共生的特殊性、地方性,这二者之间并不矛盾,也不会相互抵触,而是共融共生地交织在一起,互为支撑,互相嵌入,共同构成了川渝红色文化体系的核心要素与长程基因。接下来,笔者将尝试就川渝红色文化体系的基本特征与地方特色展开初步的阐释,以深化今人对这一独特文化范式内涵的认知。

第一节　川渝红色文化体系的基本特征

一、川渝红色文化体系的科学性与广博性

(一)科学性

川渝红色文化体系与红色文化体系是内在统一的关系,两者共同之处在于都具有区别于其他文化的、以"红色"价值引领为主的多元一体性。而川渝红色文化和其他红色文化的"红色"价值引领恰在于其科学性,因此,川渝红色文化体系的科学性与整体红色文化的科学性具有同一性原则。红色文化的科学性将川渝红色文化的科学性涵盖其中,其科学性可以根据哲学辩证法来解释,从理论到实践的过程,即红色文化体现科学性的过程。红色文化的诞生和发展经由马克思恩格斯等经典作家的思想理论指导,中国

共产党人浴血奋战艰辛历程的孕育浇灌,广大人民群众的认同内化,最终才得以成型。毫无疑问,它属于近现代中国恢宏史诗语境下诞生的先进文化,缔造者们遵循了中国共产党人全心全意为人民服务的宗旨、初心,因此其是为广大人民群众服务的进步文化。川渝红色文化根植于中国红色文化体系之中,一脉同宗,同样代表着先进文化的前进方向,是滋养于川渝大地的中华优秀传统文化的传承与延伸,是马克思主义中国化的重要突破,是中国特色社会主义文化的重要组成部分,是中国特色社会主义文化道路的构成基础。在马克思主义的指导下,川渝红色文化理论体系发展过程中始终坚持唯物世界观和方法论,继承了马克思主义批判精神,在不同历史阶段不断进行自我丰富和革新,是中国共产党人和觉悟了的广大川渝人民群众共同缔造的无产阶级革命文化,是中国共产党带领巴蜀大地上的亿万人民进行长达 28 年的顽强抗争、开展 70 余年的社会主义政治经济文化建设的具体实践成果体现。川渝红色文化诞生和发展于新民主主义革命时期,具有反对封建迷信的科学精神,在坚持走实事求是、解放思想的路线中发挥意识形态导向作用,在革命斗争和社会建设过程中发挥调节矛盾作用。在追求人的全面发展时期发挥价值引领作用,其特殊的精神价值已经超越了物质积累、经济发展层面,全方位引领着党和人民群众战胜困难,她是支撑党和人民进行革命、建设、奋斗的内在动力,体现了红色精神文化的科学内涵。回望建党以来的一百余年不平凡历程,川渝红色文化代表的先进文化始终站在时代阵地的前沿,代表广大人民根本利益,满足中华民族的价值诉求,指导党和广大人民群众奋力向前。它所蕴含的先进理论经受住了实践检验,它所内蕴的红色文化元素经受住了历史和现实的考验,并不断发展壮大,其科学性与时代性、创新性、民族性、大众性互为联系、互相依存。

(二)广博性

四川省乃古蜀文明的发祥地,历史悠久、文化繁荣,重庆市亦原属四川管辖,整个川渝大地的红色文化资源尤为丰富。此区域位于中国西南内陆,红色文化分布范围较广。川渝红色文化体系中的长征精神文化就极具代表性,在我国近现代史上有着十分强劲的影响力和辐射力。川渝红色文化体系涵盖着大量的文化内容和文化资源,涵盖了政治、经济、军事、文化以及生态等多个领域,对于川渝两地经济社会发展乃至全国整体建设具有很重要的价值和意义。

从地缘环境来看,"川"和"渝"分别是四川和重庆的简称,位于四川盆地及巫山东部地区,处于长江上游,聚居了以汉族为主,藏族、彝族、羌族、苗族等多个少数民族在内的多民族共同体,长江文明孕育起来的川渝人民,在长达千年的生产生活发展历程中都本同末异。川渝地区因特殊的地理位置和生态环境决定了其拥有富饶的自然资源,绿色生态资源和地域特色多样的红色文化资源交相辉映,于无形之中构成了川渝红绿文化生态体系。从历史脉络来看,巴蜀地理概念范畴广大而辽阔,成都、重庆均是其核心腹地,成都多为政治、文教中心,重庆多为军事、经济中心。从先秦时期以来即有记载,四川、重庆同属一个地理大区,后者在 1997 年被列为独立的省一级行政区建制。重庆虽被划出四川,仍然丝毫不影响"川渝一家亲"的传统。川渝人民大多为明末清初"湖广填四川"时期迁徙而来的移民后裔,这导致川渝人民在长相脾性、生活习俗、礼仪传统等方面尤为接近。从政治影响来看,川渝红色文化可起到鼓励和震慑的作用。新民主主义革命时期中国共产党人与进步人士在蜀地披荆斩棘、栉风沐雨的奋斗历程,整个四川地区在全面抗战期间对国家民族在人、财、物等方面的贡献不亚于任何地区,川军精神放在任何时期都能激起人民群众的爱国热情,这些思想养料在今天亦能鼓励广大人民群众投入到中国特色社会主义现代化建设事业中来。川渝红色文化体系也包含历史上与党的革命事业相联系的藏族文化、羌族文化、彝族文化等多民族的历史贡献在内,在川渝地区聚居的少数民族所参与缔造的红色文化,更是具备有利于巩固我党执政地位、促进民族团结、推动社会和谐发展等重要政治价值。从另一方面来看,川渝红色文化对少数妄图破坏我国意识形态安全与国家安全的敌对分子也具有一定的震慑作用。从物质经济来看,从秦汉时期开发大西南到三峡库区大移民,到重庆升级为直辖市,再到今天成渝双城经济圈建设战略的提出与实施,川渝地区人员、物资、技术、文化、教育等各个方面的内外交流、交融,给本区域带来了先进技术和先进文化,也奠定了今天川渝地区发展的基础。而川渝地区作为新民主主义革命时期留下的红色遗迹较为丰富的区域,以及全面抗战时期对国家民族贡献十分突出的地域,迄今为止保留了大量的红色文化遗产,且大都以红色建筑、红色旧址、红色文献、红色民俗等为依托,呈现形式多样。近年来,主要基于革命年代遗留红色资源发展起来的川渝红色文化体系逐渐被学界、理论界所关注。与此同时,川渝地区以红色文旅结合生态旅游为主的新型服务产业发展趋势良好,是具有潜力的、值得挖掘的红色资源。川渝红色文化给本土民众带来的经济效应、文化凝聚、民生福祉等方面的影响是不可小觑的。

川渝红色文化体系的纵向发展在先进理论指导下更具科学性优势,川渝红色文化体系的横向发展因川渝地区的整个历史演进脉络涵盖多个领域,遵循了中国红色文化的整体发展规律,也体现出了鲜明的广博性特征。川渝红色文化的科学性有其广博性的内涵支撑,川渝红色文化的广博性也有其科学性的意义定位,可称得上是对马克思主义中国化、大众化的地方继承和进一步发展,符合中国先进文化体系建设的内在要求。

二、川渝红色文化体系的民族性与大众性

(一) 民族性

文化是区别一个民族和其他民族的有效标识,是支撑民族发展前进的内在精魂。文化认同是民族认同的基础,红色文化所蕴含的政治立场、政治方向、政治信仰与新时代党中央所指示的道路方向一脉相承。川渝红色文化作为中国红色文化体系的重要组成部分,自然也继承了中国红色文化的民族性。川渝地区的红色文化资源融合了巴蜀传统文化的精髓和其他民族文化的精华,是红色文化火种和地方文化、民族文化的交融,形成了当今一元主导、多元融合、共融共生的中华民族先进文化形态发展局面。

　　川渝红色文化具有民族认同性,是中华民族先进分子为了追求民族解放、民族独立、民族复兴而展开砥砺前行、英勇斗争、艰苦奋斗,最后形成的集意识与物质为一体的结晶。川渝红色文化的民族整体性是以整个中华民族为单位,与红色文化的核心内涵高度统一。川渝红色文化在中国共产党和川渝地区各族人民的团结奋进下,孕育和成熟于革命战争年代,在改革开放之后进一步发展、丰富,构成了精神文化、制度文化和物质文化"三位一体""多元一体"的庞大文化体系。川渝红色文化体系中的精神文化主要以不同时期中国共产党人的优秀精神品质为核心内容:包括革命战争年代形成的苏区精神、长征精神、抗战精神、红岩精神等;改革开放和社会主义现代化建设新时期所形成的时代精神,如改革开放精神、西迁精神、三峡精神、抗震救灾精神、抗疫精神等;以及以改革创新、开放进取为核心,以爱国主义、团结统一、爱好和平、勤劳勇敢、自强不息等为主要内容的新四川精神。川渝红色精神在从民族蒙难、文化蒙尘到民族复兴、文化兴盛的过程中,始终发挥着凝心聚力、激荡人心的作用。其制度文化包括 1919 年五四运动爆发后,尤其是中国共产党成都独立小组成立后至今百年来川渝地区的革命、建设、改革过程中形成的制度性遗产,以及党中央和川渝行政机构颁布的施行于蜀地的各种政策、条例、规章制度等。从革命年代中共重庆地方执行委员会、中共四川地下党省委机构的成立到川陕革命根据地的制度建设,从中华人民共和国川渝地方党政军机构(如中共中央西南局、西南军政委员会、西南军区等)正式建立到重庆被升级为直辖市,川渝红色制度文化随着四川党史革命史、新中国史、改革开放史一路发展至今,成为中华民族先进文化的一部分,川渝红色制度文化为中国红色文化体系的发展作出了重要贡献。川渝红色文化的物质文化部分则包括了反映史实的泸定桥、大渡河、两河口、木门镇、四渡赤水等与党和红军战斗征程相关的革命遗址,怀念伟人与革命志士的朱德故居、邓小平故居、陈毅故居、聂荣臻故居、刘伯承故居、杨尚昆故居、赵一曼故居等,以及象征承载革命精神的解放碑、长征纪念碑、红军将帅碑林、红军烈士陵园、革命英烈墓碑、烈士纪念馆(园)、革命历史博物馆、革命斗争史料馆等。这些川渝地区形式多样的红色文化资源可以说是中华民族百年奋斗历程中留下的宝贵财富，一方面是对中国人民在党的全面领导下继续奋斗之路的经验启示，另一方面也大大加深了当代民众对革命历史、民族奋斗史与中华民族共同体的认同感。

川渝红色文化具有民族继承性。从历史范畴来看，川渝红色文化是对中国近现代史的真实写照；从文化范畴来看，川渝红色文化是对民族优秀传统文化的丰富与发展。川渝红色文化的民族继承性主要还是体现在其思想底色来源于中华优秀传统文化，"舍生取义，杀身成仁""威武不能屈，贫贱不能移，富贵不能淫""先天下之忧而忧，后天下之乐而乐""人生自古谁无死，留取丹心照汗青""民胞物与""有节骨乃坚，无心品自端""朝闻道，夕死可矣"等中华传统文化中的优秀基因，均在民族先驱所缔造的川渝红色文化中有所体现，同时其也是对我们民族优秀传统文化的进一步丰富和深层次发展。红色文化的本体则是源于新民主主义革命时期敢于斗争、勇于牺牲、甘于奉献的革命文化，经过社会主义革命和建设时期的发展，红色文化演变成自力更生、艰苦创业的建设文化，改革开放 40 余年来，红色文化更是蕴藏着开拓创新、和谐自由、协调发展的生机勃勃的创新型文化。笔者通过文化视角探析红色文化的发展全过程发现，红色文化始终站在中华优秀传统文化的制高点上，始终站在中华优秀传统文化的时代前沿，从文化内涵上继承和丰富了中华优秀传统文化的精髓。红色文化也包括了文艺方面的内容，主要载体还是以革命战争年代为背景，以军旅生涯、地下斗争等为题材的小说、戏曲、影视、话剧等各类红色作品。近年来红色文化热潮勃兴，红色文化在整体形态演变和大众传播方式上均呈现出多元化、年轻化、科技化、生活化等特点，比如贴合大众生活的红色旅游，符合年轻人娱乐方式的红色"剧本杀"，将红色文化与科技结合的红色手游等，从表现形式上更加充实和丰富了民族文化范式。

川渝红色文化具有民族特色性，是在汉族与其他少数民族同胞共同进行革命斗争、生产作业、经济社会建设过程中形成的，是汉文化与其他少数民族文化交融交叉结合在一起的集多元民族文化于一体的中华民族共同体主流文化。川渝红色文化的民族特色性是以各民族历史文化为载体,对整个中华民族共同体进行思想引导、精神指引、价值引领,使得聚居于川渝地区的各民族人民群众对民族共同体意识加强,对民族伟大复兴有了一致的认同感与奋斗目标。川渝地区聚居了多个少数民族,藏族、彝族、羌族、苗族等少数民族文化与川渝地区本土文化在历史作用、政治作用、经济作用下共同构成了川渝红色文化体系。首先,产生于革命战争年代的川渝红色文化资源,在其形成和发展的过程中也有少数民族先进分子和进步人士的踊跃参与,作出不可磨灭的贡献。与此同时,红色文化也会受到少数民族文化的滋养沁润,会融合进若干少数民族文化元素,红色基因与民族特色文化元素也因此交相辉映。其次,川渝红色文化体系的主流意识形态作用又会将红色文化渗透到少数民族的经济社会教育文化等各领域当中。经济上主要体现在少数民族地区红色旅游业发展和交通基础设施建设、文化产业及服务业的发展上,教育上则主要体现在少数民族地区学校教育、社会教育等的内容、方式上,文化上则主要体现在少数民族地区的民俗、传说、建筑、服饰等各方面。因此,生活在川渝地区的少数民族群众的价值取向、思想行为受到川渝红色文化潜移默化的影响,在各民族文化的发展演变过程中烙下了深层的红色印记。

(二)大众性

川渝红色文化根植于大众、来源于大众、服务于大众,主要体现在其诞生源于大众的需求且基于广泛的群众基础。提到川渝地区,以川剧、变脸、饮食等显性民俗文化为大众记忆点的巴蜀文化具有极其深厚的底蕴,而巴蜀文化与红色文化的交融和碰撞使得川渝红色文化融合了巴蜀文化的大众性特点。川渝红色文化不是小众文化,而是社会各团体、各群体均耳濡目染的主流文化范式。川渝红色文化的多元一体化与中国红色文化异曲同工,穿梭于包罗万象的各种潮流文化中,是一种渗透于大众、传播于大众的文化基因。因此可以说,川渝红色文化具有鲜明的大众性。首先,川渝红色文化的创造主体是这片土地上的人民大众。川渝红色文化主要是革命时期诞生的属于人民大众的文化模式;川渝红色文化是中国共产党人和人民大众的自豪与骄傲,是巴蜀儿女文化自信的源泉所在;川渝红色文化也是中国共产党人和人民大众的共同智慧结晶和实践成果。革命战争年代,人民群众和人民军队团结一心、顽强奋战,流血又流汗,用坚实而庞大的群众基础作为孕育川渝红色文化的襁褓、母体。其次,川渝红色文化是人民大众的精神指引和价值追求。川渝红色文化是中国特色社会主义先进文化的重要组成部分,是中国共产党执政文化的核心所在,其中蕴藏的深厚底蕴和精神价值为中国特色社会主义建设发展提供了强大精神支撑。包括在川渝地区形成的苏区精神、长征精神、红岩精神、抗战精神等都是中国共产党执政的宝贵资源和巨大财富。无数革命先辈先驱先烈所遗留下来的优良品质,反映了广大老百姓在那个时期的追求与需求。川渝红色文化随着人民大众在党的领导下展开社会主义国家建设的"理论—实践"过程中不断获得深化、丰富、发展,在国家民族前进道路上面临新情况、新挑战之时,又不断地从深植于民间的大众文化中吸收新的养料,融合新的元素,实现自身文化范式的创新,为群众提供精神指引、满足群众的价值追求,体现了其顽强生命力和鲜活能动性。

　　川渝红色文化的作用客体是面向大众,这主要体现在其价值功能围绕大众得以实现。首先,川渝红色文化的意识形态功能是团结全体人民、汇聚群众力量、维护国家长治久安的关键因素。川渝地区作为多民族聚居地,地域辽阔,人口数量多,以川渝红色文化体系的锻造、发展、普及、传播来增强川渝地区广大人民对国家民族的文化认同感,既具有代表性又具有可行性,可以勾勒出我国多民族、多人口文化认同的形态。世界上不少贫困落后或阶级分化严重地区的普通民众,认为文化是高等人才或者社会上等阶层等少数人才配拥有的,一些底层百姓确实也难以分享到多少社会主流文化的服务与熏染;与之完全相反,以川渝红色文化为代表的中国红色文化体系则是以人民性、大众性为自身的根本特征与基础优势。川渝红色文化来自于广大人民群众且服务于广大人民群众,无论教育程度高低,无论职业身份如何,无论经济处境怎样,作为集体政治概念的人民和作为个体法治概念的公民,都能够真正分享到红色文化带来的思想养料。因此可以说,红色文化始终是代表着广大人民群众利益的、在中国大地上广为传播的、被人民大众接受认可的一种文化范式。川渝红色文化以社会大众为主体,以服务人民大众为宗旨,目标在于为民族复兴培养有远大理想信念和高尚道德品质的时代新人,在此过程中不断满足人民大众的精神文化需求,促进人的全面发展。川渝红色文化始终反映了川渝人民大众的意志和愿望,满足着川渝人民大众日益增长的精神文化生活的需要,并促进中国红色文化的整体发展,进而发挥着不断提高广大人民群众科学文化素质和思想道德素养的作用与功能。

其次,川渝红色文化的历史印证功能是川渝红色文化与川渝大众共同创造代表大众思想观念、承载大众情感回忆的现实写照。马克思说:"历史上的活动和思想都是'群众'的思想和活动。"[①]大众在进行生产生活过程中将红色文化创造出来且此文化同时反映了大众生产生活过程,没有人民大众就没有历史,继而无法构成社会基本要素,从而由革命政党文化缔造衍生出来的红色文化也就无从谈起了。川渝红色文化以中国千年历史为支撑,以中国共产党百年党史为载体,以川渝地区近现代发展演变史为纪录,谱写了中国红色文化体系中最为贴近大众的篇章。

再次,川渝红色文化的文明传承功能是对中华优秀传统文化的传承和对中国先进文化的继承。川渝红色文化诞生于传承了中华民族千年文明的巴蜀大地,蕴含了马克思主义先进理论指导的科学性,是中国特色社会主义理论体系的重要成果,是马克思主义中国化的落地生根与飞速发展,而这一系列继承与传承都构成了中国共产党人伟大精神谱系的源头,集中反映了人民群众的精神面貌,成为鼓舞大众斗志、引领大众风尚、焕新大众风貌的

---

① 《马克思恩格斯全集》第2卷,人民出版社1957年版,第103页。

无穷力量。川渝红色文化的文明传承功能也让本区域之外的更多大众认知到了巴蜀之地文化底蕴的深厚性。

最后，川渝红色文化所内蕴的经济带动功能某种程度上也是推动广大群众走向民生富裕之路的重要抓手。川渝红色文化中蕴含了解放生产力、发展生产力的思想，实事求是的科学态度，艰苦奋斗、敢于创新的精神品质，为以社会主义市场经济作为根本经济制度的川渝地区经济社会发展提供了思想指引；天府之国科技人才资源雄厚，生态资源丰富，红色文化深厚，以文旅结合、城乡融合发展的新型产业，成为推动川渝地区经济链高质量发展的重要环节，一方面缩减了川渝地区城乡差距，另一方面形成了带有川渝红色因子的绿色科技经济体系，满足了大众对于高质量发展的需求。

川渝红色文化的民族性与大众性都是以人民为中心的价值观体现，以广大人民群众的利益追求与价值诉求为前提，深刻地回答了"从哪里来，到哪里去"的发展逻辑问题和国家方向问题，也体现了中国共产党人不忘初心、牢记使命，全心全意为人民服务的根本宗旨，契合中华民族的宏远奋斗目标，符合人民大众对美好生活的期望。

三、川渝红色文化体系的时代性与创新性

（一）时代性

"时代是一定时期政治、经济、文化等状况的总和，它有着相对突兀的主题，是一个客观的历史进程。任何思想理论要想始终保持生命力，就必须与时代发展的进程相一致，反映时代的特征并科学解答时代主题。"[1]而当作观念形态的文化"是一定社会的政治和经济的反映，又给予伟大影响和作用于一定社会的政治和经济"[2]。包括红色文化在内的任何一种正向文化范式或形态，必然与之相对应的历史进程保持一致，符合其背后的时代主

---

[1]　郁志龙：《时代性：中国化马克思主义的生命张力》，《甘肃理论学刊》2010 年第 3 期。
[2]　《毛泽东选集》第二卷，人民出版社 1991 年版，第 663—664 页。

题。因此,我们可以说,红色文化天然地具备时代特征,与所处时代是同频共振的。红色文化之所以能够在漫长的岁月中依然保持广泛影响力和持久生命力,是因为它在内容、形式、载体等各个方面不断与时俱进、开拓创新。大致说来,川渝红色文化的时代性主要体现在以下三个层面。

首先,川渝红色文化是特定时代的产物。川渝文化传承于中华优秀传统文化,在历史长河中沉淀,随着时代更迭而萌芽、生长,随着社会发展而不断进步。川渝红色文化形成于新民主主义革命时期,得益于马克思主义先进科学思想的指导和中国共产党坚强有力的领导。其在中国共产党领导全国各族人民进行革命斗争、社会主义革命与建设过程中不断发展、完善,在改革开放的伟大实践过程中,又融入了符合新时期以及新时代主题的思想理论与精神内涵。川渝红色文化体系的本体诞生于特定时代,其外延又对中国近代以来不同时代的发展演变具有不断革新的价值意义,历经了新民主主义革命时期的形成高潮、社会主义革命和建设时期的暂时沉淀、改革开放和社会主义现代化建设新时期的生机勃发、中国特色社会主义新时代的飞跃发展。在建设社会主义现代化强国、实现中华民族伟大复兴的新阶段,中国共产党与广大人民群众将继续坚持统一战线与初心使命,续写红色文化的全新篇章。川渝红色文化在百年党史演变过程中不断被开发、塑造、创新,随时代变化不断发展、前进,逐步形成了新时代的川渝红色文化体系。不论从任何角度看,川渝红色文化体系的本体和外延都属于不同历史时期的特殊产物,其孕育、形成、丰富和发展的过程始终与中国共产党百年奋斗历程相伴相生、互相交织。

其次,川渝红色文化反映了时代特征。所有文艺作品都具有反映时代背景的特点,笔者认为川渝红色文化体系中的红色作品尤其能够彰显其时代性。如果将改革开放之发端作为"红色时代"和"后红色时代"的分界点,川渝地区在"红色时代"呈现出来的红色文艺作品,如以《送郎参军》《信仰》等为例的戏剧类,以《红岩》《清江送歌》等为例的小说类,这些红色作品用文学艺术手段还原了中国共产党人经历的革命峥嵘岁月,体现出新民主主义革命时期以战争与革命为主题,各民族团结一致、吃苦耐劳、浴血奋战、无私奉献等独有的时代特征。而"后红色时代"其实是对"红色时代"的延伸,小说或纪实文学《战争和人》《战将》《川江英雄》《川西黎明》《国共兄弟》等,川剧《小萝卜头》《江姐》《烈火中永生》《康定情歌》等,话剧《江姐在川大》《红岩魂》《最后的营救》《幸存者》《芙蓉花红》《努力餐》等,舞剧《红军花》《红飘带》《重庆·1949》等,歌剧《彝红》《我是川军》等,歌曲《盼红军》《咱老百姓》《永恒的旗帜》,等等,无不反映了广大群众追求自由解放、公平正义、民生幸福与发展进步的时代主题。通过博大精深的红色文化孕育出来丰富的文艺作品,描绘出了中国共产党人积极奋斗拼搏、一心为民,弘扬革命精神、传承红色文化,带领全国各族人民不断续写新的红色传奇的先进事迹。

当前,我们正以全面建成社会主义现代化强国、成功实现中华民族伟大复兴为奋斗目标,更需要结合时代诉求突出、保护、发掘、传承红色文化精髓。各级党委与政府部门积极牵头发起多种多样的红色活动,如歌颂红色经典、学习红色历史、重走红色路线、编排红色舞剧等,热烈而深入,社会各界则积极响应,起到了很好的现实效果。近年来,川渝地区也兴起了与时代脉搏相通的红色文艺风,纪录片《红旗漫卷西风——红军长征在四川》《隐秘的征程——红军长征在四川》《国仗》等,短视频《英雄颂歌》等,红色动漫作品《四海今歌赵一曼》《小萝卜头》《江姐》《董存瑞炸碉堡》等,竞相涌现。川渝红色文艺作品正通过更为现代化、多样化的方式唤醒红色记忆、根植红色基因、筑牢红色信念,体现了巴山蜀水所蕴含的自信与发展、积极与向上、改革与创新、民主与法治、和谐与自然的时代特征,为中华民族伟大复兴提供了强大支撑。川渝红色文化在理论上让马克思主义中国化思想体系走入平常百姓家,达到了理论进一步大众化的效果,让马克思主义中国化科学理论体系以各种形式走进大众生活,去除了社会大众内心对马克思主义理论局限于教科书的刻板印象,在实践上更是全心全意为人民服务。不同时代的川渝红色文化在本体内涵的基础上不断地进行着社会传承、赓续和创新,同时具有其各自的特殊时代地位,反映了其背后所代表的时代特征和蕴含的时代价值。

最后,川渝红色文化的时代性体现在其发展的与时俱进上。川渝红色文化是新民主主义革命时期诞生的革命文化、革命精神以及革命道路的有机统一,是马克思主义基本原理同中国具体实际相结合的产物,是红色文化与巴蜀现代文化融合发展的新型文化。中国共产党以马克思主义先进理论作为自己的指导思想,而这也自然是红色文化形成与发展的指导思想,区别于同时代的其他文化范式,红色文化之所以能够与时俱进,从指导思想上而言,红色文化就赢在了起跑线上。红色文化诞生于新民主主义革命时期,在社会主义建设和改革开放的伟大历史进程中,中国共产党紧紧地将马克思主义基本原理同中国具体实际相结合,创造性地形成了毛泽东思想和中国特色社会主义理论体系,产生了一系列马克思主义中国化的理论成果,包含在此成果范畴之内的红色文化也一次又一次获得与时俱进的发展更新。川渝红色文化的发展步伐与其他红色文化乃至整个中国特色社会主义先进文化体系一致,其与时俱进之处蕴藏在它的先进性、科学性、真理性之中。在过去,川渝红色文化创造主体始终是人民群众,准确来说是人民群众中具有较高知识水平、较高觉悟的先进分子;在今天,川渝红色文化的服务对象仍始终是人民群众,其围绕以人民为中心的根本原则,在党的全面领导下不断完善自身,继续探索民族前进的方向,引领人民群众的道德追求与最高价值诉求。川渝红色文化是中国红色文化的有机组成部分,是推动川渝经济社会发展的重要建设性力量,以先进的、科学的、广博的、大众的、时代的、创新的文化力量促进中华文明新形态不断向前发展,以充分的红色文化资源开发推动地域社会在经济、政治、社会、文明等方面不断发展进步,成为促进社会主义现代化强国建设步伐不断加快,中华民族伟大复兴早日实现的重要力量。

(二) 创新性

川渝红色文化的创新性体现在两点:一是川渝红色文化自身发展不断

丰富、完善,二是川渝红色文化与其他红色文化相比有其特殊性。

习近平总书记多次强调,要利用好红色资源、发扬好红色传统、传承好红色基因。红色文化资源的开发及传承、利用、研究日益成为新时代中国特色社会主义先进文化建设的重要内容,不断创新发展的红色文化为实现中华民族伟大复兴提供了强大的精神动力。以四川省、重庆市为主要依托的川渝红色文化历经千年中华优秀传统文化的浸润,接受了马克思主义先进文明的熏染,是中国共产党领导下的川渝人民通过多年艰苦卓绝的革命斗争创造出来的历经革命、建设和改革开放的新型文化形态,集中表现为勤劳勇敢、开拓进取、团结协作、拼搏创新、无私奉献等红色精神理念。这一切都构成了川渝红色文化的资源优势,使川渝地区成为传承弘扬红色文化和红色精神的重要阵地。在四川省有关部门将全省红色旅游发展的总体布局规划为长征丰碑、将帅故居、川陕苏区三大主题板块之后,四川红色文化整体的几种形态、形成时间、分布范围以及若干不同特征等也初步得到一个准确的划分与归类。突破了历史界限后不断成长的川渝红色文化体系,也在今人的保护、发掘与传承之下,开始密切地将红色资源开发与川渝经济社会建设以及人民思想文化素质的提升联系起来,这赋予了川渝红色文化超越革命年代、社会主义革命和建设时期、改革开放和社会主义现代化建设新时期、中国特色社会主义新时代等多个历史阶段的重要意义。在中华民族伟大复兴事业面临百年未有之大变局的挑战之时,以红色文化为特色的中华文明新形态是塑造公民优秀个人品质、凝聚各族人民共识、推进中华民族伟大复兴步伐行稳致远的精神支柱。川渝红色文化中所蕴含的巴蜀传统地方文化是对中华民族五千年优秀文化精髓的传承,川渝红色文化中所蕴含的舍生忘死革命精神是对中国共产党浴血奋战争取民族独立,实现国家富强的深层记录,川渝红色文化中所蕴含的精神、物质、制度等各种形式的红色资源是促进中国建设社会主义现代化强国不可忽视的有力支撑。川渝红色文化体系的时代性与创新性在发展与传承中交替、交融、交汇,有着其他文化范式不可取代的重要地位。

川渝红色文化的重要地位不仅源于自身的进步性,且具有其他红色文化不可比拟的特殊性质。从精神层面的特殊性来看,具有地域代表性的长征精神、红岩精神、抗战精神等均是川渝红色精神品质的核心。长征作为一部具有指导意义的英雄传奇史书,被誉为震惊中外的人类奇迹之一,书写了中国共产党及其领导下的人民军队在争取民族独立和人民解放过程中的悲壮历程,是中国共产党人勇于牺牲、敢于斗争、吃苦耐劳、百折不挠的真实写照,是中华民族发展复兴道路的深刻记录。三大红军主力徒步途经四川,并在此地区展开了"四渡赤水""巧渡金沙江""彝海结盟""强渡大渡河""飞夺泸定桥""跨越茫茫雪山草地"等荡气回肠的著名事件,涉及川西数十个县的广大地域。这一时期,中央领导决策层先后在整个川西地区召开了会理、两河口、毛儿盖、巴西等几次关键会议,作出了影响党和红军生死存亡的重大战略决策。中国共产党及其领导下的主力红军在四川地区进行了长达一年零八个月的战斗生活,其路途多达一万五千里,占整个长征活动总里程的一半以上。红军长征蕴含的一系列精神、文化作为川渝红色文化乃至整个红色文化体系中具有代表性的存在,体现了红色文化区别于其他文化的创新之处。除此之外,黎明前由川渝地下革命工作者所集体缔造的红岩精神,由中国共产党人、进步志士、爱国民众与川军将士共同谱写的伟大抗战精神,都是既具有普遍性又具有地域特色的红色文化精神层面的核心要素。

因此,川渝红色文化有不同于其他地域红色文化之处,其与中国红色文化体系一脉相承的同时又独具特色的精神品质。通过上述历史事件,我们可以看出川渝红色文化的特殊性大致包含了几个维度:第一是民族性,每个地区的红色文化都有其特别之处,但不是每个地区的红色文化都蕴含了浓厚的少数民族特色,尤其是川渝地区聚居了多个少数民族群体,红军长征在穿越今日川西甘孜、阿坝、凉山等三州地区时,与藏、彝、羌等少数民族同胞展开了紧密的互动,留下了许多可歌可泣的感人故事,播撒下了红色的种子,也有许多少数民族同胞毅然响应党的号召投身革命事业,为中华民族的命运福祉浴血奋斗。因此,从这个意义上说,川渝红色文化体系的民族性比其他区域的红色文化或许要更为浓烈。第二是地域性,由于上述许多重要历史事件都发生在巴山蜀水,因此巴蜀文化与川渝红色文化必然是相互作用的,即使每个地区都有自己的文化,但巴蜀文化的深厚底蕴或许更能吸收、助力红色文化,为其在川渝地区的形成与传播打好深厚的基础。第三是群众性,包括少数民族在内的川渝人民具有敢闯刀山、敢下火海、直爽厚道、热情好客的性格特点,因此红色文化融入川渝地区或许更易被广大群众所接受,川渝人民对于党领导的革命事业也是忠贞不贰、敢拼敢冲,因此川渝红色文化的群众性表现得较为强烈。第四是持久性,如果红军长征之路是一场持续性的斗争,那么这场斗争在川渝经历的战线较长、时间较久,其播下的红色种子之萌芽、成长也是最为顽强与坚韧的。川渝红色文化体系的持久性与坚韧性也反映了中国红色文化的旺盛生命力。

川渝红色文化的创新性体现在川渝红色文化能在不同时代发挥其符合时代要求的价值意义,体现在超越了其他地区红色文化的同一性中。川渝红色文化在历史长河中不断进行自我发展、完善、创新,彰显了中华民族坚守的"四个自信",既符合马克思主义中国化的基本规律,也符合中国特色社会主义理论发展的时代要求,有利于我们稳固国家基石,早日实现中华民族的伟大复兴。

第二节　川渝红色文化体系的地方特色

川渝红色文化体系是川渝人民在中国共产党领导的民族民主革命时期创建的红色文化的综合体,是在中华优秀传统文化、独具特色的巴蜀文化、先进的外来革命文化影响下生成的,具有深厚而宽广的文化渊源。川渝红色文化诞生于波澜壮阔的新民主主义革命时期,既是红色文化丰富内涵的体现,也是红色文化主体的重要组成部分。但除此之外,川渝红色文化因其特殊的地理位置和独特的革命历史,还体现出强烈的地方特色。具体而言,川渝红色文化体系的地方特色大致主要有以下四个方面。

一、地域性与整体性的融合

川渝红色文化具有浓厚的地域色彩。以川陕革命老区红色资源为例，川陕革命老区具有光荣而悠久的革命斗争历史，川渝红色文化资源可分为两部分：一是川渝红色文化的物质形态。例如，巴中市南郊南龛山顶建造了旨在纪念和缅怀红四方面军将士丰功伟绩的川陕苏区将帅碑林，占地共120多亩，现已建有红四方面军主要将领纪念像园、碑林长廊、红军将士英名纪念碑、红军陵园、楹联长廊、标志碑、观景台、将帅碑林纪念馆、思源湖等共十四大景点，是中国面积最大的红军碑林；位于巴中市城南的川陕革命根据地博物馆是收藏、研究、宣传川陕革命苏区革命文物和历史的专题馆，2016年被列入全国红色旅游经典景区名录，陈列着大量的苏维埃革命历史文物；曾经的川陕苏区红色首府通江县有保留下来的大型红军石刻，该县的王坪川陕苏区红军烈士陵园被称为中国最大的红军烈士陵园，安葬着近万名红军将士的忠骨，其中军、师、团职将领就多达40多人。[1] 此外，还有许多著名的红色遗址，如剑门关的红军血战地和苍溪县段嘉陵江的红军渡口，位于凉山州的冕宁县红军长征"彝海结盟"遗址，位于大邑县西岭镇的横山岗红军战斗遗址，等等。二是川渝红色文化体系的精神形态。例如红军长征精神、红岩烈士精神、川陕苏区精神等，均在中国革命史上熠熠生辉。以川陕苏区精神而论，其在具有老革命根据地红色文化共性的基础上，受巴山蜀水的千年历史文化传统和独特的革命历史影响，展陈出独特的地域风采，成为川渝红色文化体系的重要组成部分。川陕苏区精神的基本内涵包括不胜不休的坚定理想信念、在艰苦环境中创造新局面的开拓精神、甘愿为党和人民付出一切的无私奉献精神、坚决与党中央保持高度一致的大局意识、依

---

[1] 傅晓芳：《乡村振兴背景下川陕革命老区红色文化资源开发路径探析》，《湖北农业科学》2022年第2期。

靠群众相信群众服务群众的一心为民精神等等。其既有与其他苏区党和红军指战员所缔造的精神遗产相通之处,也是从红四方面军在巴蜀大地的多年艰苦战斗历程中淬炼形成的。三是川渝红色文化的制度形态。例如,红四方面军撤出川陕苏区,由川西北南下时,携带了一批具有指导意义的川陕苏区政策法规文献资料,在川西地区一边征战一边散发,一边则依此建党建政与展开社会治理工作。解放初期,雅安市芦山县文化馆在该县双石乡征集到了一部川陕苏区文献汇编,计28篇约11万字。其中有《中华苏维埃宪法大纲》《全国苏维埃第一次代表大会土地法令》《川陕省苏维埃组织法》《川陕省苏维埃政府关于红军伤亡抚恤条例》《川陕省苏维埃政府优待红军及其家属条例》《白区工作决议案》等等。① 这批涉及党在局部执政时期制度法规的档案文献,无疑是川陕苏区红色历史的最好见证和研究这一时期革命历程的珍贵资料。同时,川陕苏区革命时期还留下了许多宣传标语、红色歌谣和故事传说。川陕革命根据地时期诞生的许多红色歌谣,具有明显的时代背景和鲜明的地方特色,当时当地风起云涌的革命斗争生活,又为红色歌谣的诞生提供了不尽的源泉,使苏区地域内的山歌民谣无论在思想上还是艺术上都有了新的发展。在川北陕南群众中口口相传的红色歌谣中,一方面剔除了原来土生山歌中渗入的某些不健康和落后的成分,一方面完美地吸取了新的题材,歌颂党和红军,歌颂翻身解放,呼吁青年积极参加红军,反映军民鱼水关系,号召民众支援反"围剿"战争,等等。在红军转移后当地又产生了以怀念党和红军为主要内容的山歌民谣,充实了积极的观念,焕发了新的艺术生命,使川北陕南区域的民间歌谣,在广度和深度上,都有了新的继承和发展。川陕革命老区的红色文化是革命先烈们用生命凝聚起来的精神财富。当下,它又结合新时代的特点,依托于深厚的红色基因,继续孕育出独特的民族精神和时代精神。

---

① 参见李后强、秦勇:《红色文化与绿色文化融合发展研究——以四川为例》,四川人民出版社2016年版,第44页。

除川陕革命老区之外,川渝地区具有代表性的红色文化集群主要还有以下两处:一是长征——川渝段红色文化集群。"长征是历史纪录上的第一次,长征是宣言书,长征是宣传队,长征是播种机。"①万里长征途中,红军宣传革命组织群众,把革命的火种播撒到沿途各地,也留下了红军官兵生死相依、患难与共,对群众却秋毫无犯,以此得到当地人民信任和支持等许多脍炙人口的故事和历史佳话。川渝境内留下的长征遗迹有:会理会议遗址、懋功两河口会议遗址、松潘毛儿盖会议会址、冕宁县彝海结盟遗址、石棉县红军强渡大渡河纪念地、甘孜州泸定县泸定桥革命文物纪念馆、苍溪县红军渡江纪念地、广元市剑阁县红军血战剑门关遗址等等。这些遗址、纪念地、纪念馆等共同构成了长征——川渝段红色文化集群,为长征精神的继承与发扬提供了物质条件。

二是川籍将帅故里、故居红色文化资源集群。川渝地区是红色人才、革命志士乃至开国将帅辈出之地。他们的出生地、故居之地也成为革命精神的赓续传扬之地,形成了川渝特有的将帅故里、故居红色文化资源集群。其中包括:仪陇县朱德故居、乐至县陈毅故居、重庆开县刘伯承故居、广安邓小平故居、达州张爱萍与陈伯钧故居、南充罗瑞卿故居、重庆江津聂荣臻故居、叙永县傅钟故居、潼南杨尚昆故居、酉阳赵世炎烈士故居、宜宾赵一曼烈士故居等等。上述开国元勋、革命志士的故居、故里都是青少年爱国主义教育和党史教育的重要基地,为川渝红色文化所蕴含的革命精神、爱国主义精神传承与发扬的重要场域。

二、文化性与政治性的契合

红色文化作为中国无产阶级的先锋队——中国共产党创造的先进文化,从诞生之初就肩负着宣传无产阶级思想,推动共产主义革命的历史使命。作为中国红色文化的重要组成部分,川渝红色文化亦不例外。无论是

---

① 《毛泽东选集》第一卷,人民出版社 1991 年版,第 149—150 页。

在革命年代还是在国内建设时期,文化工作始终是我们党宣传思想和政策的重要途径。红色文化是为宣传无产阶级革命而诞生的文化,其从诞生之初就具有强烈的政治色彩。

红色文化是革命文化、传统文化与历史积淀共同创造的一种文化现象及文化范式。它作为一种特殊的政治文化意识形态,除了具有强烈的民族性和地域性外,也是近现代中国政治、经济、文化状况的综合反映。红色文化伴随着中国共产党的成长和发展,是中国共产党代表民族先进文化前进方向的有力表征。红色文化的风格和精神是中国革命精神的集中体现。有学者即认为:"'红色'这一符号,指向的是'革命'这一含义,与自由、解放、新生、救国、独立等意涵相互关联。"[1]对于一些仅仅是作用于某个短暂历史阶段的任务要求,甚至于说是对马克思列宁主义的错误解读或者严重偏离,被实践证明为不符合正确发展道路方向的观点观念,只能算作是经验教训,而不能被归类为红色文化。只有经得起实践检验的正确经验和先进理念,才能算作红色文化的范畴。也有学者提出,红色"这种特定的颜色及其象征意味,恰好与我们党和人民的共同理想、品格情操、精神气质形成了异常完美的'同构'关系"[2]。而这种"同构"关系正是红色文化具有强烈政治性的证明,是红色文化中寄托着强烈的政治色彩和无产阶级阶级意识主张的体现。渠长根从红色文化传承的角度强调:"从具体感知到抽象领悟是红色文化传承的必然途径。"只有经历从较低层次的"器"的文化到较高层次"道"的文化的飞跃,红色文化符号才能真正实现它的政治意义,即用马克思主义的思想武器武装人民群众的头脑。[3] 因此,川渝红色文化除了具有文化本身的属性之外,还体现出鲜明的政治色彩和无产阶级革命思想,是中国共产党人推动新民主主义革命的重要思想武器和强大思想动力。

---

[1]　魏本权:《从革命文化到红色文化:一项概念史的研究与分析》,《井冈山大学学报(社会科学版)》2012 年第 1 期。

[2]　刘润为:《红色文化:中国人的精神脊梁》,《红旗文稿》2013 年第 18 期。

[3]　参见渠长根主编:《红色文化概论》,红旗出版社 2017 年版,第 36 页。

不断从红色文化中汲取营养智慧,感悟初心,接受洗礼,对加强党内政治文化建设意义重大。红色文化集中体现了中国共产党的政治文化形态,可以使中国共产党意识形态得到有效的巩固。中国特色社会主义进入新时代,坚持和弘扬红色文化,能够牢固树立党员干部对马克思主义的信仰,坚定人民群众对我们党执政地位与社会主义制度的深刻政治认同。同时,红色文化资源作为革命历史素材,是中国共产党教育广大党员干部、推进新时代党的建设伟大工程的重要资源。

红色文化是一本生动的教科书。它根植于中华优秀传统文化,是社会主义先进文化的源泉。继承红色文化和红色精神,并将其融入社会主义先进文化的发展进程,可以增强人们的精神文化底蕴,提升民族文化自信,使中国人民更冷静地应对外部力量与动荡国际局势的挑战。红色文化的优秀基因和价值内涵,为新时代社会主义核心价值观的培育和实践提供了重要的文化滋养。我们应当将红色基因注入祖国的新鲜血液中,引导青少年树立正确的世界观、人生观和价值观。红色文化通过有形的载体传递着无形的红色基因与民族精神,是新时代党员干部教育和青年学生思想政治教育最丰富、最营养、最有力的教育资源。

三、历史性与时代性的耦合

红色文化不是红色与文化的简单叠加,而是中国共产党人在长期的血腥斗争和艰苦探索中不断选择、创新、融合中外优秀文化的结果。例如我们经常提到的"红船精神""井冈山精神""长征精神""延安精神""红岩精神",就是红色文化的具体体现。就其孕育和发展过程而言,这些文化形态萌芽于中国共产党成立前的觉醒时代,发端于中国共产党领导的第二次国内革命战争期间,在抗日战争和解放战争时期进一步扩大和完善后,成为中国共产党领导的人民群众形成民族的、科学的大众文化形态。红色文化作为见证中国共产党诞生、发展和壮大的文化形态,经历了艰苦的斗争洗礼和曲折的理论探索。它是中国共产党人和人民结合的产物,蕴含着丰富的革命精神和深厚的历史文化。因此,"红色文化"是一个内涵丰富的文化概念。它不仅承载着我们党"不忘初心、牢记使命"的奋斗历程,也承载着亿万人民的壮丽战斗印记。特别是一些英雄人物和经典革命文献更清楚地展示了红色文化的本质内涵——为人民谋幸福、为民族谋复兴。因此,中国共产党自诞生之日起,就把中国传统文化中的红色内涵与伟大革命斗争的实践相结合,形成了以马克思主义中国化理论体系为养料的红色文化范式。后来,中国共产党人紧密结合时代的变化和实践的要求,继往开来,与时俱进,创造性地引领红色文化的发展方向,形成了以习近平新时代中国特色社会主义思想为代表的当代中国马克思主义最新成果,进一步诠释了红色文化的本质内涵。

在新的历史时期,利用川渝红色文化资源有利于坚定人民群众的理想信念;有利于激发人民群众的爱国主义情怀;有利于培养人民群众的组织纪律意识,将党的优良作风发扬于全社会。如果说革命文化侧重于回答人类社会历史上"如何进化"的命题,那么红色文化主要是回答"去哪里"的问题。马克思主义理论"犹如一轮壮丽的日出,照亮了人类探索历史规律、寻求自身解放的道路"。① 它在诞生之日起就设想了人类社会实现共产主义的光明前景,并对这一命题作出了宏观回答。在实现这个最终愿景的过程中,红色文化结合时代特征、世界形势、党的情形和我国现阶段的客观实际,促进了中国特色社会主义理论体系的构建。

在风云变幻的国际形势下,红色文化是支撑着中国人民的精神支柱。作为以马克思主义为信仰的执政党领导下的社会主义国家,红色文化凝聚和引领着国家和民族对整个世界及其演变规律的历史认知、现实感受,承载着人类解放和人的自由全面发展的伟大理想追求,为世界社会主义运动和人类文明进步作出了不可磨灭的贡献。近年来,某些霸权主义国家一直奉行"零和博弈"思想,在国际言行中充斥着"单边主义"思维,它

---

① 习近平:《在纪念马克思诞辰 200 周年大会上的讲话》,《党建》2018 年第 5 期。

们除了不断向中国施加政治、经济、军事等各方面的压力之外,还刻意在思想文化领域对我国展开渗透。在当前严峻的国际国内斗争环境下,更需要我们充分利用红色文化资源这个宝库来确保国家思想政治主阵地的不动摇。

任何一种文化都是特定历史时代的成果,具有独特的时代历史烙印。红色文化是指导中国革命取得胜利的重要法宝,中国红色文化史在一定意义上也就是一部中国近现代革命史。1921年,中国共产党作为一支新生力量出现在历史舞台上,在马克思主义指导下,成功地开创了中国革命的新道路。中国革命的成功离不开红色文化的指导。革命战争时期,我们党在井冈山精神、苏区精神、长征精神、延安精神、抗战精神、西柏坡精神等的基础上形成了壮阔瑰丽的红色文化,这不仅是对中华优秀传统文化的继承和发展,也是凝聚和激励全党全国人民团结奋斗、夺取革命胜利的强大精神支柱。正是依靠这种革命精神,中国工农红军粉碎了敌人的无数次大规模"围剿",夺取了万里长征的伟大胜利;正是依靠这种革命精神,当日本帝国主义大举入侵,中华民族面临亡国灭种危机之际,无数中华儿女在党的领导下高举爱国主义旗帜,同仇敌忾,取得了全面抗日战争的胜利;正是依靠这种革命精神,我党领导下的人民解放军在敌众我寡的不利形势下,采取正确的政治军事战略,紧密依靠人民群众,最终势如破竹,推翻了蒋介石集团在中国大陆的反动统治,取得了解放战争的胜利,赢得了中华民族的真正解放,建立了伟大的新中国。

党的十八届三中全会在社会主义先进文化事业的建设方面提出了高瞻远瞩的整体规划和宏伟蓝图:"建设社会主义文化强国,增强国家文化软实力,必须坚持社会主义先进文化前进方向,坚持中国特色社会主义文化发展道路,培育和践行社会主义核心价值观,巩固马克思主义在意识形态领域的指导地位,巩固全党全国各族人民团结奋斗的共同思想基础。坚持以人民为中心的工作导向,坚持把社会效益放在首位、社会效益和经济效益相统一,以激发全民族文化创造活力为中心环节,进一步深化文化体制改革。"①这表明我们党和国家高度重视社会主义文化建设,把提高文化软实力作为增强综合国力、实现中华民族伟大复兴的新的战略重点。红色文化体系作为我们国家文化软实力的重要组成部分,必须得到继承和发扬。红色文化是以优秀精神品质为核心的先进文化形态。她集中体现了中国共产党人和广大中国人民的共同作风、共同信仰、共同精神品质和共同思维方式,是中国特色社会主义社会最为先进的文化范式之一。红色文化是中华民族近代以来摆脱贫困愚昧、落后挨打局面,得以真正强大起来的关键性要素之一。我们今天是否精心培育和弘扬红色文化,关系到我们能否继续开拓进取、在新的长征路上再创辉煌。在当今和谐多元的文化环境中,我们必须把红色文化放在突出位置,大力弘扬红色文化主旋律,在各种思想文化的互动中与时俱进,始终保证中国特色社会主义文化事业的先进性。

---

① 《中共中央关于全面深化改革若干重大问题的决定》,载中共中央文献研究室编:《十八大以来重要文献选编》(上),中央文献出版社 2014 年版,第 533 页。

第五章　川渝红色文化与巴蜀优秀
传统文化的内在关联

　　自古以来,巴蜀地区人杰地灵,在巴山蜀水优越的自然环境与悠久厚重的人文历史共同孕育下,诞生了巴蜀的优秀传统文化。在岁月变迁、春秋流转之中,巴蜀优秀传统文化浸润着这片热土上民众的性格与心灵。巴蜀优秀传统文化引导着近代以来川渝大地涌现出了无数为理想信仰奋斗终生,甘愿奉献牺牲的英雄豪杰,他们用生命书写了川渝大地上的一曲曲红色赞歌,用鲜血铸就了具有强大感染力的川渝红色文化体系。

第一节　川渝地区的自然人文环境与建制沿革

　　川渝地区有着别具一格的自然生态环境,封闭性的盆地与利于农业种植的亚热带湿润季风性气候,塑造了自给自足、安居一方的巴蜀文明。丰饶的物产与易守难攻的特点,造就了川渝兵家必争的战略地位,也塑造了川渝地区别样的人文环境与建制沿革。

一、川渝地区自然环境概述

　　川渝地区位于我国西南内陆,大部分处于群山环绕的四川盆地内。作为中国四大盆地之一的四川盆地又被称为"信封盆地""紫色盆地",其北部大巴山脉绵延,东靠巫山山脉,南依云贵高原,西临横断山脉。四川盆地内部并非一马平川,而是呈现出了地形多样的特征,以平原、丘陵、山地及高原四种地貌类型为主,自西向东可划分为成都平原、川中丘陵与川东平行岭谷三个部分。川渝地理位置特殊,资源丰富,森罗万象,秀丽与宏伟同存,险峻与开阔并生,古来便有"益州险塞,沃野千里,天府之土,高祖因之以成帝业"一说。盆地内群峰叠翠,江河旋流,北有"峥嵘而崔嵬"的天险剑门,东有"重岩叠嶂,隐天蔽日"的奇景三峡,易守难攻的川渝自古便是兵家必争之地,光是剑门关一地,历代以来便经历过数十次激烈战斗。

地处亚热带季风气候区,川渝地区的气候具有冬暖、春旱、夏热、秋雨的特点。庞大的秦岭横亘在四川盆地北部,阻挡住了南下的冷空气,加之地形闭塞,四川盆地气候较之同纬度的湖北、安徽等地气温略高。我国东部季风气候显著,地势西高东低,每逢夏季,东南季风便会将来自太平洋的水汽送往内陆,直至被横断山脉阻拦,抵达四川盆地,再难西进。此外,西南季风亦将一部分来自印度洋的水汽输送至四川盆地,形成了丰富的降水。竹添进一郎曾用"山风带热水含毒,身在蛮烟瘴雨中"来形容川渝地区的潮湿多雨。① 在盆地地形的影响下,川渝地区水汽聚集,太阳辐射能少,形成了湿气重、雾多、日照少、阴雨天多的气候特点,从而也有了"蜀犬吠日"的说法。

川渝地区幅员辽阔,沃野千里,地貌复杂多样的特征造就了盆地内自然资源丰富,土壤类型多样,动植物种类繁多的特点。《战国策》中《秦策》一章记载苏秦对秦惠王说:"大王之国……沃野千里,蓄积饶多,地势形便,此所谓天府,天下之雄国也","天府之国"的美誉也由此而得。② 川渝地区土

① 参见[日]竹添进一郎:《栈云峡雨日记并诗草》,奎文堂明治十一年(1868)刊刻。注:竹添进一郎为日本近代外交家、汉学家,被誉为日本明治时代进入中国内陆第一人。《栈云峡雨日记并诗草》为其1876年5月游历川渝感念所作。

② 参见(西汉)刘向集录:《战国策》,西安交通大学出版社2013年版,第11页。原文:"大王之国,西有巴、蜀、汉中之利,北有胡貉、代马之用,南有巫山、黔中之限,东有肴、函之固。田肥美,民殷富,战车万乘,奋击百万,沃野千里,蓄积饶多,地势形便,此所谓天府,天下之雄国也。"

壤类型多样,有红壤、黄壤、黄棕壤、紫色土等,土壤总体肥力水平中等。四川盆地气候东西区域差异大,气候类型多且垂直变化大,进而导致了川渝地区横纵双向环境多变,利于不同物种的生长以及农、林、牧等不同产业综合发展。四川野生植物资源种类繁多,有高等植物一万余种,约占全国总数的1/3,仅次于云南居全国第二位。全省有脊椎动物近 1300 种,国家重点保护野生动物 145 种,占全国 39.6%,居全国之冠。全省具有查明资源储量的矿种 92 种(亚矿种 123 种),矿产资源总量丰富,种类多样,但多数矿种储量不足。① 重庆则有 4000 多种植物资源,600 多种动物资源,其中兽类近 100 种,鸟类 200 余种,水生动物及鱼类 200 多种。至 2009 年末,重庆市已发现 68 种矿产(含亚矿种),已初步探明各类矿产地 129 处。② 水是生命之源,川渝地区依傍长江,水资源丰富且航运便利,四川便有"千河之省"的美誉。川渝地区水源主要来自青藏高原东部的岷山等山脉,径流量较大,但季节分布不均,补给类型以雨水为主,有夏汛期,无结冰期,水能资源丰富,区域内遍布江河湖泊,降水集中,长江自西南向东北横贯重庆市境,更有嘉陵江把川渝两地联结嘉陵江更是将川渝两地进行联结。

二、川渝地区人文环境概述

川渝地区历史悠久,文化厚重,早在新石器时代晚期便形成了辉煌灿烂的古蜀文明,古蜀文明又与华夏文明、良渚文明并称为中国上古三大文明。璀璨的古蜀文明随着宝墩、鱼凫、三星堆、金沙遗址、巫山龙骨坡、云阳李家坝、丰都烟墩堡等文明遗址的发现而逐渐揭开了其神秘的面纱。早在距今3000 多年前,川渝大地便建立起了与中原文明截然不同,却又紧密联系的辉煌灿烂的物质与精神文化。悠久的历史文化,使我们得以通过三星堆、金沙遗址等早期文明遗迹一窥古蜀文明魅力的同时,也使得川渝大地上留下

---

① 参见四川省地方志工作办公室主办:《四川年鉴 2018》,四川年鉴社 2018 年版,第 42、43 页。

② 参见陈和平主编:《重庆年鉴 2010》,重庆年鉴社 2010 年版,第 13 页。

了武侯祠、三苏祠、望丛祠、杜甫草堂、白帝城、钓鱼城等历史文化遗迹。

川渝地区是以汉族为主的多民族聚居地,少数民族构成以彝族、藏族、羌族、苗族等为主,有凉山彝族自治州、甘孜藏族自治州、阿坝藏族羌族自治州及木里藏族自治县、马边彝族自治县、峨边彝族自治县、北川羌族自治县三个自治州与四个自治县。此外,还有多个少数民族地区待遇县份。川渝地区历史上经历过的多次大规模移民,也使得地方形成了多元包容的文化氛围。多民族聚居的特点,为川渝增添了桃坪羌寨、龙潭古镇、龚滩古镇等地的独特风光。

"江山代有才人出,各领风骚数百年。"据《华阳国志·巴志》记载,汉武帝统一天下,管辖巴蜀,"自时厥后,五教雍和,秀茂挺逸。英伟既多,而风谣旁作",巴蜀地区礼乐教化逐步兴起,人才辈出。在诗词歌赋方面,汉有被誉为"赋圣",政治与文学两者皆长的司马相如、唐有浪漫豪爽的李白及风骨峥嵘的陈子昂、五代十国则有能诗善赋、才情过人的花蕊夫人、宋有博古通今,文风豪迈,受赞"一门父子三词客,千古文章四大家"的"三苏";近代有批判封建,言辞质朴又字字珠玑的巴金与诗歌文字浪漫且意境优美的郭沫若、何其芳。在家国危亡之际,面对洪水滔天,大禹勇当重任,解决水患,划定九州,李冰创建都江堰,分流引水,造福天府。而面对民族陷于水深火热之中的近代时,朱德、邓小平、陈毅、聂荣臻、江竹筠、刘伯承、赵一曼、杨闇公、杨尚昆、王右木、吴玉章、赵世炎、罗瑞卿、傅钟、张爱萍、李硕勋、刘愿庵、邹进贤、郑佑之、童庸生、袁诗荛、冉钧等仁人志士挺身而出,在时代的洪流中破浪而行。如今的四川儿女,亦继承了先辈塑造的巴蜀优秀精神,在各行各业展露自身风采,创造自身价值。

川渝地区身处同种文化的同时,内部也有着较大的差异性。在方言方面,在1997年重庆析出四川省,单独设直辖市之时,从某种程度上说重庆方言已不再归属于"四川方言"范围。由此崔荣昌提出了"巴蜀方言"概念,而这一概念与地理意义上的"四川方言"有一定相似性。总体而言,四川盆地地区所讲的主要方言为"四川话",四川话最初源于古蜀语,而如今的四川方言是在历史上多次大规模移民情况影响之下,承袭了一定鄂、湘、赣、粤等地语音特色交杂演变而来的。以古音保持多少为线索划分,四川方言可大致分为川西、川南区与川东、川北区两大区,川西、川南区从地理上看背靠藏、滇等少数民族地区,外来方言影响较小,因此保持古音较多,属于老派四川方言区。而川东、川北区因与外接壤,保持古音较少,受外来语言影响较大,可以说是新派四川方言区。在声调上,以成渝为代表的川东、川北区基本没有入声。而在声母方面以西昌、自贡为代表的 18% 县市有 zh 组声母,以成渝为代表的 82% 县市没有 zh 组声母,将 zh 组声母并入 z 组。①

　　四面环绕的群峰,使得川渝的景致看起来孤高难近,但川渝人民却是热情洋溢,无拘无束的。川菜、川茶、川酒,每一个四川的文化符号都仿佛刻印着热忱。在饮食文化方面,嗜“辣”已成为川渝地区共享的文化符号。川渝是激情奔放的,川菜也是平民化的菜系,在对四大菜系的描述中,流传着“鲁贵、苏雅、粤富、川民”的说法。据《华阳国志》记载,“蜀人好滋味,尚辛香”,川渝同处夏季炎热多雨,冬季湿润寒冷的四川盆地,积攒的湿气不仅影响人的身体健康,亦会对人的心理情绪进行影响。而这便需要通过一定的饮食方式来进行排解,因此川渝菜品多用花椒、辣椒等辛辣调料佐味,不仅能祛除身体湿气,更能将阴雨天气带来的抑郁情绪一扫而光,独特的地理位置与气候环境造就了川渝“尚辛香”的群体符号。除川菜以外,川茶的闲适悠然、川酒的浓香馥郁,无不体现着川渝人民对生活的享受,无不引起游人向往。

　　川渝地区旅游资源丰富。在自然风光的游览上,从圣洁巍峨的雪山到绮丽斑斓的沟谷,从万木葱茏的森林到碧波万顷的竹海,西岭雪山、四姑娘山、三峡、九寨沟、泸沽湖、瓦屋山、蜀南竹海、黄荆原始森林、海螺沟、稻城亚丁的各色风光,总能让人心旷神怡,流连忘返。而凝聚着勤劳勇敢的川渝人

---

① 参见翟时雨:《成都、重庆话在四川方言分区中的地位》,《西南师范大学学报(哲学社会科学版)》1999 年第 2 期。

民对抗天灾与险境的都江堰、剑门蜀道，又不免引人入胜，感叹人定胜天的顽强信念。清幽的青城与秀美的峨眉，道家的恬淡与佛家的禅静，让人心驰神往。红军渡、渣滓洞、金沙江、泸定桥，每一处都留存着革命年代烈士先辈们迈过的脚步，承载着先烈们奋斗过的血汗。

三、川渝地区的建制沿革

战火纷飞之际，巴蜀自可独享桃源；如遇太平盛世，川渝亦得安度悠闲。逢得苛政暴政甚或外寇来袭之日，便也会有"天下未乱蜀先乱，天下已治蜀未治"之苦涩情形。巴蜀地区的建制沿革，也由此呈现出与全国性中央政权变迁之历程稍显不同的特点。

（一）先秦时期

相传古时大禹治水，分天下为豫、青、徐、扬、荆、梁、雍、冀、兖九州①，四川地处梁州。古蜀国的发展与大禹紧密相关，古蜀国历史悠久，早在距今四五千年前，以"蜀"为名的族群便已形成。蜀族善蚕桑，其经济文化在同期时代处于中华大地领先地位。在蜀国建立以前，蜀地"各所统摄"，零星的小部落在首领的率领下，各自为政，部落间"遂相浸噬"②，时有吞并与战争发生。商周时期，古蜀族在四川建立蜀国，如李白在《蜀道难》中所载，古蜀国"蚕丛及鱼凫，开国何茫然"，蜀国地区蚕丛率先称王，蜀国先后经历蚕丛、柏灌、鱼凫、杜宇、开明五个氏族的统治。

蜀为西周分封的诸侯，约公元前 11 世纪，西周时期，古蜀国君杜宇参加了周武王对纣王的讨伐，古蜀国为追随武王的"牧誓八国"之一。古蜀国在战斗中展现出了强大的战斗力。杜宇在位时期，教民务农，拓宽蜀国疆域，使蜀国成为西南地区的大国。西周初期，古蜀国势力覆盖整个四川盆地。

---

① 参见（春秋）孔子著，黄怀信注训：《尚书注训》，齐鲁书社 2002 年版，第 65 页。转引自《夏书·禹贡》："禹别九州，随山浚川，任土作贡。"

② 肖平：《古蜀文明与三星堆文化》，四川人民出版社 2002 年版，第 242 页。原文为明代曹学诠所著《蜀中广记》中记载的："蚕女者，当高辛氏之世，蜀地未立君长，各所统摄，其人聚族而居，遂相浸噬，广汉之墟，有人为邻土掠去已逾年，惟所乘之马犹在。"

后因鳖灵治水有功,杜宇让位,古蜀国的领土延续到春秋时期。

（二）秦汉三国时期

公元前 316 年,战国时期,强国秦国盘踞于蜀国北方,其君主秦惠文王派张仪、司马错征伐渐显疲态又深陷与巴、苴二国交战中的蜀国,顺道灭巴国,将四川并入中原诸侯版图。在秦人平定巴蜀之初,在巴地设郡,在蜀地行分封之制。随着前后 30 余年三任蜀侯的分封,蜀地实行郡县制的条件逐步成熟。秦在巴蜀地区共设置了巴、汉中、蜀三郡,巴郡位于重庆地区,而蜀郡位于成都地区。① 在秦所设 46 郡的先后次序上,巴、蜀二郡仅次于上郡设置,此时的秦朝将四川看作向西南开发的基地。

秦朝末年,大兴土木,穷奢极欲,百姓苦不堪言。以陈胜、吴广为代表的农民军起义不断。公元前 206 年项羽攻入咸阳后,自称西楚霸王,分刘邦为汉王,统辖巴蜀汉中一带。公元前 201 年,巴郡、蜀郡各被割据一部,用以另置"广汉郡"。西汉初期,分封和郡县并行,四川属蜀郡和巴郡。武帝承袭秦法,在巴蜀地区置益州外,又在西南地区分封民族首领为王、侯。汉元封五年(前 106 年),汉武帝在全国设 13 州刺史部,在巴蜀设立了益州,州治初位于广汉郡雒县(今四川广汉),后迁至成都。后来百年内先后分置蜀郡、犍为郡、朱提郡、越嶲郡、牂柯郡、建宁郡、永昌郡、汉中郡、广汉郡、梓潼郡、巴郡、巴西郡、巴东郡、益州郡等郡,下辖 146 县,属蜀地,至此,四川雏形形成。王莽政权时期极为短暂,其曾对巴蜀地区郡县地名进行过大量改动。王莽篡权时期,公孙述曾受命为导江卒正(蜀郡太守)。在王莽政权后,天下大乱,公孙述于 25 年称帝,定都成都,国号成家。成家政权建立后,多袭汉制,改益州为司隶校尉,成家政权辖蜀郡、巴郡、广汉郡、犍为郡、越嶲郡、汉中郡全境和武都郡、南郡部分地区。

公元 36 年,在坚守了 23 个月后,公孙述的成家政权最终覆灭于光武帝刘秀的东汉大军之手。东汉所辖益州,州治雒县,大致范围包括四川、云南

---

① 参见贾大泉、陈世松主编:《四川通史》卷 2,四川人民出版社 2010 年版,第 4 页。

大部分以及广东、陕西一部分区域。东汉末年,军阀混战。220 年,曹丕篡汉,东汉覆灭,历史迈入三国时期。221 年,刘备在成都称帝,国号汉,史称蜀汉、刘蜀、季汉。蜀汉政权主要统摄荆、益二州,而巴蜀地区主要属益州管辖。益州分为汉中、巴、蜀三部分。蜀辖蜀郡、广汉郡、犍为郡、江阳郡、汶山郡、汉嘉郡六郡。巴则分为巴郡、巴东郡、巴西郡、涪陵郡、宕渠郡五郡。而汉中由汉中郡、魏兴郡、上庸郡、新城郡、武都郡、阴平郡、梓潼郡七郡组成。

(三) 两晋南北朝隋唐时期

263 年,司马昭决定向蜀汉发动战争,钟会、邓艾攻占成都,一时间百姓奔逃四散,最终司马氏控制下的曹魏政权灭蜀汉,蜀汉亡。为加强对巴蜀地区的控制,司马昭将蜀地分而治之,益州被分割为益州和梁州两个部分。265 年,司马炎篡夺曹魏政权,建立西晋。西晋时期,四川延续益州和梁州的设置。在"八王之乱"爆发后,外逃的西北农民变为流民,关于流民的生计收容问题爆发了一场"流民之争",在这场混乱的争斗之下,领导者李特之子李雄最终于 306 年在成都正式称帝,改元晏平,国号为成,史称成汉政权。房玄龄著《晋书》有载:"仲俊天挺英姿,见称奇伟,摧锋累载,克隆霸业。"

316 年,西晋被匈奴灭国。318 年,晋王司马睿在建康(今江苏南京)称帝,史称东晋。347 年,成汉末代皇帝李势兵败投降,东晋消灭成汉。373 年前秦取蜀,派军占领梁、益二州。374 年蜀人张育不满前秦统治,自称蜀王,武力反叛前秦势力,最终失败。383 年,前秦内乱,东晋由此获得了收复的绝佳机会,并最终于 385 年收回梁、益二州,结束了前秦对巴蜀地区仅仅 12 年的统治。405 年谯纵据蜀,建立政权,自称成都王。为区分之前割据蜀地的成汉政权,成汉称为"前蜀",谯蜀称为"后蜀"。但唐以后"前蜀"与"后蜀"则特指王建所建立的王蜀政权以及孟知祥所建的孟蜀政权。413 年东晋讨谯蜀,谯纵兵败自杀,西蜀政权就此落幕。

元熙二年(420 年),宋公刘裕废除晋恭帝,建立刘宋,东晋灭亡,中国历史进入南北朝时期。南朝宋、齐、梁分别统治四川地区。479 年,萧道成夺权,定国号为齐,在南齐统治下的梁、益二州时局动荡,民生苦不堪言。502年南齐覆灭,萧衍取代南齐称帝,定都建康。557年,南朝梁灭亡,西魏、北周继续统治四川。这一时期,处在乱世风雨飘摇的巴蜀几经苦难波折。

隋唐时期,巴蜀地区归于中央政权管辖之下。581年,北周静帝让位于杨坚,杨坚定国号为"隋",定都大兴城(今陕西西安),隋朝建立。隋朝,州县二级制实行,四川境内有清化郡、通川郡、宕渠郡、汶山郡、普安郡、金山郡、新城郡、巴西郡、遂宁郡、涪宁郡、巴东郡、蜀郡、临邛郡、眉山郡、隆山郡、义城郡、来武郡、资阳郡、泸川郡、犍为郡、越巂郡、黔安郡。617年,农民起义不断,隋朝统治岌岌可危,李渊遂起兵叛隋,南下建唐。待李渊攻占长安之时,为防止其他割据势力对地踞关键又物产丰饶的巴蜀地区进行侵占,李渊迅速做出招谕巴蜀之决定。617年,在强大的威压之下,巴蜀各地纷纷表示归顺李渊势力。618年,李渊称帝于长安,定国号为唐,改元武德。唐朝,天下分为十道(后为十五道),四川属剑南道及山南东、西等道。"安史之乱"后,四川地方巴蜀土豪势力崛起,他们通过在州军中任职掌握基层军、政权力,与中央任命的节度使等一直存在着矛盾。

(四) 五代两宋时期

五代十国时期,前蜀、后蜀前后统治川渝。唐末天下大乱,民生艰苦,王建(今河南舞阳人)参军为兵,随部队抵达剑南西川,后西川大乱,王建趁乱攻取成都,被唐朝任命为西川节度使,后被封为蜀王。后朱温篡唐,天佑四年(907年),王建在成都称帝,并建立了前蜀政权,国号"大蜀"。在王建统治时期,政治尚较清明,王夫之评价其,"王建从綦毋谏之说,养士爱民于西蜀"。然而,在王建之子王衍继位后,前蜀情况急转直下,政治腐败,最终为后唐所灭。925年,在后唐灭前蜀后,孟知祥(今河北邢台人)被任命为剑南西川节度副大使。在后唐统治四川的八年间,孟知祥渐生据蜀自立之心,直至934年,孟知祥在成都正式称帝,国号蜀,史称后蜀、孟蜀,改元明德。孟知祥称帝同年即去世,后蜀的历史亦如前蜀一般短暂,在孟知祥之子孟昶继位三十年后便受到宋朝军队攻击,兵败投降,后蜀历史就此落下帷幕。

在 960 年赵匡胤建立宋朝后二十年中,北宋陆续歼灭各个小国,结束了中华大地五代十国的分裂局面。北宋设路、州(府、军、监)、县(监)制,宋朝在四川的统治基本延续晚唐之范围。965 年,北宋灭蜀后,设西川路。971年,分置陕西路,后又合并为川陕路。^① 咸平四年(1001 年),原巴蜀地区被分为益州(后改为成都府路,今成都)、梓州(后改为潼川府路,今三台)、利州(今广元)、夔州(今重庆奉节)四路,合称"川狭四路"或"四川路",四川得名于此。宋代时,重庆先后被划归西川路、狭西路、夔州路管辖。北宋崇宁元年(1102 年),因赵谂谋反一事,宋徽宗因"渝"字有"违背、泛滥、变"之意,将渝州改为恭州。1127 年,金人占领开封,朝廷流亡南方,宋室偏安一隅,建立南宋。南宋时期,四川属于南宋,建制与北宋相同。南宋淳熙十六年(1189 年),恭州被升为重庆府,重庆终由此而得名。

(五) 元明清时期

1206 年成吉思汗建元朝,其前身是大蒙古国。1271 年忽必烈继位,定"大元"为国号,元朝一名正式确立。但直至 1279 年初,坚守了 36 年的钓鱼城(今重庆合川)独木难支,不敌陷落,无奈投降蒙元,至此才开启了元朝对四川地区的统治。南宋的统治也随着同年春幼主赵昺的跳海自尽而消失在历史的尘埃中。元朝实行行省制度,统治今川渝地区的"四川行省"由川峡四路调整合并设立而成,全称"四川等处行中书省",此为"四川"正式建省的开始,"四川省"一名也得以正式确立。"四川行省"统有九路(含重庆路)、五府。四川行省的衙门驻节成都路。

元末,社会矛盾激化,天下大乱,红巾军大起义为元朝的覆灭鸣响了丧钟。元朝对四川的统治结束于 1363 年。1363 年,明玉珍(今湖北随州人)领兵西征、夺取重庆、割据四川,并称帝重庆,国号大夏,定都重庆。傅维鳞评明玉珍:"风情慷慨,仁心义质,宏图雅节,有足称焉。获据险远,屏绝昏虐,减赋礼贤,文教彬郁,负川锦以为固,控全蜀而称制,要亦偏安之令规,霸

---

① 　参见贾大泉、陈世松主编:《四川通史》卷 4,四川人民出版社 2010 年版,第 74 页。

者之高烈矣。"元朝在全国的统治结束于 1368 年,但大夏政权持续到 1371 年朱元璋下令攻蜀,大夏后主明昇投降封侯才告终结。根据目前资料可考,大夏政权是四川历史上唯一一个定都重庆,却割据整个四川的地方政权。

明朝时全国分为 13 个承宣布政使司,四川为其中之一,重庆府亦隶属于四川承宣布政使司。明朝中期,四川曾掀起一股筑城高潮,影响广泛,使地方城池面貌一新,也在一定程度上改变了巴蜀城池的空间格局。① 1627 年,农民起义爆发,张献忠组织队伍响应暴动。明末,1644 年张献忠(今陕西定边人)攻占成都,在成都建立大西政权,定都成都,改元大顺,辖四川盆地大部分地区。《明史》评价其"狡黠骁勇""性狡谲,嗜杀",新中国成立后在史学界的考证之下,亦可窥见其骁勇刚毅、善于谋略的一面。

1645 年,满清王朝正式定都北京以后,调军南征西讨。1646 年清军入川,张献忠拒绝降清,率部抵抗,最终战死沙场。清军本以为击杀张献忠便可占领整个四川,不料遭到大西军余部与四川抗清地主乡绅武装的联合抵抗而大败。后二者在此之后又坚持了十多年的抗清斗争。直至 1657 年,秦王孙可望投降清军,借此缺口,清军最终于 1664 年前后,逐步平定巴蜀的反清势力,控制了整个四川,也逐步开始在四川进行各级政权组织的建设工作。清承明制,改承宣布政使司为省,设立四川总督管辖四川全省,省会设在成都府,基本确定了今四川的四周省界,重庆府此时亦属于四川省管辖。②

(六)近现代时期

辛亥革命时期,四川保路运动瓦解了清王朝在四川的省级政权,从此中国历史走入了新的篇章。1911 年 11 月 22 日,中国同盟会在重庆领导反清革命成功,建立了蜀军政府,这也是武昌起义后全国第 14 个新建立的省级政权。同年 11 月 27 日,大汉四川军政府于成都宣告成立,标志着清王朝在

---

① 参见贾大泉、陈世松主编:《四川通史》卷 5,四川人民出版社 2010 年版,第 85 页。

② 参见贾大泉、陈世松主编:《四川通史》卷 6,四川人民出版社 2010 年版,第 11、12 页。

四川政权的最后瓦解。1912 年 2 月 2 日,成都大汉四川军政府与重庆蜀军政府的合并协议生效。3 月 11 日,成渝两地军政府合并组成统一的四川省政权——中华民国四川都督府。1912 年 4 月成渝军政府合并,共组中华民国下属之四川省政机关。1928 年设立成都市(成都县与华阳县合并),为四川省会。1929 年重庆亦正式建市,编制为国民政府二级乙等四川省辖市,水陆总面积 93.5 平方公里,市域人口 28 万。至 1935 年,川省军阀混战告一段落,新四川省政府成立,川政终归统一。1939 年,重庆市将原有的 6 个区改设为 12 个区,巴县龙隐乡(小龙坎、沙坪坝、磁器口一带)划入重庆市。1939 年至 1940 年,川渝省市划界,巴县、江北县位于城郊的区域陆续划归重庆市。1939 年,建西康省,将今凉山州、甘孜州及雅安市等划归西康省管辖。国民政府于抗战初期迁都至重庆后,将重庆析出四川省,作为内迁之中央党政机关驻节地。1940 年 9 月 6 日,国民政府发布命令,明定重庆为中华民国之战时陪都。

1949 年 11 月 30 日,重庆获得解放。1949 年 12 月 27 日,成都获得解放。整个川渝地区由此获得新生。1950 年,四川省被撤销,其所辖区域被划分为川东、川西、川南、川北四个行政公署(均为省级行政区)及直辖中央之重庆市。1952 年 8 月 7 日,四个行政区合并,四川省得以恢复。1954 年,重庆市被再次并入四川省建制。1955 年,西康省被撤销,金沙江以东各县被并入四川省。1997 年 6 月中央再度提升重庆为直辖市,并进行了行政区划调整,撤销了原四川省重庆市,川渝自此分治。重庆直辖市辖原四川省重庆市、万县市、涪陵市、黔江地区所辖行政区域。目前,四川省下辖 18 个地级市、3 个自治州。重庆市下辖 26 个市辖区、8 个县、4 个自治县,合计 38 个县级区划。

自古以来,川渝两地便分分合合,在相似的自然特征与人文环境的感染与浸润之下,不论是在饮食文化、语言系统,还是在居民性格、生活方式中,两地人民都共享着同种地域文化。尽管历史上川渝时有建制的疏离,但是心灵上的趋同却无法被地域阻隔,也由此形成了相似的传统文化。"巴"与

"蜀","川"与"渝"的紧密联系早已深入人心,也时常被人一同提及,成为血脉相连的符号标志。

第二节　巴蜀优秀传统文化的主要内涵

巴蜀传统文化并非单指四川省、重庆市的地域性传统文化。从考古学的狭义上而言,巴蜀文化指中国西南地区古代巴蜀先民遗留下的历史文化,而广义上所言的巴蜀文化则指当今四川盆地及附近地区,以历史悠久的巴文化与蜀文化为主体的,包括区域内少数民族文化在内的,从古至今的多元复合文化的汇总。①　巴蜀文化虽为多元一体的中华文化的一部分,但又独树一帜,有着独特的价值。

一、巴蜀优秀传统文化的形塑历程

"一方水土养一方人",在地区文化起源与形塑的过程中,地理环境因素有着极其重要的意义,一个地区的人文精神也是由自然环境内化而来,巴蜀传统文化正是在多元的盆地地貌,群峰环绕影响之下形成的。巴蜀地区群峦叠嶂,盆地被高耸的山峰与广袤的高原围绕,形成了一个较为封闭的结构。司马迁在《史记·秦始皇本纪》中有记述,"秦地披山带河以为固,四塞之国也",这样的结构使得古时的川渝交通困难,既难与外界交流,又难被外界掌控。再加之自然环境优越,气候条件良好的影响,巴蜀地区自古便物产丰富,这也更好地满足了地区内部自给自足的要求。因此兵荒马乱、社会动荡之时,四川地区因其较为封闭又物产丰富的特性,总会成为漂泊游民的"桃花源",成为全国性战乱的庇护所。古语有云,"天下未乱蜀先乱,天下已治蜀未治",几乎每个封建王朝末期,川渝都会涌现出一个地方割据政

---

① 参见段渝主编:《巴蜀文化史》,四川人民出版社 2012 年版,第 1 页。

权,利用川渝易守难攻,而又物产丰饶的特点,盘踞于此以对抗中原王朝。

巴蜀地区物产丰富,地扼要塞。《华阳国志·蜀志》有载,"蕃衍三州,土广万里,方之九区,于斯为盛。固乾坤之灵囿,先王之所经纬也",战略位置重要且经济富饶的巴蜀地区,自古便受各国争夺。生活在富庶繁华的四川盆地,巴蜀人民有着强烈的本土自豪感及认同感,也存在着极强的乡恋情节,陈世松将这种心理概括为"天府情结"①。历代巴蜀士人都热衷于对本土文化范式与遗产的整理。古时便有西汉扬雄著《蜀王本纪》、蜀汉来敏著《本蜀论》、梁代李膺著《益州记》等,至于现代,除各地方志外,更有《四川通史》《四川简史》《重庆通史》等系列丛书,从先秦至今对巴蜀文化进行梳理。② 生于厚土,承其浪漫,正是在如此山包海汇的自然风光与强烈的本土文化认同之下,才诞生了如李白、苏轼、郭沫若这样惊才绝绝的文学家。他们笔下生花,对家乡的眷恋随着远行的步伐徐徐增长,离乡途中李白写下"夜发清溪向三峡,思君不见下渝州",漂泊岁月里苏轼缓缓吟出"故山知好在,孤客自悲凉",离开巴蜀的游子对思念故土愁绪难得排解。

除了自然条件对地区性格的形塑之外,代表人物们潜移默化的典范作用也对地区人民的性格塑造有着一定的影响。从古至今,四川地区政治、文学、艺术各方面人才辈出。面对黄河水患危机,大禹挺身而出,跋涉万水千山,三过家门而不入,只为救赎百姓。面对权贵,李白鄙夷不屑,不肯摧眉折腰,今昔力士脱靴,他朝"天子呼来不上船",气节风骨寓于其身。面对经济停滞,邓小平提出改革开放,思想上正本清源,理论上大胆创新,带领中国走向发展富强。历代以来的典范人物为巴蜀传统文化的形成与发展都贡献了其独有的一面,也正是因为他们的典范作用,巴蜀优秀传统文化才能不断地发展充实,具有了家国情怀、气节风骨与开拓创新等丰富内容。

区域历史性大事件对性格的塑造作用也不可忽视。从古时起,四川地

---

① 陈世松:《天下四川人》,四川人民出版社 2008 年版,第 115 页。
② 参见陈晓频:《魏明伦剧作与巴蜀文化》,四川师范大学 2011 年博士学位论文。

区共经历过六次大规模省外移民入川的"大换血"。① 在历经兵荒马乱的摧折后,政府组织人口迁徙,入川垦荒,力图恢复川渝地区生机。省外移民入川,一方面是对战乱打击下急剧减少的四川劳动力的补足,另一方面,不得不说是一种为封闭、稳定的川渝地区注入新鲜血液的方式。复杂的移民构成,不仅给川渝引进了新的农作物、种植技术,还带来了与本地迥然不同的地域文化气息。虽经历了人口大换血,但川渝的地域文化本来面目仍在。巴蜀文化也正是在吸纳各方的条件之下,将各地特色融会贯通,从而获得了无与伦比的感染力与同化力。

二、巴蜀优秀传统文化的内涵外延

区域性传统文化是人文因素同自然因素共同作用的结果,班固《汉书·地理志》有云:"凡民函五常之性,而其刚柔缓急,音声不同,系水土之风气,故谓之风;好恶取舍,动静亡常,随君上之情欲,故谓之俗"②,各个地区在不同的社会人文与自然风光的影响下,形成了独属于本地区的特色文化,巴蜀地区亦是如此,在重山环绕与历史交叠下,形成了别具一格的传统文化。

(一) 巴蜀优秀传统文化的内涵

近年来,对巴蜀地区传统文化精神进行研究的文章不在少数,总体而言,当代学者对巴蜀大地传统文化精神的概括,大致有以下几个方面。

1. *厚德载物、和合圆融*

巴蜀地区自古宗教文化氛围浓厚,在我国五大宗教中,唯一发源自本土的道教便发端于巴蜀。在浓厚的道教氛围沁润之下,川渝人民形成了"厚德载物、和合圆融"的传统文化精神。道教历史悠久,产生于东汉时期,在中国影响极广。道教以黄帝与老子信仰为基础,直接承继上古川渝地区的

---

① 参见陈世松:《天下四川人》,四川人民出版社 2008 年版,第 15 页。
② (东汉)班固:《汉书》,太白文艺出版社 2006 年版,第 242 页。

巫文化,发源于上古游仙思想,是博采各家之长,杂取多方之理论构建而成的宗教。道教讲求"清静""无为""不争"等处事与修养之方法,而这样的观念在历史长河的涌流中已深深地内化于巴蜀人民的思想之中。"厚德载物"一词最早出自先秦《易经·坤卦》中"君子以厚德载物"一言。《易经》与道教关系紧密,有观点认为,《易经》的原理正是组成道教核心学说的重要部分。受道教与《易经》思想影响,川渝人民将尊重自然、顺应自然的"天人合一"精神内化于心,享受恬淡自然的生活,行流散徙,云卷云舒,世事变迁皆以乐观包容的心态面对。而今的巴蜀在历史发展过程中是由移民构筑而成的,巴蜀人的范围已超越了最初春秋时期的巴国与蜀国居民的范围,巴蜀传统精神文化的内涵也早已远超原始的"巴蜀"地域概念,形成了内涵更为丰富的精神文化。巴蜀以和合圆融的态度对待转变,吸纳政策入川的移民,拥抱因战争苦难而流落至此的游民,在变化中包容,在包容中迎接更进一竿的融合与转变。

2. 务实肯干、质朴求真

巴蜀地区民风淳朴,巴蜀居民在环境的塑造下,养成了"务实肯干、质朴求真"的传统文化精神。《华阳国志·巴志》中对巴地民风便有"其民质直好义,土风敦厚,有先民之流"的评价。巴蜀地区的淳朴民风早已深入血脉。川菜誉满全国,从麻婆豆腐到毛血旺,从回锅肉到麻辣火锅,一样样普通的食材,在川渝人民手中变化出五花八门的菜品。俗话说"少不入川",这是川渝安逸闲适生活使然。有人认为川渝生活太过悠闲,会磨灭年轻人的斗志,然而川渝人对吃食的钻研,对生活基本需要的追求,对安逸光景的创造又何尝不是巴蜀人民不尚浮华,崇尚根本的一大体现呢? 虽成都平原一带沃野千里,利于耕种,但是四川盆地难以耕作的环盆地山地、川东平行岭谷、川中丘陵等更占盆地面积多数。早在春秋时期,面对四面环绕的高山,巴蜀人民便发挥了其勤劳肯干、务实质朴的精神。当时,巴国、蜀国管辖川渝地区,两国人民突破地貌局限,发展谷物栽培与畜牧业,两地农业在整个西南地区最为发达。在秦一统巴蜀之后,大举移民入川渝,在北方先进种植技术的指导之下,巴蜀农业更上一层楼。在和平年代,川渝农业稳定前行;在战火纷飞的岁月,川渝又如世外桃源一般,避开纷飞战火独自发展。除了对农业发展限制的突破,古蜀人民也从未因地域的阻隔而放弃与外界交流的向往。"蜀道之难难于上青天",绝壁上的栈道也是巴蜀人民务实肯干,力破天险,克服自然困境的绝佳表征。岁月荏苒,世事变迁,但烙印在巴蜀人民骨子里的求实求真精神却不曾转移。

3. 刚毅勇猛、敢作敢为

巴蜀人民是刚毅勇猛的。《晋书·李特载记》中记述道,"(巴郡)土有盐铁丹漆之饶,俗性剽勇,又善歌舞"。巴人出没于莽莽山野,以虎为图腾,生性豪爽热情、果敢精干,不仅好战,而且善战。在公元前 1122 年朝歌之战中,巴人军队战鼓雷雷,气势磅礴,且歌且进,作为武王伐纣的重要队伍在战役中立下了汗马功劳。《华阳国志·巴志》中便有"周武王伐纣,实得巴蜀之师,著乎《尚书》。巴师勇锐,歌舞以凌殷人,殷人倒戈。故世称之日,'武王伐纣,前歌后舞'也"的记载。巴人的后代也不负先辈,在近代中国革命的历程中,用血、汗、泪书写了不负党组织重托,奋勇杀敌的光辉历史。井冈山时期的红军指战员王良出生于重庆綦江县,年轻时期便接触到救国救亡的新思想,并于 1927 年加入中国共产党,随后加入工农革命军第一师第三团,随毛泽东参加了湘赣边秋收起义,并参与了井冈山革命根据地的斗争。王良"当敌勇敢,常为士卒先",在 1928 年,湘赣敌军趁毛泽东、朱德率红军主力离开井冈山,井冈山仅剩两个连兵力时进犯井岗。为保卫井冈山,王良率队参与保卫黄洋界一战,充分利用地形优势,采取竹钉阵、滚木礌石、竹篱笆、壕沟等手段,痛击敌军,创造了红军以少胜多的典型战例。《华阳国志》中有"巴有将,蜀有相"的记载,意指居于山地地区的巴人多骁勇善战,而身处富庶平原的蜀人则更擅长歌赋诗文即政治运筹。虽历史上蜀地却是多出文人,但是战斗英勇的川军也是蜀人骁勇善战的最好表现。出生于四川的清末维新先驱——"戊戌六君子"中的刘光第、杨锐在面对世界的革新风潮之下,不愿沉湎于当下的虚假繁荣,而选择改革弊政,敢想敢干,积极推行变法革新,改弦易辙。虽后来因变法触动了封建势力的根本利益而惨遭失败,并最后被捕入狱,他们的头颅却始终高昂,敢作敢当,不向封建守旧顽固势力屈服。也正因为他们坚持自己的政治观念,不为权势胁迫而折腰,他们的所作所为才促进了晚清社会革故鼎新风气的传播,使中国能逐步摆脱陈腐守旧,积极迎接新的时代。

4.继往开来、推陈出新

巴蜀地区的民风可以说一直都是求新求变的。自古以来,巴蜀因为历史环境的原因,便较于中原地区更难受到严格的管制,也正因如此,巴蜀人民形成了敢于变化、勇于创新的性格特征。巴蜀人的敢于变化,首先体现在面对困难敢于克服、创新方法、敢想敢干。自古蜀时期起,蜀地成都平原一带便会周期性降下暴雨,加之四川盆地内河流众多,暴雨倾盆之时,千百条江河一涌而下,摧残百姓辛勤耕作的田野与家园。以往的水患治理,多用采取消极被动的方式,即单纯的堤坝构筑以堵塞洪水,从而改变水流方向的治水方案。而战国时期秦国蜀郡太守李冰在面对如此艰巨的重任时,创新策略。他选择顺应水势,先遍寻高山大川,摸清巴蜀水域全局,然后选择因势利导,在都江堰以"鱼嘴形"迎水势将水流二分,再以新开设的水道引流灌溉,既分解了汛期水流压力,又能引流至更广区域,以供农耕所需。李冰的治水之策,既解决了巴蜀洪水泛滥的困境,又促进了巴蜀经济的发展,使百姓得以休养生息、安居乐业。同时,李冰还推陈出新,率先将凿井技术应用于盐井的开凿工程之上,创新地在蜀地开凿了我国历史上第一口盐井,使得蜀地发展起了井盐生产。在李白的诗作中,乐府诗是极为重要的一类。乐府诗闻名于汉朝,其多以娱乐作用为主,多处于民间里巷歌谣。但在李白以复古为创新的发展观念之下,乐府诗得以在继承传统的基础上,又生发出了反映社会生活与人们思想感情内容为主的现实主义趋向。近代,在"西学东渐"时代风潮的影响之下,郭沫若创新诗体,在东西文化碰撞中使得汉语诗歌得以向一个全新的方向发展,使得文字与文学在变革时期的中国得以绽放出别样光辉。巴蜀人民自古以来便极具浪漫主义精神,虽限于盆地之内,但思维却畅游九天之外,翱翔寰宇之中,地理环境对肉身虽有所桎梏,但却无法阻拦思想的活跃创新。

5. 赤胆忠心、以身许国

跌宕起伏的巴蜀变迁史蕴含着英雄儿女们赤胆忠心、保家卫国的壮烈事迹。面对清政府的腐败统治与帝国主义对华掀起的瓜分狂潮,四川巴县人邹容怒而挥毫,奋笔写下被誉为"第一教科书"的《革命军》。"天下事不兴则亡,不进则退,不自立则自杀,徘徊中立,万无能存于世界之理,我同胞速择焉",《革命军》一作可以说是向封建专制帝国宣战的一篇战斗檄文。邹容在《革命军》中利用了西方的民族革命理论,以西方理念阐述对陈旧社会变革的必要性与真理性。文章开宗明义,在绪论第一句便申明要"扫除数千年种种之专制政体,脱去数千年种种之奴隶性质",主张推翻清王朝皇权,建立资产阶级民主国家,并将此国家命名为"中华共和国"。《革命军》一经发布,引得海内外争相购买,国内刊物上也陆续开始出现对《革命军》展开评价的相关文章。清政府见此情况,忧心《革命军》的传播会造成反清情节的高涨,遂勾结帝国主义对革命党人进行了严格地搜查与抓捕。最终1903年7月1日,邹容至巡捕房投案,被囚禁于租界监狱内。在狱中的岁月,没有磨灭邹容为国为真理牺牲的坚定决心,他临危不惧、大义凛然,甚至在狱中同章太炎相互赠诗,彼此砥砺。"号角一声惊睡梦,英雄四起挽沉沦",最终,在狱中饱受折磨的他离开了人世,但他以身许国,以激烈的言辞唤醒沉睡人民的决心,却永不会消逝。

(二)巴蜀优秀传统文化的外延

巴山蜀水的独特自然环境为川渝带来了丰富的物产资源的同时,也形塑了极富魅力的巴蜀传统文化。巴蜀的传统文化不仅仅在精神上对巴蜀人民的人文性格产生了极大的影响,同时,也在岁月流变中有了更为丰富的发展与外延。

1. 传统工艺美术

巴蜀的优秀传统文化孕育了川渝儿女热爱创新、醉心艺术的兴趣取向,为巴蜀带来了蜀绣、竹编、年画等四川非物质文化遗产。蜀地自古物产丰饶,桑蚕业发达,相传最早由蚕丛氏教会蜀人养蚕,并在此基础上逐步发展出具有蜀地特色的蜀绣。蜀绣是中国四大名绣之一,蜀绣色彩明丽清秀,针法严谨细腻,图案变化丰富,虽为平面刺绣,却有着独出心裁的立体感,别有一番韵味。除蜀绣之外,麻柳刺绣、藏族编织、挑花刺绣、羌绣也有着独特的审美价值。随着时代的发展,巴蜀地区织绣文化不断创新,在技法、图案设计等多方面都有了让人耳目一新的变化。巴蜀的传统工艺美术不仅在织绣方面大放异彩,在竹编、剪纸、根雕、砂器、叶脉画等多方面也熠熠生辉。2019 年四川省便出台了《传统工艺美术振兴发展实施方案》,强调要逐步在成都平原经济区规划建设工艺美术大师文创中心,加快培育郫都区蜀绣产业园区、绵竹木板年画等产业园区,培育提升眉山青神竹编产业园区、芦山中国乌木根雕艺术之都、荥经砂器等产业集聚区;在川南经济区加快建设江安竹簧工坊展览交易中心,培育提升自贡彩灯产业园等特色园区;在川东北经济区加快建设达州竹编产业集聚区,在攀西经济区打造以矿产、石材为原材料的攀枝花苴却砚、南红玛瑙等雕刻产业园区;在川西北生态示范区推动工艺美术产业突出民族特色,打造甘孜县民族工艺品等藏羌彝特色产业园区。在打造集约化传统工艺美术园区产业的同时,《传统工艺美术振兴发展实施方案》亦强调要依托四川省丰富的资源禀赋和历史文化特色,发挥人才和品牌优势,利用"互联网+",结合现代生活需求,改进设计、改善材料、改良制作,推进产业传承创新发展,培育天府特色产品。此外,要鼓励工艺美术大师坚守工匠精神,提高传承能力,增强传承后劲,以传统工艺美术品的挖掘、传承、保护和发展为目的,在深入挖掘和研究传统工艺美术历史文化内涵的基础上,对产品、技艺、生产方式、功能进行研究创新,研发生产具有文化底蕴和四川特色的文旅纪念品、文博衍生品,推动传统工艺与新兴产业融合发展。

　　2. 中医药学文化

　　中医药学是中华文明的瑰宝,中医药学文化是中华文化中一项历经千年变迁沉淀而得来的宝贵智慧。巴蜀中医药学文化是在巴蜀传统和合圆融又务实求真的文化性格理念引导之下不断发展而来的。巴蜀中医药学文化氛围浓厚,四川更是享有"中医之乡,中药之库"的美誉。中医学的基础理论是对人体生命活动和疾病变化规律的理论概括,是临床医疗和保健防病的指导思想,它包汇阴阳、五行、运气、藏象、经络等多方面学说及病因、病机、诊法、辩证、治则治法、预防、养生等多方面内容。① 中医学理论体系有着整体观和辨证论治两大特点②,巴蜀传统文化精神中的和合圆融体现在中医药学文化对医疗诊疗整体性的关注上。中医药学文化中认为,人的五脏六腑与身体状况是息息相关的,人体是整体性的存在,中医诊疗时必须保持整体性的考察,从整体上考量,寻医问药。其次,认为自然与人之间存在着密不可分的联系,自然界的改变会引起人体的变化,万物消长与人的身体彼此影响,人与自然须达到和睦融洽的境地,方可修身养性、身体康健。巴蜀传统文化精神中的求真务实孕育了巴蜀中医药学文化千万遍实验求索,及具体问题具体分析详细推演的一丝不苟精神。《关于实施中医药文化传承发展工程的意见》指出,实施中医药文化传承发展工程,对凝聚川药、川方、川医、川人的川派中医药传承力量,夯实中医药学根基,增强中医药事业持续发展内在动力,厚植中医药学术创新进步基础,具有重大现实意义和深远历史意义。然而,除此之外,中医药学文化的继承与发展,也是变相传承巴蜀优秀传统文化基因的必然要求。

3. 饮食文化

巴蜀饮食文化以麻辣鲜香的浓郁口味、形式多样的精美菜色享誉全国。正如巴蜀人民热情似火、敦厚质朴的文化性格,川菜在口味上善用麻辣调味,在定位上多以家常菜为主、高端菜色为辅。川菜一如川人,一样的灵活多变。古时在辣椒传入巴蜀之前,川菜调味十分温和,与现行菜肴有着极大

---

① 苏培庆、战文翔主编:《中医哲学概论》,中国中医药出版社 2009 年版,第 9 页。
② 苏培庆、战文翔主编:《中医哲学概论》,中国中医药出版社 2009 年版,第 11 页。

的区别,譬如国宴名菜开水白菜、四川家常菜烧白等均非麻辣口味。而在辣椒传入四川后,川人似乎发现了辣椒不仅能刺激口味,还能祛除盆地气候带来的湿冷,便在此基础上灵活发展,形成了如今口味丰富,既有麻辣,又有清淡的复合菜系。此外,川菜的多变还体现在仅仅一种菜系之内,就有蓉派(上河帮)、渝派(下河帮)、盐帮派(小河帮)三个派别之分。上河帮川菜即以川西成都、乐山为中心地区的川菜;小河帮川菜即以川南自贡为中心的盐帮菜,同时包括宜宾菜、泸州菜和内江菜。下河帮川菜即以老川东地区达州菜、重庆菜、万州菜为代表的江湖菜。三大主流川菜菜系,代表着同一文化区域内各个地区不同的文化特征,派系分流又合于一家,口味博采众长又创新多样,充分呈现着川人和合圆融又热爱推陈出新的文化性格。值得一提的是,川菜烹饪技艺被选入了第五批国家级非物质文化遗产代表性项目名录,凝结了川人智慧的川菜在舌尖上调和了川人丰富多彩的生活,在未来"百菜百味"的川菜也将川人的乐观积极与对生活的热爱通过味蕾传递给更多人!

文化是一个民族传承不绝的纽带,巴蜀优秀传统文化是巴蜀人民最深沉的精神追求,巴蜀优秀传统文化外延丰富,有着多样的形式与色彩。从艺术到医学,从医学到饮食,寥寥三点难以囊括尽巴蜀优秀传统文化对巴蜀儿女生活各个方面潜移默化的影响,川渝的文化血脉和思想精华都影响着后辈的行为模式,丰富着后辈的精神世界,增强着后辈的精神力量。

第三节　川渝红色文化中的巴蜀
优秀传统文化基因

有着丰富内涵的巴蜀传统优秀文化并非固化而拒绝改变的,在历史的千年流转中,巴蜀优秀传统文化在不同的时代总是呈现着不同的风采。

一、巴蜀优秀传统文化基因中蕴含的革命特质

1840 年爆发的第一次鸦片战争的猛烈炮火,打开了中国封建王朝旧闭的国门,也将中华大地亿万人民推向了日益苦难的深渊。近现代历史的大幕在中国正式开启,无数英雄儿女前赴后继,为了唤醒国民、救亡图存、振兴中华作出了许多艰苦的努力,乃至于献出了自己的生命。1921 年 7 月,中国共产党正式诞生,民族危机的解决从此有了全新的领导核心与方式。而巴蜀优秀传统文化,在这样的环境之下,其内涵的革命特质塑造形成了独属于川渝的红色文化精神。

(一)"寄意寒星荃不察,我以我血荐轩辕"——忠贞坚定

赤胆忠心的巴蜀儿女忠贞又坚定,为了革命理想与建国大业,他们面临困苦折磨始终不肯低下高昂的头颅,用炽热的爱国情怀和大无畏的英雄气概直面贼寇的蹂躏与摧残。出生于四川宜宾的李坤泰,她有一个更为大众所熟知的名字——赵一曼。赵一曼有着如宜宾丹霞地貌一般鲜活、多彩又热烈的性格。1926 年,向往马克思主义思想的她加入了中国共产党,不久,她前往莫斯科学习,又于 1928 年奉命回国参加秘密工作。1931 年九一八事变发生后,她被调往东北,参与领导了多次工人运动。在担任铁北区区委书记时,她发动群众,踊跃抗日,在日伪眼中她是"红枪白马、抗日救国"的女战士,但在群众眼中她却是亲切的"瘦李""李姐",当地战士们则将她称为"我们的女政委"。不幸的是,1935 年,赵一曼在一次与日伪军的战斗中,身负重伤,被敌军俘虏。日军为向赵一曼问出更多我军情报,对其施以了长达九个月的严酷折磨,不仅用鞭杆狠戳她鲜血淋漓的伤口,还用沾满粗盐的鞭子抽打在战斗中已经伤痕累累的她。但是赵一曼忠贞坚定,紧咬牙关,绝不泄露党组织的机密,即使忍受着非人的痛苦,几度昏厥,她也大义凛然。1936 年 8 月 2 日,眼见严刑拷打也无法从赵一曼处得到任何情报,日军最终决定将赵一曼押解至珠河县杀害,赵一曼烈士英勇就义。"未惜头颅新故国,甘将热血沃中华",赵一曼忠诚于党,忠诚于反侵略的正义一方,即使

肉体备受煎熬、敌人百般折辱,她也绝不透露党组织信息的一星半点,用她的坚定与忠贞为党严守秘密,用她传奇的一生谱写了保家卫国的抗日赞歌!

(二)"但使龙城飞将在,不教胡马度阴山"——刚毅勇猛

巴蜀儿女勇猛刚毅,在历代中央统治呈现压抑人民之势时,都显现出了破旧立新的勇气与维护正义的坚持。巴蜀地区是著名的将帅故里,三国时期有名将车骑将军黄权、镇北大将军王平、荡寇将军张嶷、镇南大将军马忠,南朝有梁、陈将领大司马侯瑱,南宋有抗金名将烈文侯张宪,等等。而开国十大元帅当中,有四位均出自川渝大地,他们就是朱德、刘伯承、陈毅、聂荣臻。巴蜀地区在近代革命的奋斗历程中占有重要地位,培育了开国将帅、著名革命家、有影响力的先驱先烈、知名爱国民主人士等达数百人之多。巴山蜀水造就了他们在枪林弹雨、烽火硝烟弥漫的战场上,勇敢果决、机智剽悍的性格特征,以及在秘密战线乃至统一战线上纵横捭阖、折冲周旋的智慧机巧。例如,青年时即有川军名将之称的开国元帅刘伯承、党的第二代领导核心邓小平这两位开国元勋,均出自巴山蜀水。邓小平是四川广安人,他早年赴欧勤工俭学,早在 1922 年便参加了旅欧中国少年共产党,后于 1924 年正式转为中国共产党党员。归国后,邓小平积极参与到党解放人民的斗争工作中。无论是在政治上,还是在军事上,邓小平都有着极高的造诣,对于中国和世界而言,他都是一位重要的政治伟人。出生于四川开县(今重庆市开州区)的刘伯承在辛亥革命时期便开始了戎马生涯,受马克思主义思想感染,刘伯承逐步坚定了共产主义理想,最终于 1926 年经杨闇公、吴玉章介绍,正式加入了中国共产党。他足智多谋,善于调兵遣将,作战勇猛。在刘邓大军千里跃进大别山前进的路上,遭遇了蒋介石于汝南河岸的调兵布防,刘邓大军前有守军,后有追兵,陷入了进退两难的境地。此时,刘邓二人召开了干部紧急会议,瞬息万变的环境,容不得片刻耽搁,在深思熟虑后,二人并没有选择退后畏缩,而是作出了用进攻对付进攻的大胆决定。"要勇、要猛,要不顾一切地打过去",夜里两点多,部队开始行动,战士们勇敢地朝汝河对岸进发。战事一触即发,河面上敌人的枪炮炸弹如雨倾泻而下,夜晚的河面被阵阵火光渲染得亮如白昼,水声、爆炸声、冲锋声一时间混杂响起,无数勇士奋不顾身、冲锋陷阵。破晓时分,在刘邓二人勇猛坚决的指挥之下,我军终于杀出一条血路,突过汝河,占领河岸阵地。但敌人的炮火并未就此停息,他们朝着我军指挥所猛烈攻击。此时,刘伯承、邓小平两位领导人突至指挥所,开始部署工作,视逐渐密集的炮火如无物,部队指挥员们焦急万分,十分担心二人的安全,可刘伯承和邓小平却坚持留在指挥部,亲自指挥战役进行,"狭路相逢勇者胜",解放军最终在二人冷静坚韧、审慎周全而又坚决勇猛的指挥之下,背水一战,获得了战役的胜利。他们是英勇的丰碑,是值得我们学习效仿的楷模!

(三)"人生自古谁无死?留取丹心照汗青"——牺牲奉献

在烽烟弥漫的近代,为了民族的独立与人民的解放,无数川籍共产党人牺牲在了斗争的前线。不论是为了成立新中国而拼搏不息地英勇奋斗,还是在新中国成立后为维护祖国和平安定的危难关头,川籍共产党人始终是不怕牺牲、甘愿以身许国的。在新中国成立前,四川的热土上先后牺牲了8位省委书记,他们分别是杨闇公、傅烈、刘愿庵、穆青、苟永芳、廖恩波、罗世文、王璞。他们牺牲之时,均正当壮年。而在新中国成立后,巴蜀优秀传统文化中蕴含的牺牲奉献,在抗美援朝川籍志愿军中,也有着极大的体现。黄继光出生于四川省中江县的一户贫农家庭,他自小勤劳善良、十分懂事。在农村的生活,使得他看尽了地主老财的压迫,早早便向往着反对压迫,想要跟随党的步伐铲除压迫势力。也正是如此,在朝鲜战争爆发后,他便积极报名参军,刚满20岁的他便在1951年踏上了抗美援朝之路,他走上战场,成为中国人民志愿军第十五军第四五师第一三五团第二营六连的通信员。1952年10月14日,美军第八集团军以上甘岭为主要进攻目标,发动了"金化攻势"。战役开始六天后,志愿军已经丢失了全部表面阵地,为了夺回失守的阵地,全体将士们浴血奋战,但最后,0号阵地却迟难拿下,值此时刻,营参谋长派遣黄继光前往六连指挥所传达要令。而抵达六连的黄继光却发现了令人震撼的一幕,原有百人的六连,如今仅剩下16名战士。原本只需传递命令便可的他,在汇报战况后,却主动申请参与作战。他把衣兜里揉皱了的家信与入党申请书交给了连长,带着体温的纸张,将黄继光的信念与决心一同传达给了连长,轻飘飘的纸页在那一刻却仿佛有着千钧的重量。黄继光面色坚毅,和吴三羊、肖登良二人一同向那炮火中挺身而去。黄继光在前,肖登良居中,吴三羊殿后,三人渐渐前进,逐步靠近 0 号阵地。不幸的是,阵地上的敌人发现了他们,无数的照明弹霎时升空,黑夜被照亮得宛如白天,无数炮弹密集地向他们倾泻而下,每一步的前进都是与死亡擦肩的过程。在吴三羊的掩护下,二人顺利灭掉东西两侧地堡中的火力点,但更远的目标在 30 米以外的中心地堡。机枪扫射之下,吴三羊牺牲了,而黄继光和肖登良也不幸中弹,此时的肖登良再难站起,只有黄继光拖着一条伤腿向前缓慢爬去。黄继光丢出的炸弹只炸掉了地堡一角,突然,他继续移动了起来,一米又一米,他在夜色中渐渐靠近敌人的碉堡。刹那间!他忽地站起身,张开双臂,用他的胸膛堵住了敌人的机枪眼,为队友的冲锋扫清了道路。那一刻,时间定格了,黄继光,他活着,是一面旗帜,倒下,是一座丰碑。在他英勇牺牲的鼓舞之下,部队们迅速攻占了上甘岭高地,夺取了战役的胜利。一个个英魂的远去,都书写着舍生取义,为人民利益奉献一切的无私精神;一个个英魂的远去,都诉说着艰难求索,为寻求真理不惧死亡的坚定信念。他们用生命的短暂岁月,唤醒了愚蒙的无知,涤荡了社会的污脏,丈量了灵魂的崇高,铮铮铁骨抗击奸凶,血肉之躯比肩神明。他们是光明的象征,他们是战胜黑暗的力量!

"魂魄托日月,肝胆映河山。正气留千古,丹心照万年。"前赴后继的巴蜀儿女,成就了中共百年大党的辉煌历史,在一代代青少年心中播撒下了忠诚与坚贞、果敢与刚毅、奉献与牺牲的红色种子。这颗种子,他们用热血浇灌,用意志栽培,将初心与信念永远地留在了人间。

二、川渝红色文化历史形态中巴蜀优秀传统文化基因的呈现方式

在巴蜀优秀传统文化熏陶下,川渝革命者们于近代革命斗争过程中进

发出了可歌可泣的川渝红色文化。丰碑长在,英魂永存,他们为党和人民建立的卓著功勋,将被永远纪念和缅怀。川渝红色文化绝不是虚无缥缈的,其在革命者集体以及个人革命历程中时刻均有体现。

(一) 英雄个人

巴蜀文化的优秀基因,需要一代一代的优秀巴蜀儿女来传承。川渝地区的红色文化,也需一个一个鲜活的生命来发扬。川东达州志士王理诗一家满门忠烈,王理诗的三子李中权在就读私塾时,就受老师张爱萍进步思想的影响,从此走上革命之路,并于 1932 年参加了工农红军。而王理诗的丈夫李惠荣次年在大巴山麓为掩护红军通信员,在搏斗中杀死两名敌人后,不幸负伤过重牺牲。追随红军长征时,王理诗已经 53 岁了,裹着小脚的她,忍耐着小脚带来的不便与疼痛,带领着三个尚年幼的儿女(李中柏、李中衡、李中秋),从川东走到川西,一路艰难前行。即使如此,她仍凭着惊人毅力和战马的帮助,在 15 个月里,翻阅了雪山江河,走过了近二万里的路程。最终,她于 1936 年 7 月,在随红四方面军第三次过草地时,耗尽了最后一丝体力,再难前行,最终倒在了长征途中。在亲手埋葬母亲后,悲恸万分的三兄妹又迈开了长征的坚定步伐,凭借着母亲的教诲与惊人的毅力,他们终于走完了万里长征路。每当回顾到艰苦卓绝的长征征途时,开国少将李中权将军总会思念起慈母,他们全家都在瘦弱多病而又无比坚韧的革命母亲王理诗的带领下参加了长征,其中四人在长征途中壮烈牺牲,为了建设心目中的新中国,他们每一个人都咬紧牙关坚持到了最后。[1] 中央军委原副主席迟浩田将军盛赞其为"满门革命赤子,辉煌永留青史"[2]。

在七七事变爆发以后,日本大举侵华,虽远在四川盆地,川渝儿女们却也前赴后继地请缨参军,竞相要在对抗残暴侵略者的国仗战场上贡献一己之力。四川安县青年王建堂报名参军后,在安县准备整装出发时,收到了他

---

① 参见王友平主编:《长征中的川籍女红军》,四川辞书出版社 2016 年版,第 39—44 页。
② 陈思华主编:《闪耀的星群:为中国革命作出突出贡献的达州儿女》上册,四川人民出版社 2014 年版,第 130 页。

的父亲王者诚为他亲笔书写的一面"死字旗",雪白的布面上,写着一个斗大的"死"字,在"死"字旁边,写着几行小字:"我不愿你在我近前尽孝,只愿你在民族分上尽忠","国难当头,日寇狰狞,国家兴亡,匹夫有分,本欲服役,奈过年龄,幸吾有子,自觉请缨,赐旗一面,时刻随身,伤时拭血,死后裹身,永往直前,勿忘本分"。而黄继光的母亲,在给前往抗美援朝战场上的他的家信中也写道:"现在我什么都不想,我只想你有没有立功当英雄。告诉我,你杀死了多少敌人。"革命年代的川渝,涌现出了许多伟人将帅,他们无一例外地继承了巴蜀优秀传统文化的赤胆忠心、英勇刚猛。在川渝革命者中,除了功高至伟的将领与领袖之外,更多的是各个地方、军队、根据地中的兵士们,他们有些不幸早早牺牲,有些被迫苦苦流浪他乡,但是他们每一个人的牺牲与奉献,都为中华民族塑造崭新的未来贡献了自己的一份力量!

(二)革命群英

骁勇善战,刚强勇猛的巴蜀儿女在近现代革命斗争的历史过程中便有着"敢于牺牲奉献,英勇顽强"的群体烙印。土地革命战争时期,川陕苏区在全国革命斗争中占有重要的地位,在中国共产主义革命的武装斗争功绩、人员物资保障及局部执政的制度建设等方面都有着极大的贡献。毛泽东曾称赞川陕苏区"有地理上、富源上、战略上和社会条件上的许多优势","在争取新中国伟大战斗中具有非常巨大的作用和意义"。在人力资源支持上,川陕苏区拥有着大量人口,在长征时期,经过漫长的跋涉,长征队伍在湘江战役之后,从86000余人的体量锐减至3万余人,而在红四方面军与中央红军于1935年6月会师之后,长征的队伍得到了壮大,红军的力量得到了极大的增强,保持了其战斗力。除了是土地革命战争时期的重要基地之外,川陕苏区也在打击国民党反动统治中有着突出的贡献。在川陕革命根据地,红四方面军先后进行了反"三路围攻"、三次进攻战役、反"六路围攻"、嘉陵江战役以及其他一些战斗,红色力量也因此不断得以增强。中国人民解放军高级将领、全国政协副主席萧克曾这样评价川陕苏区:"红军征战威震南北,川陕苏区功在祖国。"

　　川陕苏区的革命斗争性极强,宣传口号极富感染力,最著名的即有"赤化全川""赤化全中国"两条。也正是在川陕革命苏区宣传动员之下,川陕苏区的先进青年们积极踊跃加入红军长征队伍。长征是人类历史上的一大壮举,长征精神以它独有的魅力和撼人心魄的力量,鼓舞着中华儿女们凝聚一心,不论前路征途险峻,不言跋涉历程艰辛,毫不畏惧,建立理想,前赴后继。在共计近 20 万人的红军长征队伍中,红一、红二、红四方面军三大主力红军及红二十五军中都有不少女战士,其中在红四方面军中,川籍女红军最多,红四方面军的女红军中绝大部分都是四川人。在所有长征女战士中,90%以上的是集中在红四方面军的四川籍女红军,红四方面军中妇女独立团就有两三千人,除鄂豫皖入川的红四方面军女战士 40 多人外,其余的全部是四川人。在所有参加长征的全国女红军中,四川籍女红军独具特色。按省份籍贯论,她们人数最多,具有单独军事建制,牺牲特别惨烈;三过草地并西征,川籍女红军征程极为艰难曲折悲壮,在艰辛困苦的长征路上,她们英勇顽强,勇于斗争,不怕困难;她们绝大部分都出身于贫苦农家,许多人曾是童养媳。她们在长征路上的主要工作是鼓动宣传、参加战斗和后勤保障,以配合红军主力作战。随红四方面军参加长征的女性,主要分布在妇女独立团、妇女工兵营、总医院及各军医院、总政剧团等,她们在各自岗位上对革命作出了巨大贡献。[①] 曾随红四方面军参加长征的开国上将傅钟将军曾言:"红四方面军的女兵队伍,是古今中外人数最多、建制最齐、信仰最坚、理想最大、能征善战、功勋卓著,命运最为凄凉的、最富有献身精神的、唯一的一支英雄的女兵队伍。"[②]川籍女红军以她们顽强的毅力、坚定的信念以及必胜的决心,克服了重重险阻,用顽强拼搏的巴蜀传统,在长征的人类壮举中,高举起了长征精神的火炬,谱写了川渝儿女艰苦征战、不惧牺牲、为信念坚持不息的伟大赞歌,她们一往无前、不怕困苦的精神永远值得我

[①] 参见王友平:《长征中的川籍女红军述论》,《中共四川省委党校学报》2019 年第 4 期。

[②] 王友平主编:《长征中的川籍女红军》,四川辞书出版社 2016 年版,第 4 页。

们学习！

今人纪念革命先烈，就是要永远不忘他们用鲜血和生命铸就的伟大民族精神，永远不忘他们的遗志和理想追求。不论是个体性的英雄志士，还是群像性的革命集体，每一位英烈都用鲜血与热泪挥洒凝成的革命壮歌，向我们描摹了炮火纷飞年代中那抹永不褪色的信仰之红，用他们英勇顽强、牺牲奉献、一往无前的精神，激励着我们后来人。

三、川渝红色文化当代保护发掘中对巴蜀优秀传统文化基因的传承与弘扬

同所有的红色文化一样，川渝红色文化有着鉴往知今的历史意义与当代价值，在马克思主义中国化的过程中，她是对中国革命与建设过程的生动再现，具有引人奋发向上、努力拼搏的强大精神力量。在当代，对川渝红色文化意义价值的认知不应只停留在概念与历史事实的层面，而应该发掘其更深层次的内涵，探究其与巴蜀优秀传统文化间的关系，并在学习与感悟中加以实践，继承与弘扬川渝红色文化当中蕴含的巴蜀优秀传统文化基因。

（一）川渝红色文化中对巴蜀优秀传统文化基因的传承

1921 年 7 月，中国共产党秘密诞生于沪滨之畔、南湖之中，历经百余年的岁月变迁，党组织早已经从初期的星点火光演变为熊熊的燎原烈火，实现了改天换地的历史使命。川渝地区早期党组织就有着如王右木、杨闇公、吴玉章、冉钧、刘愿庵、罗世文等大批革命骨干力量，他们从 20 世纪 20 年代初开始就引领着川渝人民积极地投入到中国人民反帝反封建的革命洪流之中，巴蜀地区的革命斗争面貌也在由他们开始的引领奋战下为之一新。

"敢为天下先"的巴蜀优秀传统文化不仅影响着近代川渝的革命者们挺身奋斗，更在新时代的潮流中，引领着今天的川渝优秀儿女们抗击灾祸、不懈斗争。2002 年 12 月，传染性极强的传染性非典型性肺炎——"非典"首次在广东出现，短短数月内，"非典"病毒开始悄然于国内传播。面对肆虐的病魔，四川省各级部分迅速作出反应，各个岗位上的川渝儿女在危难之

际,挺身而出,在一个个疫情点中倾尽全力、恪尽职守,许多同志在刚刚完成任务回到家中之时,又接到通知,快速赶赴下一个疫情点,他们奔波在与死神斗争的第一线,兢兢业业、大公无私。2003年,面对医务人员高感染率的危险情况,遂宁市医生张容大义凛然地在"抗非"请战术上写道:"国家有难,匹夫有责,我是一名呼吸内科专业的医生,我最有资格,也最应该到防治'非典'的最前线去——恳请组织安排我到非典集中收治医院工作!"在短短一天的诊治、防护、隔离、消毒知识培训后,她穿上厚重的防护衣,进入隔离区接触病人。进入集中收治医院的一个月中,始终奋战在"抗非"前线的她体重便足足减轻了5斤,她用行动代替语言,用昼夜不分的辛勤工作换取了病人的痊愈健康。

而这样的"逆行者"在2019年12月开始的新型冠状病毒抗击过程中也屡见不鲜。宿昆是重庆市疾病预防控制中心呼吸道和新发传染病防治科科长,他长期工作在传染病防控第一线。在新冠肺炎疫情防控中,他被亲切地称为"医学侦探",因为他始终在变数未知、危险异常的疫情一线探查着病毒来源的蛛丝马迹,梳理着病毒传播的可能路线,指导疫情防控从源头上控制病毒传播。不论是2003年"非典"的抗击前线,还是2019年开始的新冠抗击前线,都有着许许多多甘于奉献的"逆行者",他们牺牲自己,用一个个血肉的躯体,为民众建筑起了一堵堵固若金汤、捍卫生命的高墙,他们用宽阔的肩膀,搭起了消灭疫情、救死扶伤的桥梁。

2008年5月12日14时28分4秒,平静的生活突然被山摇地动打破。四川省阿坝藏族羌族自治州汶川县映秀镇发生了8级特大地震,此次地震强度大,波及面广,破坏力强。强烈的震动使得房倒屋塌、山体剥落,那一刻,时间停滞了,突然,哭号声四起,放眼四周,处处都是断壁残垣。整个神州都被牵动了,一方有难,八方支援,全中国的物资与救援力量都逐步运往灾区。"天行健,君子以自强不息",巴蜀自古以来便是自力更生、务实肯干、自强不息的。在物资与救援到达之前,川渝人民先行组织起了自救,大家陆续搭起临时避难棚、逐步抢修道路、营救被困人员。时任总理温家宝同志在察看广元市的灾情时给予了"广元是重灾区,工作抓得不错"的评价。在后来,再次至广元考察之时,温总理又充分肯定了广元的抗震救灾和恢复重建工作,盛赞广元群众"出自己的力、流自己的汗、自己的事情自己干","有手有脚有条命、天大的困难能战胜"所体现的自强不息、艰苦奋斗精神。①

从 1921 年到 2021 年,百年历程的风风雨雨,磨炼的是巴蜀儿女奋斗不息、敢于抗争、勇于担当的美好品格。新时代新气象,在中国共产党的带领与引导下,巴蜀儿女在继承优秀传统文化的同时,不断拓宽着川渝红色文化的内涵,用生命不止、奋斗不息的精神弘扬着光荣的革命传统,赓续着涌动的红色血脉,为实现中华民族的伟大复兴凝聚起了奋勇前进的强大精神力量。

(二) 川渝红色文化中对巴蜀优秀传统文化基因的弘扬

川渝红色文化是巴蜀优秀传统文化基因在党的引领之下于巴山蜀水焕发出来的全新生机。为了弘扬川渝红色文化中的巴蜀优秀传统文化基因,川渝地区各级政府、高校与社会各界组织都采取了诸多措施。

首先,川渝地区不少高校都竞相在继承巴蜀优秀传统文化中敢于开拓创新且坚韧灵活的精神上下功夫,相继开设了诸多红色课程及发起了诸多红色文化进校园的创新活动。电子科技大学通过组织"重走长征路"系列活动,以亲身感受,让学生明白长征之艰,用体验传递红色精神,用前行的步履体会困苦环境下红军革命不惧挑战的强大精神力量。同时,电子科技大学马克思主义学院通过开设《大国兴衰史》等世界文明史课程,通过历史类通识课程的课堂教育,从对比中引导学生感悟红色文化。四川大学启动"红动 1 小时"社会实践活动,让川大学子走上讲台,以学生带动学生,用青年的力量感染青年,宣讲红色文化,传承红色思想,同时通过开设青马班、学习弘扬江姐精神等途径赓续红色基因。四川外国语大学通过讲、诵、展、演等鲜活舞台形式,将"传承红色基因　争做时代新人——红岩革命故事展

---

① 参见《汶川特大地震抗震救灾志》编纂委员会编:《汶川特大地震抗震救灾志》卷 10,方志出版社 2015 年版,第 428 页。

演"带入校园,让红色资源与高校教育相结合,两者相融,发挥出更具感染力的教育作用。相关的案例还有许多,限于篇幅,此处不能一一枚举。各个高校均用灵活生动的情景剧、歌曲、绘画等艺术形式与身临其境的亲身体验,将发人深省的历史事实与激情澎湃的革命精神带入校园,让青年学生更有感触。通过学习历史,铭记革命之艰辛,通过阅读体验,感知英烈精神之伟大。

在文化建设方面,川渝地区的相关负责机构通过对特定地区以及相关历史史实的挖掘,开发了诸多条红色文旅线路,以旅游观光的方式,将沿途红色历史进行串联,引导游人身临其境地感受革命的历史场景以及革命者们的生活轨迹。川渝地区有着红岩革命纪念馆、红四方面军翻越夹金山遗址、重庆大轰炸惨案遗址等革命遗址近 3000 处,每一处的革命遗址无不昭示着川渝土地上无数英雄英烈的深情寄托与热望。川渝地区红色文化资源丰富,种类齐全,保存也较为完好,开发了诸如广安邓小平故居、仪陇朱德故居、乐至陈毅故居、彝海结盟遗址、飞夺泸定桥纪念馆等各类名人故居、纪念馆、革命遗址与烈士陵园等,也收集整理了许多红色歌谣与相关标语石刻等文物。红色文旅资源的开发,在具有极为显著的经济价值的同时,更重要的是具有潜移默化的文化影响力与特殊的政治内涵指向。红色文旅平台可以将留存于书本中的描述性文字,转换为直观明确的视觉场景。各地政府聚焦历史名人与著名事件的影响力,借其影响力向外辐射,在吸引更多游客观光的同时,红色文化的传播面也得以扩大。

万千巴蜀儿女,从古蜀国、古巴国的文明宝库中吸取营养、凝结智慧,形成了独一无二的巴蜀优秀传统文化基因库。优秀的巴蜀精神文化指引着近代的川渝健儿们追随着党的脚步走过了峥嵘岁月,走过了经济社会迅猛发展的光辉历程。而今,巴蜀儿女更是从百年变迁的历程中,从无数共产党人的艰苦奋斗和牺牲奉献中,孕育出了强大的红色力量,将初心融入血脉、让使命扛在肩头,代代传承红色基因、永远赓续红色血脉,谱写川渝新时代的社会主义新篇章!

第六章　川渝红色文化与中国近现代 先进革命文化的内在关联

　　中国近现代革命文化(主要指观念形态的文化)是中国人民在长期的革命实践中,不断地选择、融化、重组、整合中外优秀文化思想的基础上所形成的特定文化精神和文化形态。① 革命文化从近代中国反帝反封建的历史进程中诞生,壮大于五四时期,成熟于新民主主义革命时期和社会主义革命和建设时期。其中,新民主主义革命时期由中国共产党人主导形成的文化范式是中国近现代革命文化的主流。

　　革命文化的诞生,是对近代以来中国政治、经济、社会矛盾尖锐的一种反映,在中华民族长期反帝反封建的革命斗争实践中逐步形成并得到发展。它扎根于近代中国的社会现实,有效地促进了经济社会基础与上层建筑的革新,既是中国近现代革命历程的产物,又反作用于革命历程所塑造的中国近现代社会形态中。近现代革命文化代表的,是中国先进文化发展的基本方向,是社会主义先进文化在革命年代的呈现方式。革命文化作为革命年代诞生于中国大地的先进文化,蕴含着丰富的内涵元素,对当下如何发展、推进、完善中国特色社会主义文化体系具有重要的借鉴意义。

---

① 参见徐利兰:《中国"革命文化"是中国文化一笔宝贵财富》,《理论导刊》2003年第9期。

第一节　旧民主主义革命时期
诞生的先进革命文化

一、19 世纪下半叶民众抗争所缔造的革命文化

"物质决定意识,意识依赖于物质。"①无论是红色文化还是革命文化,都是从中国近代以来的革命历史中孕育而出的。四川人民具有强烈而朴素的爱国热情及反抗压迫精神,近代以来的革命斗争中,随处可见四川群众活跃的身影:1863 年重庆地区发生的第一次反洋教运动,揭开了四川人民反对西方列强势力渗透、侵略的序幕;1890—1899 年,川东大足县人余栋臣领导了长达 10 年之久的反洋教武装起义。进入 20 世纪以后,四川人民的反帝爱国斗争进入了一个新的历史时期。1900 年,轰轰烈烈的义和团运动在全国范围内兴起,受北方义和团运动的影响,四川各地驱逐外国传教士的活动开始酝酿。1900 年 7 月 9 日,成都附近的大邑县县民罗文榜第一次举起了"顺清灭洋"的旗帜,率前来操拳练武者数千人捣毁了当地教堂,"屯聚寨栅,以拒官兵"②。紧接着,邛州、崇庆、温江、蒲江等 23 个州县均发生了反洋教事件,各处的法国教堂、经堂、医院、书馆以及教民房屋多被焚毁。同时,川东、川南的开明绅士、团保和群众都纷纷聚义起事,再次相继爆发了以反洋教斗争为主的反帝运动。

四川人民的反帝爱国斗争一开始就与中国近现代社会的历史大背景结合在一起。四川义和团运动的发动者是白莲教的支派红灯教,北方的义和团运动鼓舞了四川的拳民,四川的拳民又有力地支援了北方义和团的斗争。1900 年 10 月初,北方义和团大师兄派遣红灯教教徒赴四川联络,四川义和

---

① 韩树英主编:《马克思主义哲学纲要(修订本)》,人民出版社 1990 年版,第 78 页。
② 张力:《四川义和团运动》,四川人民出版社 1982 年版,第 49 页。

拳遂响应号召,聚众北上支援直隶(今河北、京津地区)义和团。10 月 24 日,四川义和拳在河北霸州与前来镇压的清军发生激战,摧毁了敌方的大炮,毙伤清兵多人。此后,义和拳运动在四川的发展更为迅速。《辛丑条约》签订后,官府对灾民和老百姓的盘剥成为各地义和拳起义的导火线,全川有数十个州县爆发了义和拳的武装反抗活动,其中以重庆、嘉定、资阳、金堂等地的义和拳民活动尤为活跃。1901 年 6 月以前,在川东出现一种义和团的揭帖,提出了"灭清剿洋兴汉"的口号。此时,四川人民总结了之前斗争失败的教训,将斗争矛头同时指向了教会势力,与清军团练发生了直接对抗。到此时,经过了一年多时间的宣传和组织工作,参与反抗斗争的四川民众当中已经造就了一批有能力有威信的首领,如金堂的廖观音、曾阿义,资阳的李南山、李冈中等,资中的凌天顺、曾洪春等,简阳的李永洪,仁寿的熊青禾,三台的李青山,等等。他们以"灭清剿洋"为自己的行动目标,把广大贫苦人民吸引在义和团的旗帜下,逐渐成为一支可以左右邻里的社会力量。到 1902 年初,四川大部分州县都有义和团的信徒,其势力发展到数十万人,有组织的武装力量发展到 3 万多人,四川义和团大起义由此爆发,其规模之大,范围之广,在后期各省义和团的战斗中,是无与伦比的。其席卷了川内成都府、重庆府、潼川府、顺庆府、嘉定府等所属 30 余州县,发动了上百次武装斗争,攻城夺隘,所向披靡,给了帝国主义列强在川侵略势力与清王朝在巴蜀大地的反动统治以沉重打击。① 旧民主主义革命时期广大四川人民发动的类似武装反抗斗争,如燎原星火,体现了巴蜀大地优秀儿女朴素、坚韧且无畏的反抗压迫意识与斗争精神,极大地动摇了资本—帝国主义列强与封建专制统治者在巴山蜀水的反动统治基础,他们以自身的持续抗争和浴血奋战在四川近代史上缔造了源远流长、不绝如缕的革命文化,为之后川渝红色文化体系的形成奠定了极为坚实的基石。

---

① 隗瀛涛等:《四川近代史》,四川省社会科学院出版社 1985 年版,第 247—281 页。

二、辛亥革命暨保路运动中所缔造的革命文化

20 世纪初,随着帝国主义侵略的深入和中国民族资产阶级的逐渐壮大,恢复铁路主权的呼声日益高涨。1911 年 5 月 9 日,清政府悍然宣布铁路干线"国有化",并随即与英、法、美、德银行集团签订贷款合同,向帝国主义列强出卖粤汉、川汉铁路主权。在这样的背景下,由各阶层民众广泛参与的一场轰轰烈烈的保卫国家铁路主权的爱国运动爆发了。保路运动沉重打击了帝国主义及其走狗清王朝在中国的统治,极大地鼓舞了革命者的战斗精神,直接导致了辛亥革命的全面爆发。辛亥革命作为近代中国历史上一次意义重大的革命运动,对中国社会产生了深远的影响,主要体现为以下几个方面:首先,成功推翻了统治中国长达 260 余年的清王朝,结束了在中国延续 2000 多年的封建君主专制制度,建立了中华民国。这使得大量新思想、新文化得以传入中国,民主、平等、自由、公正等进步观念广为流传、深入人心,为先进革命文化的诞生创造了有利条件。其次,在一定程度上打击了帝国主义侵略者在中国的势力,民族意识、民族认同感得到进一步觉醒,辛亥革命后,帝国主义在中国的统治已不再像满清王朝时期那般稳固了。最后,辛亥革命为中国革命力量的壮大提供了土壤。革命爆发之后,各类企业、报刊、政党如雨后春笋般兴起,在使中国经济与文化得到发展的同时,也使得中国的无产阶级群体不断扩大与觉醒,为以后的无产阶级革命打下了基础。

值得一提的是,1911 年辛亥革命在四川地区以较为激烈的方式呈现出来,尤其是针对川汉铁路的保路运动在巴蜀大地引发的巨大风潮,最后演变为轰轰烈烈千万巴蜀儿女踊跃参与的反清武装大起义,牵动了清王朝的统治神经,直接打乱了清王朝统治者的部署,极大动摇了封建王朝的根基,直接诱发了武昌起义等一系列反清武装斗争。在全民性保路运动基础上发展而来的保路同志军起义,最终点燃了武昌起义的导火线,更是促动了全国资产阶级民族民主革命运动高潮的到来。正如当时传诵一时的《蜀中同志会纪事》这首诗中所纪:"鱼凫疆域阵如云,弹雨枪林处处闻。一百数十余州

县,羽檄交驰势若焚。君不闻,革命党,大江东北皆抢攘。又不见,同志军,全川西南戎马纷。民军整,防军散,散而遇整不敢战。防军少,民兵多,少不胜多奈若何。城外防兵多失利,城中陆军无斗志。锦城险作九里山,四面楚歌魂惊悸。"从历史意义上来说,四川保路运动毫无疑问是辛亥革命的历史序幕,是一场民族史诗的开端。这也正如亲历其事的朱德元帅在《辛亥革命杂咏》中所称道的:"群众争修铁路权,志同道合会全川。排山倒海人民力,引起中华革命先。"

除此之外,在震动川内外的由保路运动引发的革命浪潮中,荣县籍的老同盟会员王天杰、吴玉章、龙鸣剑等志士毅然领导荣县保路同志军发动反清起义,群众革命力量不断壮大。荣县清政府的知县和一小部分持反动立场的土劣豪绅仓皇逃走,荣县独立的条件日益成熟。吴玉章不失时机地提出立即推倒清朝县政权,宣布独立、自理县政的主张。这种适应革命形势发展、及时夺取政权的正确意见,得到了王天杰、龙鸣剑等人的支持。9月25日,该县反清志士联合召集大会,宣布荣县脱清独立,成立军政府,正式建立了辛亥革命时期全国第一个县级革命政权。荣县的独立在时间上比武昌起义还早半个月,"首义实先天下"。此后,荣县成为四川东南保路同志军反清斗争的中心。影响所及,四川各州县纷纷效法,竞相推倒当地清政府,寻求独立的浪潮迅速席卷全川。

上述旧民主主义革命时期巴蜀优秀儿女通过浴血奋斗、勇敢抗争所参与缔造的革命文化,是近现代中国历史上的珍贵遗产,对于后来川渝红色文化乃至全国红色文化的创造、深化与发展提供了丰富的精神资源与理念支撑,使川渝红色文化在多个层次上与中国共产党诞生前的大众革命文化产生了同频共振的历史交集与精神交融。

总而言之,辛亥革命以暴力的方式摧毁了封建君主专制的统治,为新生事物的发展扫清了道路。辛亥革命后,近代资本主义经济得到发展。西方先进的教育体系得以引进,各种现代科学门类逐步建立起来。人们的社会意识、社会心理、宗教礼俗、生活习俗乃至思维方式都发生了变化。无论是器物、制度还是思想观念,文化的各个方面都在新旧交替。其宏大而深远的影响是前所未有的。这是一场真正的文化洗礼。

三民主义作为孙中山革命思想的结晶,不仅是辛亥革命的旗帜,也是中国革命文化的重要成果之一。孙中山认为,三民主义是民族主义、民权主义和民生主义,他在谈及三民主义时称"余之谋中国革命,其所持主义,有因袭吾国固有之思想者,有规抚欧洲之学说事迹者,有吾所独见而创获者"①。在传播三民主义的过程中,觉醒的先进知识分子起到了重要的作用。知识分子在政治上起着先锋作用,在科技文化上起着播种机的作用,是辛亥革命的主力军。它们所承载的先进文化符合当时的社会客观需要,因此在武昌起义后,它们可以同声呼应,在几个月内成立中华民国,在中国实现改天换地的壮举。而在中华民国成立后,先进知识分子更把革命文化推向全国,"革命"一词开始成为近代中国政治叙事的重要组成部分。

三、民初新文化运动中所孕育的社会革新文化

辛亥革命后,文化事业得到迅速发展。首先是教育的发展。以 1912 年为例,那一年的中小学学生总数比 1911 年翻了一番还多,女学生更多。其中一些青年知识分子之后成为五四新文化运动中传播新思想、推动时代发展的重要力量。其次是新闻出版业出现新局面。就报纸而言,武昌起义后,"一时报纸风起云涌,蔚为大观"②。半年内,报纸数量从 10 年前的 100 多份增加到近 500 份,总销售额达到 4200 万份。这是前所未有的。许多报纸讨论时政,宣传民主、科学和各种社会政治趋势。与此同时,政党和团体如雨后春笋般涌现。1912 年 10 月,仅民政部就登记了 85 个组织。根据记录,政党和协会的数量高达 300 多个。其中许多是文化和学术组织。这些协会聚集了一批对研究当时学术和社会问题感兴趣的知识分子和青年学生,创办刊

---

① 孙中山:《中国革命史》,载尚明轩主编:《孙中山全集》第二卷,人民出版社 2015 年版,第 260 页。

② 高万娥、刘道慧:《建党伟业——聚焦 1921》,人民出版社 2011 年版,第 35 页。

物,举办研讨会和讲座,并邀请学者讲学,极大地活跃了当时的社会氛围。上述辛亥革命后的新发展、新变化,显然是辛亥革命和中华民国成立的功劳。

五四前的新文化运动,以"民主"和"科学"(即是当时人们所谓的"德先生""赛先生")为两大旗帜,反对旧道德提倡新道德,反对旧文学提倡新文学,反对文言文提倡白话文,并把斗争锋芒指向维护封建制度的"孔教"。陈独秀在 1915 年发起的新文化启蒙运动,直接指向旧道德、旧文学和文言文。他无情地批判儒家封建伦理导致的人的独立人格的丧失,由此而生的忠、孝、节等是奴隶道德,是妨碍中国民众觉醒的大敌。李大钊则把对孔教的批判上升到政治层面,他认为"孔子者,历代帝王专制之护符也"。针对当时有人提出把孔教载入宪法的主张,李大钊一针见血地称之为"此专制复活之先声也"[1]。鲁迅在《狂人日记》中更是把几千年的封建文化概括为"吃人"两个字。新文化运动在全国范围内尤其是在青年学生群体中产生了极大影响。各地宣传新思潮、批判旧文化的进步社团纷纷涌现。这场包含民主、科学、自由、人权、理性等内容的思想大潮,在中国开启了空前的思想启蒙运动。新文化运动所造成的民众意识的进一步觉醒,为之后的五四运动积累了一定的思想基础。

值得一提的是,民初新文化运动中巴蜀大地上也涌现了一些代表性的革新人物与先进知识分子,他们对此一阶段先进文化与革新理念在四川地区的传播、普及、渗透、塑造、发展等可谓是贡献颇大。其中有代表性的如吴虞、王光祈、傅崇矩、陈岳安、孙少荆、李劼人、卢作孚等,都可说是。陈岳安主持的华阳书报流通处是民初四川地区新文化书刊与思想资源流通的中转站与孵化器,其从川内外进购、代售乃至出租的新书新报《新青年》《每周评论》《新潮》《国民》《向导》《湘江评论》《星期日》《少年中国》《孙中山全集》《独秀文存》等,滋润、培育了一代又一代的趋新青年与进步学生,陈岳安也

---

[1]　李大钊:《孔子与宪法》,载中共中央党校党史教研室选编:《中共党史参考资料(一)党的创立时期》,人民出版社 1979 年版,第 19 页。

由此被称为蜀中新文化运动的"灯塔"与"大总管"。陈毅、巴金、郭沫若、袁诗荛、张秀熟、童庸生等趋新青年都是该书店的日常读者,如饥似渴地从该店营销的新书报中吸收新鲜养料。1917年1月,"流通处"率先在西部地区发行《新青年》杂志,当时该刊在整个成都也只销出了五份,在多所学校任教的本土新文化人吴虞便是其最早的订户。经过数年的扩散与积淀,新思想新文化逐渐在川中生下根来,《新青年》《每周评论》等趋新刊物的销量日益扩大。例如,《吴虞日记》便有载,1919年的最后一天,吴氏赴华阳书报流通处购置新书时,在看到销售记录后颇感慨于其时《新青年》的销量之高:"至流通处小坐,阅其售报簿,成都县中学买《新青年》等杂志二十二元,守经堂亦买《新青年》,潮流所趋可以见矣。"几天之后的1920年1月3日,《吴虞日记》中又出现"现在舆论渐多觉悟,主张大半与予同矣"这样的叙述。① 于此中可见川中地方社会风气转移之一斑。因吴虞在四川鼓吹新思想新观念、反对封建文化甚力,其影响亦远远溢出省界,甚至被远在北京大学任教的胡适称誉为"只手打孔家店的老英雄"。总之,民国初年四川地区的文化先驱们积极承接由省外传播而来的新思想新观念,他们作为"盗火者"将早期新文化运动所蕴含的趋新因子引入巴蜀大地,使得近代中国风云际会语境之中所孕育的社会革新文化也逐步在巴山蜀水落地生根,并为后来川渝红色文化的诞生作好了铺垫。

第二节　新民主主义革命时期
诞生的先进革命文化

一、五四建党与大革命时期诞生的先进革命文化

1919年,当中国代表团在巴黎和会外交交涉失败的消息传回中华大地

---

① 参见吴虞:《吴虞日记》上册,四川人民出版社1986年版,第511、512页。

后,已饱受新文化新思想熏染的青年学生与爱国志士在民族尊严受到欺凌、民族利益遭到掠夺之际,以果敢勇毅的行动表达了自己的政治诉求:一是反帝,二是反封建。这两点为日后形成的中国先进革命文化打下了最坚实的底色。当时,全国范围内形成的反帝爱国热潮又与思想启蒙大潮相互激荡,进步人士在全社会倡导科学民主思想,促进个人独立和独立人格的形成,最终实现政治民主化,促进社会进步,实现了一场真正的社会革命。

中国共产党的诞生,直接得益于席卷全国的五四运动。可以说,中国的先进革命文化,正是由五四运动孕育而出的。五四运动可以说是近现代中国先进革命文化的起点和直接来源。两者之所以有如此密切联系,不仅仅在于中共早期组织的创建人大多是五四运动的激进分子和受五四思潮影响的先进分子(即"准备了干部"),也取决于五四运动推动了马克思主义这一现代思想的传播(即"准备了思想")。而且,五四运动预演了中国知识分子与工人运动的结合并能生成巨大力量。中国共产党是在救亡图存的历史场景中诞生的,这一场景也正是五四运动场景的延伸。

中国共产党作为在建党之初主要由五四先进分子所组成的无产阶级政党,注定具有浓厚的"革命"色彩。在党的第一个纲领中就曾宣示"党的根本政治目的是实行社会革命"①。在一年之后的中共二大宣言中,又提出"民主主义革命"。再一年后的中共三大宣言,明确提出党的"中心工作"是"引导工人农民参加国民革命"。② 国民革命提出的"打倒列强,除军阀",也正是五四运动反帝反封建的延续。1925 年五卅运动前夕,团中央局总书记张太雷撰文《五四运动的意义和价值》,党内著名理论家瞿秋白撰文《五四纪念与民族革命运动》,将五四运动与当下的国民革命运动有机勾连。1926 年 3 月,李大钊论述道:"由'五四'到'五卅'弥漫全国的反

---

① 《中国共产党第一个纲领》,载中央档案馆编:《中国共产党第一次代表大会档案资料(增订本)》,人民出版社 1984 年版,第 6 页。
② 《中国共产党第三次全国代表大会宣言》,载中共中央文献研究室、中央档案馆编:《建党以来重要文献选编(1921—1949)》第 1 册,中央文献出版社 2011 年版,第 277 页。

帝国主义的大运动,是一部彻头彻尾的中国民众反抗帝国主义的民族革命史。"①中国共产党人意在借用"五四"论述,以证明反帝民族革命运动的历史合理性。也就是说,五四运动为中国共产党阐述政治革命提供了现代理论资源。

1927年5月,中国共产党在五大宣言中强调指出:"五四运动是后来有广大社会基础的真正革命运动之发端",它使知识分子的"视线转移到劳苦的群众","使他们认识无产阶级是当时革命势力的后备军","近五六年来从事工农运动的先锋,大都是由五四运动后逐渐训练出来的"。② 在历史的进程之中,五四运动的政治分量越来越被中国共产党人所看重,与此同时,革命的意识形态及其凝结而成的先进文化也在历史与人民的选择中得以塑造成型并获得深刻的情感认同。

二、土地革命战争时期诞生的先进革命文化

1927年,国民党反动派悍然叛变革命,反动势力对中国共产党员、共青团员和广大革命群众公然实施大逮捕和大屠杀,仅一年多的时间里罹难者即达31万人之多。这宣告了由国共两党联合发起的大革命运动的彻底失败,整个中国陷入一片白色恐怖之中。但是,"中国共产党和中国人民并没有被吓倒,被征服,被杀绝。他们从地下爬起来,揩干净身上的血迹,掩埋好同伴的尸首,他们又继续战斗了"③。党通过掌握和影响的军事力量以及广大工农群众,在各地接连发起回击国民党反动派的武装暴动。这种触底反弹、绝地求生的悲壮意识以前所未有的生命力构筑起了中国先进革命文化的坚强脊骨梁与鲜红的底色。

随着中国共产党独立领导的工农武装力量的建立和农村革命根据地的

---

① 李大钊:《孙中山先生在中国民族革命史上之位置》,载《李大钊文集》第五卷,人民出版社1999年版,第89页。

② 《中国共产党第五次大会宣言》,载《中共党史教学参考资料》(一),人民出版社1957年版,第74页。

③ 《毛泽东选集》第三卷,人民出版社1991年版,第1036页。

创建,在敌强我弱的环境下,艰苦奋斗、勇于开拓的革命精神开始形成。井冈山作为红色革命的摇篮,正是这种精神和文化的发源地。面对国民党反动派的"围剿"和封锁,中国共产党人坚信"星星之火,可以燎原",深入联系群众、依靠群众,不断奋斗以壮大自身力量,不断扩大苏区,直至创建了中华苏维埃共和国临时中央政府。中国共产党人努力在所影响范围之内实践五四新文化运动所倡导的民主、自由、平等、人权等理念,并在此基础上把权利向更广大的基层民众中普及,促进工农群众的阶级觉悟与政治觉醒,实现了于五四时期诞生的革命文化在新的革命征程中的进一步深化与超越。《井冈山土地法》和《兴国土地法》等革命性土地改革政策文件在苏区先后颁布施行,几千年来深受统治阶级压迫、剥削的千万底层农民终于实现了"翻身农奴把歌唱"的命运转折,昂起头颅堂堂正正追求做人的权利,这无疑是中国共产党人对其理想社会的一次伟大实践。

除此之外,中国工农红军的长征创造了世界罕见的奇迹,同样是一次坚定信念、检验真理、唤醒民众、开创新局面的伟大壮举,由万里长征所孕育的"长征精神",亦成为先进革命文化和红色文化的重要组成部分。长征精神"是中国共产党人及其领导的人民军队革命风范的生动反映,是中华民族自强不息的民族品格的集中展示,是以爱国主义为核心的民族精神的最高体现"。长征在中国近现代历史上具有极为重要的政治意义和历史意义:它粉碎了国民党反动派百万大军的重重"围剿",使得中国革命转危为安;长征在华夏大地上播下了革命的种子,铸就了伟大的长征精神,成为激励党和人民继续前进的巨大动力;长征的胜利,开创了全民族团结统一抗战的革命新局面;长征也为中国革命事业遴选了最有能力的领导人,是一次对革命队伍的淬炼与打磨,向全国人民展示了中国共产党坚持革命的意志和决心。

三、全面抗日战争时期诞生的先进革命文化

在民族危亡之际,中国共产党始终把握历史发展的趋势,逐渐成为全国抗日战争的中流砥柱。1940年,毛泽东发表了《新民主主义论》这一鸿篇巨

制,科学地总结了中国革命的斗争经验与历史规律,对中国的未来建设之途作了深入系统的回答。《新民主主义论》既是毛泽东思想走向成熟的标志,也是近现代中国先进革命文化体系走向完善的标志。

在全民族气壮山河、波澜壮阔的抗日战争中,中国共产党作为中流砥柱,为挽救民族危亡,领导人民浴血奋战,极大地凸显了自身的革命性、先进性和群众性。在枪林弹雨中,在民族最危急的时刻,无数共产党人挺身而出,左权、彭雪枫、赵尚志、杨靖宇、赵一曼、项英、袁国平、马本斋、吉鸿昌等党的优秀儿女牺牲在抵御外辱的征程中,体现了中国共产党人天下兴亡、匹夫有责的爱国情怀,不畏强暴、血战到底的民族气节,谱写了爱国主义的伟大篇章。自五四运动以来诞生的以中国共产党人革命精神为核心的崭新革命文化,在民族救亡运动的血与火淬炼中得到更为充分的实践,大大丰富和发展了中国近现代先进革命文化。此外,在延安时期的13年里,中共中央以巨大的政治智慧和无穷的创造力,克服了重重困难和险阻,于局部执政时期创造了一个民主公平的全新社会,建立并实施了与国民党势力控制区域截然不同的政治、经济和教育制度,"延安作风打败了西安作风"①。这对于日后我们党处理和平建设时期的复杂社会问题的方法产生了巨大的影响,而隐藏在这些制度和实践背后的价值观念体系也是一份具有重大历史意义的革命遗产,这就是实事求是、艰苦奋斗、勤俭节约、无私奉献的延安精神,是老一辈革命家和老一代共产党人在延安时期留下的优良传统和作风。上面述及内容都是全面抗日战争时期中国共产党人领导人民所创造的中国优秀革命文化的有机组成部分,其具体内涵当然不限于此。总体而言,此一阶段先进革命文化的继续生长、发展与成熟,为全国乃至地域性红色文化的形成提供了良好的养料,作出了充分的铺垫。

---

① 中国延安干部学院编:《延安时期与中国共产党的发展论集》,中央文献出版社 2011 年版,第 590 页。

四、全国解放战争时期诞生的先进革命文化

全面抗战胜利后,两条道路、两种命运的抉择又摆在了中国人民的面前。在中国命运的决战时刻,青年运动(尤以学生运动为代表)的作用备受中共领袖的高度重视和认可。1947年5月底,新华社发表评论指出:"学生运动是整个人民运动的一部分。学生运动的高涨,不可避免地要促进整个人民运动的高涨。过去五四运动时期和一二九运动时期的历史经验,已经表明了这一点。"①与国统区民主运动风起云涌交相辉映的是,中国人民解放军在军事战场上摧枯拉朽,解放区也掀起了翻天覆地的社会变革。1947年《中国土地法大纲》规定:"废除封建性及半封建性剥削的土地制度,实行耕者有其田的土地制度。"②《中国土地法大纲》在动员亿万农民积极参与民主革命洪流中发挥了巨大作用,反映了中国革命长期积累的巨大能量。不仅如此,中国共产党人在各个解放区的局部执政过程中,还在政治、社会、文化、教育等各个方面实行彻底的变革,建构以人民为中心的治理体系,实现了经济社会状况的迅速发展与天翻地覆的变化,整个解放区的革命文化呈现出一片蓬勃发展的势头。中国共产党人所领导的人民民主统一战线,从政治、经济、文化等多个层面实践与推进了新民主主义革命理论,创造了极为辉煌的历史成就,也极大地滋润了这一时期的先进革命文化,与党领导的人民解放军的军事胜利交相辉映,共同促进了新中国的成立与中华民族的复兴之路。

第三节　近现代中国先进革命文化的核心基因

一、近现代中国先进革命文化的系谱源流

自从五四运动爆发与1921年中国共产党成立以来,中国共产党在领

---

① 《毛泽东选集》第四卷,人民出版社1991年版,第1225页。

② 《中共中央关于公布中国土地法大纲的决议》,载中共中央文献研究室、中央档案馆编:《建党以来重要文献选编(1921—1949)》第24册,中央文献出版社2011年版,第417页。

导新民主主义革命的过程中,缔造了优秀的革命精神,形成了优秀的革命传统,创造了形式多样、丰富多彩的先进革命文化。这些先进革命文化主要可归结为物质、精神和制度三大形态,其中,精神形态是先进革命文化的核心。近现代中国先进革命文化,是在马克思主义的指导之下,吸收中华优秀传统文化和先进革命精神诞生的,其中凝聚的是中国共产党全面领导之下的中华民族的伟大理想和精神面貌。它包括先进的科学理论——马克思列宁主义原理、坚定的革命信念、崇高的革命理想、高尚的道德情操,以及见证这段历史存在的革命遗址、纪念馆和一系列革命制度规范。

第一,先进革命文化是在马克思主义传播的过程中产生的,是在人民革命斗争的实践中形成的。马克思主义的传播,深刻影响了20世纪中国的历史进程。近现代中国的先进革命文化,可以说正是马克思主义在中国传播的结果。十月革命后,一批"睁眼看世界"的觉醒知识分子将大批马克思列宁主义经典著作翻译并引入中国,期望从中找寻到拯救民族危亡的方法。在传播马克思列宁主义的早期过程中,最具有代表性的人物是陈独秀和李大钊。他们依托《新青年》等先进刊物和大学校园为阵地,进行马列主义宣传,促进了无产阶级和中华民族意识的觉醒,为先进革命文化的诞生打下了基础。在同其他思想流派进行了几番论战之后,马列主义的影响越发深远,传播范围越发广泛。所以,先进革命文化是在马克思主义传播的过程中产生的,而一经产生,它就显示出巨大的能量。"自从中国人学会了马克思列宁主义以后,中国人在精神上就由被动转入主动。"①正是在这样的背景下,震惊中外的五四运动爆发了,进而推动近现代中国的先进革命文化也应运而生。中国共产党从诞生之初就非常重视文化宣传工作,共产党员把革命活动与文化宣传工作结合起来,在革命的过程中对革命队伍和人民大众传播革命思想,普及革命文化。与此同时,革命文化在革命运动中也得到了不

---

① 《毛泽东选集》第四卷,人民出版社1991年版,第1516页。

断的发展和完善。在国民革命时期,中国共产党在湖南、湖北、江西等地通过成立农民协会、农民夜校和农民运动讲习所的方式,宣传无产阶级革命思想,发动农民运动,凝聚革命力量,培养大批革命干部。在湖南等地,曾出现"打倒土豪劣绅,一切权力归农会"和"农村里地主势力一倒,农民的文化运动便开始了"①的情况,极大地推动了大革命的历史进程,先进革命文化也在"农民文化运动"中得到进一步发展。

先进革命文化形成过程中的一个重要成果便是毛泽东思想,这也是马克思主义中国化进程中的第一个重大理论成果。毛泽东思想全面地表达了先进革命文化所蕴含的革命理想和革命精神,体现了新民主主义革命时期共产党人顽强的革命意志和高尚的革命情操。井冈山时期是毛泽东思想形成的重要阶段。这一时期,毛泽东把马克思列宁主义基本原理同中国革命具体实践相结合,写出了《中国的红色政权为什么能够存在?》《井冈山的斗争》《星星之火,可以燎原》等著作,创立了"农村包围城市,武装夺取政权"的正确革命道路,建立了井冈山革命根据地和中央苏区。在江西边界的白山黑水间,中国共产党人发扬艰苦奋斗、不怕牺牲的精神,同反动势力、封建势力进行了不屈不挠的斗争。在以毛泽东同志为代表的中共革命领袖正确领导之下,先后取得了四次反"围剿"斗争的胜利。同时,还在苏区实行"打土豪,分田地"等政策,扫除封建统治基础,变革社会制度,改善社会风气,形成了著名的"井冈山精神",是新民主主义革命的一次伟大实践。井冈山精神成为中国共产党开展农村革命斗争的典范。这种革命精神在后来的革命斗争中得到了继承和发扬。

毛泽东思想的形成和先进革命文化发展的另一个重要阶段是延安时期。延安精神的主要内涵一是实事求是、理论联系实际,二是全心全意为人民服务,三是自力更生、艰苦奋斗。延安精神是近代中国革命进程中的一颗璀璨耀眼、光彩夺目的明珠。这种精神是中国共产党领导的抗日根据地革

---

① 《毛泽东选集》第一卷,人民出版社1991年版,第14、39页。

命文化的核心要素,具有很强的感召力和影响力。受以延安精神为代表的先进革命文化影响和打动,全国各地的优秀青年和进步知识分子纷纷前往延安,延安成了当时中国先进文化的中心。这一时期,毛泽东撰写了《矛盾论》《实践论》等著作,标志着毛泽东思想走向成熟。同时,延安掀起了一场声势浩大的学习运动,培养了许多优秀的革命人才,为全民族抗战积蓄了力量。延安精神作为近代中国先进革命文化的一部分,推动了抗日民族统一战线的形成,也推动了革命文化的进一步发展,成为夺取抗战胜利的重要精神动力。

第二,革命文化是在吸收国内外优秀文化成果的基础上形成的。新民主主义革命以来的先进革命文化的核心和思想理论基础是马克思主义理论。革命文化在坚持马克思主义理论的前提下,吸收了国内外优秀的文化成果。它既不排斥外来文化,也需要继承优秀传统文化。就像毛泽东所指出的那样,只要是正确的,值得借鉴吸收的,不管是古人还是外国人的思想,都应该去学习,要做到"取其精华,去其糟粕"。五四运动以来的革命文化是生长在中华大地上的文化,有着深厚的文化底蕴,五千年的中华文明为其提供了丰富的营养。自古以来,中华民族就有许多固有的思想,包括爱国主义和艰苦奋斗的精神,如"天下兴亡,匹夫有责""位卑未敢忘忧国""先天下之忧而忧,后天下之乐而乐"等,被革命文化所借鉴和吸收。同时,作为革命文化理论基础的马克思列宁主义就是从俄国等域外之地传进中国来的,不论是马克思主义的诞生,还是马克思主义中国化理论体系的形成,都是在总结吸收前人的优秀思想成果的基础上完成的,因此它从诞生之始就具有强大的学习能力,能够与时俱进,不断创新。由于马克思主义本身能够吸收一切优秀先进的思想文化精华,中国近现代先进革命文化也能够汲取中华优秀传统文化。因此,马克思主义与中国国情一相结合,便显示出强大的生命力。

第三,先进革命文化是在学习和继承近代以来中国人民革命经验的基础上形成的。先进革命文化是对中国人民革命历程的反映,通过对争取民族独立、人民解放斗争经验的总结,中国共产党人创造出了引领时代潮流的先进革命文化,可以说,总结历史经验是共产党人夺取一个又一个胜利的重要武器之一。毛泽东就曾多次总结近代以来革命斗争的历史,他指出:"帝国主义和中国封建主义相结合,把中国变为半殖民地和殖民地的过程,也就是中国人民反抗帝国主义及其走狗的过程。"①从鸦片战争、太平天国运动、中法战争、中日战争、戊戌变法运动、义和团运动、辛亥革命、五四运动、五卅运动、国民革命、土地革命战争、全面抗日战争、解放战争等等,都展示了中国人民不屈不挠的抵抗精神。他还特别注意对孙中山等人领导的旧民主主义革命进行经验总结,认为"中国反帝反封建的资产阶级民主革命,正规地说起来,是从孙中山先生开始的"②。并紧接着宣称,"孙中山先生的三民主义为中国今日之必需,本党愿为其彻底实现而奋斗"③。于此可见,中国共产党历届领导人通过对近代革命斗争历程的回顾和总结,持续从中吸取经验教训,促进了先进革命文化的形成。

二、近现代中国先进革命文化的内涵外延

从广义上讲,新民主主义革命以来的革命文化应该包括物质文化、制度文化和精神文化三个层次,其中精神文化层次是核心。从狭义上讲,自新民主主义革命以来形成的革命文化,主要就是指精神文化。具体而言,其主要是指在马克思列宁主义指导下,中国共产党在依靠和团结中国人民实现民族独立和人民解放的伟大斗争过程中,充分借鉴中外优秀文化思想,通过实践奋斗,凝聚万千共产党人和广大人民的革命意志与精神风貌而形成之总体结晶。

首先,中国共产党及其领导的中国人民,是创造先进革命文化的主体。新民主主义革命以来,封建地主阶级、资产阶级和其他政党、团体、组织,从

---

① 《毛泽东选集》第二卷,人民出版社 1991 年版,第 632 页。
② 《毛泽东选集》第二卷,人民出版社 1991 年版,第 563 页。
③ 《毛泽东选集》第三卷,人民出版社 1991 年版,第 1061 页。

没有哪一个能像中国共产党这样,独立创造如此丰富灿烂的革命文化。这说明,中国共产党及其领导的中国人民,是创造先进革命文化的主体。中国共产党始终坚信,人民群众是历史的创造者,是缔造革命文化的主体之一,同时也是革命文化影响作用的客体之一。在漫长的革命历程中,广大人民群众所创造的,形式多样、持续进行的浴血奋战,成为革命文化取之不尽、用之不竭的素材来源。从五四运动开始,一批进步的知识分子把马克思列宁主义传入中国,为先进革命文化的诞生创造了条件。随着马列主义理论学说在国内的不断传播,吸引了越来越多的民众参与新民主主义革命,马克思列宁主义基本原理同中国革命具体实践相结合,诞生了代表无产阶级以及最广大人民群众根本利益的先进革命文化。

其次,新民主主义革命以来的革命文化,是凝聚中国共产党和人民革命思想和精神面貌的文化。在五四运动之前,封建地主阶级、农民阶级和民族资产阶级都提出过自己的救国主张,但他们都没能找到正确的救国救民与国家现代化道路,导致近现代中国相关的现代化实践最终都相继归于失败。旧民主主义革命的失败表明,只有中国共产党、只有马克思主义才能挽救中华民族的危亡,实现民族富强。五四运动后,随着马克思主义的传播和主导地位的确立,中国革命呈现出新的面貌。新民主主义革命大幕开启以来的先进革命文化是随着马克思主义的传播而产生的,并在马克思主义的指导下不断发展的。它的理论基础是马克思主义,它倡导的是马克思主义的价值观和方法论。革命文化所坚持的马克思主义,是符合中国国情实际的最科学、最先进的革命理论。马克思主义在中国化过程中产生的毛泽东思想这一重大理论成果,指导了中国革命事业的胜利,并将继续指导中国特色社会主义建设事业向前推进。

崇高的革命精神,包括艰苦奋斗、不怕牺牲等一系列革命精神,是革命文化的重要内容。在长期的革命斗争中,中国共产党形成了井冈山精神、苏区精神、长征精神、抗战精神、延安精神、西柏坡精神等不同时期的革命精神,这些宝贵的精神遗产都是近现代中国先进革命文化传统的重要组成部分。邓小平曾将其概括为"五种革命精神",他指出:"在长期革命战争中,我们在正确的政治方向指导下,从分析实际情况出发,发扬革命和拼命精神,严守纪律和自我牺牲精神,大公无私和先人后己精神,压倒一切敌人、压倒一切困难的精神,坚持革命乐观主义、排除万难去争取胜利的精神,取得了伟大的胜利。"①中国共产党在领导革命斗争过程中创造了这些革命精神,在这些革命精神的鼓舞下,它赢得了新民主主义革命的胜利,推翻了帝国主义、封建主义和官僚资本主义"三座大山"的压迫,完成了民族独立、人民解放这一伟大历史任务。在艰苦卓绝的革命斗争中,革命先烈和优秀共产主义者的崇高革命精神和伟大风范,永远值得我们钦佩、传承与发扬。尤其是革命志士们"砍头不要紧,只要主义真""满天风雪满天愁,革命何须怕断头?留得子胥豪气在,三年归报楚王仇"等词句所蕴含的革命英雄主义气概,将永远被后人所铭记。

共产主义道德修养是革命文化传统的基本要求。五四以来的革命文化对共产党员的道德修养提出了新的要求。其主要作用是培养共产党员的道德素质,使广大共产党员尤其是刚入党的新党员,能逐步具备共产主义的道德情操。最终目标是使党的每一位构成分子都能够坚持全心全意为人民服务的理想信念,始终与人民群众保持血肉联系,坚持人民利益高于个人利益,集体利益高于个人利益,发扬人民第一、帮助他人、自我牺牲、无私奉献的集体主义精神,做到终身热爱祖国、热爱人民、忠诚于党、忠诚于民族。先进革命文化要求共产党员不断提高道德修养,用共产主义道德约束自己的言行,做"一个高尚的人,一个纯粹的人,一个有道德的人,一个脱离了低级趣味的人,一个有利于人民的人"②。这些革命道德规范保持了革命队伍的纯洁性,使革命队伍呈现出与旧势力、旧政客、旧精英、旧军队等截然不同的崭新面貌,在中华大地上树立起了中国共产党人与进步志士的良好形象,对

---

① 《邓小平文选》第二卷,人民出版社 1994 年版,第 367—368 页。
② 《毛泽东选集》第二卷,人民出版社 1991 年版,第 660 页。

革命队伍的发展壮大乃至革命事业的成功实现起到了积极的推动作用。与此同时,革命道德也是我们今天倡导的培育和实践社会主义核心价值观的重要内容之一。

三、近现代中国先进革命文化的核心基因

近现代中国先进革命文化的核心基因,是保证革命文化先进性、科学性、纯洁性的关键要素,其主要具有如下所述的一些根本特征。

一是坚定的阶级性。近现代中国先进革命文化具有很强的无产阶级属性。首先,这种革命文化是在无产阶级领导人民进行持久斗争之情形下形成的革命文化,体现了无产阶级和广大人民群众的政治要求与良好愿望。正如毛泽东所述,革命文化"只能由无产阶级的文化思想即共产主义思想去领导,任何别的阶级的文化思想都是不能领导了的。……一句话,就是无产阶级领导的人民大众的反帝反封建的文化"[1]。在革命文化的发生和发展过程中,中国共产党牢牢把握着革命文化的领导权,指引革命文化的发展方向。陈独秀、李大钊、毛泽东、恽代英等一大批党的理论家创作了许多反映中国共产党理论水平和政治追求,规范革命文化基本内涵和根本任务的经典著作,其中尤其以毛泽东对新民主主义文化的相关阐释为代表,这些丰富的思想理论资源都集中表达了中国共产党和中国无产阶级的政治诉求、文化追求。

其次,这种革命文化体现了马克思主义的世界观,即无产阶级的世界观。毛泽东说过:"在'五四'以后,中国产生了完全崭新的文化生力军,这就是中国共产党人所领导的共产主义的文化思想,即共产主义的宇宙观和社会革命论。"[2]中国先进革命文化坚持马克思主义的基本原理、观点和方法,体现了无产阶级的价值观,体现了中国共产党人崇高的共产主

---

[1] 《毛泽东选集》第二卷,人民出版社1991年版,第698页。

[2] 《毛泽东选集》第二卷,人民出版社1991年版,第697页。

义理想、全心全意为人民服务的宗旨、艰苦奋斗的革命精神和共产主义的道德观。

同时,这种革命文化是为无产阶级和广大劳动群众服务的,为人民群众所接受。自成立之始,中国共产党人便始终强调,其缔造的先进革命文化是为无产阶级革命事业和无产阶级根本利益服务的,"是为人民大众的,首先是为工农兵的,为工农兵而创作,为工农兵所利用的"①。在实践中,革命文化因其易于理解、深入浅出和深受广大群众喜爱,成为中国共产党人接近群众、发动群众、组织群众的重要助手与有力支撑。

二是广泛的群众性。革命文化的群众性首先表现在人民是革命文化的主体,即人民是革命文化的主要创造者。毛泽东指出:"民众就是革命文化的无限丰富的源泉。"②革命文化是人民在革命实践中创造的反映人民革命愿望的精神文化产品。没有广大人民的革命实践,就不可能产生革命文化。人民创造了革命文化,人民是革命文化的源泉。"革命文化,对于人民大众,是革命的有力武器。"③中国共产党在推进马克思主义与中国实际紧密结合的过程中,取得了马克思主义中国化的重要成果。作为其中重要代表的毛泽东思想,更紧密地联系了中国国情与中国人民,更加符合中国实际,其表达也更为民族化、大众化,使得中国共产党倡导的革命文化更容易为广大人民群众所接受,促进了人民群众的政治觉醒和阶级意识的提高,激发了人民群众参加革命事业的极大热情。

三是鲜明的时代特征。革命文化是在时代发展中创造的符合时代潮流的新文化。20世纪初期是一个思想激荡、社会剧变的革命时代,革命是这个时代当之无愧的主题。当时,一批具有初步共产主义思想的先进分子将马克思列宁主义引入了中国,并结合中国社会的具体实际,探索救国强国之路。这一时期得以诞生、发展、深化的先进革命文化,深刻地反映了中国共

---

① 《毛泽东选集》第三卷,人民出版社1991年版,第863页。
② 《毛泽东选集》第二卷,人民出版社1991年版,第708页。
③ 《毛泽东选集》第二卷,人民出版社1991年版,第708页。

产党对中国社会的认识,体现了中国共产党为争取民族独立和人民解放而奋斗的崇高精神。可以说,先进革命文化承载着那个时代共产主义者和无数革命志士对真理的追求,记录着他们史诗般的英雄业绩,反映着一个恢宏的革命时代的深刻变革。

第七章　成渝双城经济圈建设战略背景下川渝红色文化的传承路径

川渝红色文化是中国特色社会主义先进文化的重要组成部分,具有文化传承、精神弘扬、基因赓续的重要价值。近年来,党和国家关于成渝地区双城经济圈建设战略的正式提出,为川渝红色文化的传承与发展提供了新的时代际遇,同时其传承路径也将依据时代发展特点而不断创新与丰富。

第一节　成渝地区双城经济圈建设战略根本规划及其文化内涵

2021年10月,中共中央、国务院印发了《成渝地区双城经济圈建设规划纲要》,这为成渝双城未来的高质量发展提供了战略指导与根本遵循。党中央立足国际国内发展形势与深刻变化作出了将成渝双城打造为经济中心、科技创新中心、改革开放新高地、高品质生活宜居地的根本规划。纵观川渝历史进程中的重要历史节点与巴蜀文化的同根共源性就可窥见川渝红色文化深厚的历史底蕴和丰富的文化内涵。

一、成渝地区双城经济圈建设战略的根本规划

经济圈这一中文地域经济用语,于20世纪90年代逐渐出现,它又被称

为大城市群、城市群集合、大经济区、大都会区或都会区集合。成渝经济圈就是以重庆、成都为两大核心城市,并包括一定范围的周边城镇而进行生产布局的一种地域组合形式。成渝,则是一个传统的习惯性叫法,两城渊源深厚,历史悠久。从历史脉络来看,成渝双城的发展是一个动态演变的过程。新中国成立后,成渝双城从行政区划上的一体,到 1997 年重庆直辖,再到新时代提出的建设成渝两地双城经济圈,充分显示了成渝双城与时代同行、与国家重大战略相契合的面相。2020 年 1 月 3 日,习近平总书记主持召开中央财经委员会第六次会议。该次会议作出了成渝地区双城经济圈建设规划战略,这为未来成渝地区的经济发展提供了根本方向,也标志着成渝地区双城经济圈建设上升为了国家战略。成渝地区地处中国西南部,而成都、重庆双城也是西南地区经济体量最大的两座城市,肩负着形成西部高质量发展经济增长极和辐射带动西部地区乃至于全国经济增长的历史使命。从"成渝经济区"到"成渝城市群"再到"成渝地区双城经济圈"的发展规划,成渝地区被时代赋予了越来越宏大的历史使命。

《成渝地区双城经济圈建设规划纲要》这一重要文件指出:"尊重客观规律,发挥比较优势,把成渝地区双城经济圈建设成为具有全国影响力的重要经济中心、科技创新中心、改革开放新高地、高品质生活宜居地。"我们可以看到,"两中心两地"是党中央、国务院对成渝地区双城经济圈建设的战略定位。

(一) 打造全国影响力的重要经济中心

城市经济圈不仅是一个国家经济的核心区域,也是世界经济的重心区。因此,成渝双城经济圈要想实现成为全国有影响力的重要经济中心,必须大力发展经济,在现代交通、通信条件下促进人口、资金、技术、信息、物资等要素的高度聚集,为成渝经济圈的建设提供生产建设要素支撑。优越的地理位置自古以来都是一个地区经济社会发展的助推器。成渝地区地理位置优越,北接陕甘、南连云贵、西通青藏、东临湘鄂,具有打通南北、连接东西的区位优势。当前,成渝经济圈建设蓬勃向前,双城应该注重完善建设综合交通运输体系,深入融入全国"五纵五横"的干线主骨架,内部形成以铁路、高速公路为主体的交通网络,实现以优良交通体系助力成渝经济圈经济发展。此外,完善的产业体系和产业集群是成渝双城经济圈经济发展的重要支撑。当前,在经济建设上,我国经济发展已由高速增长阶段转变为高质量发展阶段,经济发展呈现新特征。成渝双城经济圈是党中央立足国家区域经济协调发展战略、西部大开发战略和全国经济增长第四极的战略目标而作出的规划部署,实现经济高质量发展是必然要求。成渝双城经济圈应注重培育一批全国性、国际性的先进制造业集群、数字产业基地、金融及旅游业等现代服务业中心和高效特色农业带,强化以优质产业带动经济高质量发展。

（二）打造具有全国影响力的科技创新中心

创新是引领发展的第一动力。成渝地区双城经济圈的建设必须积极落实创新驱动发展战略,为双城经济圈建设营造创新环境。首先,加快教育高质量发展,为成渝双城经济圈的创新发展提供科教人才和智力支持;其次,推动科技创新产业化,提升基础制造业和现代产业的科技性,形成创新型产业园区;最后,深化科技创新体制机制改革,推动校地企创新融合机制的形成,释放社会主义市场经济主体活力,为成渝双城经济圈建设提供根本保障。重庆、成都是成渝地区双城经济圈建设战略的主体城市,必须加快形成双城在经济社会各方面协同创新发展,助力创新成为双城经济圈建设的最大推动力,将其打造成为具有全国引领性的创新中心。

（三）打造全国示范性改革开放新高地

成渝双城经济圈建设目前正处于不断深化改革和扩大开放的深水区、攻坚区,要不断释放市场主体活力和推动要素市场化配置,必须进一步推动要素配置市场化和科研体制、跨行政区经济社会管理等重点领域的改革,以形成促进区域经济协调发展的一系列体制机制和法律法规的建设。成渝双城经济圈要以两江新区、天府新区为重点依托区域,以南向、西向、东向大通道为开放通道,打造内陆开放门户和内陆开放战略高地,致力于形成区域合作和对外开放典范。

（四）打造具有全国影响力的高品质生活宜居地

将成渝双城经济圈打造为高质量发展的增长极,不仅要大力推动双城经济的发展、人民收入水平的提高,还要重视生态文明和公共服务供给的建设。成渝地区地处长江上游,筑牢长江上游生态屏障是成渝双城经济圈生态文明建设的题中应有之义。优化公共服务供给是成渝地区双城经济圈建设为双城民众提供的基础性民生工程,是双城民众能够切实感受到的双城经济圈建设成果的民生载体。深化成渝地区公共服务领域的合作,推进双城协调合作体制机制建设,形成共建共享的高质量公共服务体系。

二、成渝地区双城经济圈建设战略的文化内涵

成渝地区双城经济圈建设战略的构想和提出是基于历史沿革和文化基础的,有着丰厚的历史底蕴和文化渊源。成渝地区双城经济圈建设战略的提出具有天时、地利、人和的有利因素。而成渝双城自建城之初到现代的历史发展沿革,以及凝聚川渝广大人民人文精神的巴蜀文化,正是成渝地区双城经济圈建设的历史底蕴和文化基础。巴蜀地区文化由来已久,早在古巴国、古蜀国就创造了神秘的、灿烂的古巴蜀文化,是多元一体的中华民族文化的重要组成部分。

川渝地区古称巴蜀,由开始的巴蜀分称而后形成巴蜀合称。以重庆为代表的"巴"文化与以成都为中心的"蜀"文化在中华文化发展的漫长历史中相互交融、渗透,在中国文化史上绘制了独特而美好的篇章。以重庆为中心的川东地域和以成都为中心的川西地域,从古至今都是构成巴蜀文化圈的核心要素。从巴蜀文化形成发展的历程来看,其内涵外延虽是变动不居的,但其始源终究是同根共源的。巴文化与蜀文化同根共源、同质同体,在文化交流演变中形成一个文化共同体,这确是有历史依据的,这便是川渝文化合作的文化基础、历史优势和文脉之根。巴蜀文化共同体的形成和发展,经历了由分立发展到合一发展、互补互融的漫长过程。同时,这也是巴文化和蜀文化形成最广泛的文化认同的过程,也是增强巴蜀文化共同体的向心

力和凝聚力,达到更广泛、更高层次的文化认同的过程。

巴蜀人民虽生活在四川盆地,四周高山林立,地形相对封闭,但巴蜀的先民却并不是脚不出盆、眼不出川而仅囿于盆地的狭小空间,他们为与外界取得交流和联系,不断突破自然地理环境的限制,创造出一条条"蜀道"。这使得,巴人与蜀人的生活方式、文化形态的交流与融合发生得很早。历史学家徐中舒指出,古代巴和蜀"同属一个经济文化区"①。如 200 万年以上的巴地"直立巫山人亚种"和十万年以上的蜀地晚期智人"资阳人"的文化根系,这就是传说中的"蜀之为国,肇于人皇,与巴同囿"②的时代;有距今4500 年至 5000 年以上新石器时代晚期以来巴蜀地区独特的灰陶文化时代和玉器文化时代;有 2000 年以上古方国的历史,巴蜀人民就是在这样一个历史流变中相互接触、相互交流、相互融合而创造发展的文化体系。宝墩文化、广汉三星堆文化、金沙文化,以及近年来在重庆、达州等地发现的一系列巴文化遗址,都以众多的历史文化充分证明早期巴蜀文化的存在和漫长发展。秦并巴蜀后,巴蜀作为秦王朝的蜀地便开始了与中原文化的交流与融合,由此成为中华文化的重要组成部分,这也是巴蜀文化跨越巴山蜀水而展现出其中华文化整体观和大局观的文化发展历程,也在多元文化相互碰撞、相互融合的过程中展现出巴蜀文化的兼容与开放。中华文化本就是多元一体的文化共同体,而巴蜀文化则是其既融合了中原文化,又保持了自身独特性的地域文化。巴蜀文化同根同源、同质同体,这是川渝地区进行文化合作交流的前提,也是成渝地区双城经济圈建设战略提出与实施的深厚历史底蕴与文化支撑。

从历史文化维度来审视川渝双城发展脉络,可以看到成渝地区双城经济圈建设具备深厚的历史底蕴和发展基础。成都、重庆均起源甚早,建城历史悠久,成都更是中国建城历史上唯一没有更改过城址和城名的城市。成

---

① 徐中舒:《论巴蜀文化》,四川人民出版社 1982 年版,第 6 页。
② (晋)常璩:《华阳国志校补图注》,上海古籍出版社 2007 年版,第 113 页。

都为"《禹贡》梁州之域,夏、商以后为蜀国。秦灭蜀置蜀郡,汉因之,武帝兼置益州"①。江州(重庆)亦为"《禹贡》梁州之域,周为巴子国,秦灭巴置巴郡,两汉因之"②。秦并巴蜀后,成都城市因其政治功能突出,长期作为区域的政治、经济、文化的中心,且一直是西南地区最重要的大都会。重庆则一直是川东地区重要的城市,并因其险要的地理位置而拥有重要的军事战略地位,到清朝就成为商业发达的区域经济中心。对成渝双城重要的历史节点进行梳理,不难发现,近代以前成都、重庆多以成都为中心而进行互动;近代以后,尤其是1890年重庆开埠通商以后而逐渐被纳入资本主义经济体系之中,现代工商业开始逐步发展并依据其黄金水道长江航运而逐渐发展成为长江上游的经济中心,由此重庆城市经济功能进一步凸显。随着重庆的崛起,初步形成了长江上游以成都、重庆两城为双中心的区域城市体系。3000多年来,成都、重庆双城一直是唇齿相依、互动频繁、联系紧密的,在历史与现实境遇中共同演绎出了双城携手并进、共同续写发展的新时代篇章。

对于成渝或是川渝两地,无论是学术界还是民间都以"巴蜀"并称,这一称呼已经得到川渝广大人民的高度认同并广泛传播和使用。历史悠久的巴蜀文化先后经历了蚕丛、柏灌、鱼凫、杜宇、开明五个王朝,内涵丰富、独具特色的宝墩文化、三星堆文化、金沙文化、十二桥文化都是留存至今的文化宝藏,以及司马相如、扬雄等众多历史文化名人依旧闪耀在璀璨的文化星空。③ 奇特秀美的巴山蜀水,依山傍水的农耕文明、渔猎文明,富甲天下的物产与生活,使得川渝地区形成了经济与文化共同繁荣的景象,并且融入了巴蜀人民精神,造就了川渝地区开拓创新、开放包容、乐观向上、艰苦奋斗的人文精神。巴蜀文化丰富的人文内涵与精神是党和国家提出成渝地区双城经济圈建设战略的精神支撑,也是新时代建设好成渝双城经济圈的精神动

---

① (清)顾祖禹:《读史方舆纪要》,中华书局出版社2005年版,第3131页。
② (清)顾祖禹:《读史方舆纪要》,中华书局出版社2005年版,第3270页。
③ 参见李后强主编:《成渝双城五论》,四川人民出版社2021年版,第166页。

力和引领力量。巴蜀文化之所以能够源远流长,不断传承发展,始终充满活力,形成巴蜀文化共同体并在多元一体的中华文化共同体中占有一席之地,其根本原因就在于其开拓创新、开放包容的精神内涵。今天革命历史底蕴深厚的川渝地区沿袭、融会了巴蜀文化的开拓创新精神内涵。可以说,从古巴蜀方国到如今的川、渝,坚定的革命性和彻底的建设性始终是贯穿其整个历史发展的最鲜明的精神特质。巴蜀文化蕴含的开放包容属性是代表了自身文化建设和对待多元文化的宽厚态度。这种开放包容的性质折射出巴蜀人民虽身处盆地,却不愿囿于狭窄地理空间,且十分渴望实现与外界进行充分的经济文化交流、交融的生产生活态度。巴蜀文化的精神特质在改革开放的新时代,在构建成渝地区改革创新意识、包容开放意识、整体大局意识上具有引领性作用。

从古至今,巴蜀文化从发展始源的同源性到文化习俗的相似性,经过长期历史的融合演变与文化认同、情感认同,形成了一个亲缘相近、相辅相成的文化共同体。成渝地区双城经济圈建设战略正是以巴蜀文化共同体为文化支撑而绘制的战略蓝图。在新时代开展新一轮西部大开发背景之下,成渝地区双城经济圈的提出与开启无疑是国家层面面对百年未有之大变局的战略布局,对成渝核心双城及其域内城镇都是难得的机遇,同时也是巨大的挑战。成渝地区双城经济圈建设要放眼长远,要注重区域内以巴蜀文化为核心的文化传承和创新,积极培育川渝人民共同的价值观,营造具有凝聚力、向心力的"圈群"文化,形成开放、包容、创新、和谐、宜居的文化氛围,以顺利打造成渝双城高品质文化宜居地。

第二节　地域红色文化融入川渝地区高校思想政治教育的途径

地域红色文化是中国共产党领导区域内的人民群众在长期的革命实践

中逐渐形成并发展的,它融合了地方自身文化并以此为发展基础,通过不断选择、交融、整合而形成的以战争遗址遗迹、纪念地、标志物等为物质载体以及蕴含的爱国主义和革命精神的一系列红色精神谱系。川渝红色文化无疑是在巴蜀大地上孕育而成的,也就自然而然蕴含了巴蜀文化的优秀文化基因,这也是其独特性和魅力性所在,也为地域文化融入川渝地区高校思想政治教育提供了优质的教育资源。此处之所以选择川渝地区高校作为红色文化融入青年现状的主要研究对象,一是囿于篇幅所限,无法将考察视角遍及川渝地区中小学学生和其他的青年群体,否则笔者将面对一个海量数字的研究对象,却又难以在有限的篇幅内完成这样的考察;二是笔者在教育部驻蓉高校工作多年,相较而言,对于青年大学生群体较为熟悉,对于高等院校的思想政治教育现状也比较了解,这都是本书开展相关实证考察调研的重要基础;三是以川渝地区高等院校青年大学生为研究对象,较能把握所考察问题的主要方面,得到较为重要和具有代表性的认知结果,在校大学生群体不仅数量众多,而且作为即将投身国家经济社会建设的知识青年,其在思想政治教育过程中接受的地域红色文化资源,可能在其理想信念与知识结构中留下深刻的印迹,影响他们的三观与人生道路。

一、地域红色文化融入川渝地区高校思想政治教育的现状调研

开展针对性调查是做好研究的基础性工作。为了深入了解川渝红色文化体系融入本地高等院校思想政治教育全过程的情形,本书课题组特面向川渝地区多所高校的部分在校师生展开了问卷调查。该问卷一共设置了30个题目,分别从对川渝红色文化基本内容的认知程度、红色文化融入渠道、红色文化融入实施情况和红色文化融入效果等四个维度出发来设置调研问卷的问题。课题组借助网络平台如问卷星等形式向川渝地区多所高校发放了调查问卷,共计收回有效问卷412份。在结合学界以往的研究成果和川渝部分高校在校师生的总体反馈信息的基础上,笔者试图根据相关数据和信息展开分析,以尝试掌握地域红色文化融入本地高校思想政治教育

的具体状况。在此基础上，分析梳理当前川渝红色文化融入高校思想政治理论教育及其实践教学的成效、问题、缘由，最后将尝试据此提出若干解决问题的对策。

（一）地域红色文化融入川渝地区高校思想政治教育的积极成效

中国共产党自成立以来，一直都把青年力量作为革命和建设事业伟大胜利的重要力量和重要法宝。川渝红色文化是党和国家宝贵的文化资源，新时代红色文化被赋予了更为丰富的内涵和更为多样的时代价值。近年来，由于党和政府对红色文化的高度重视，使得红色文化不仅在学术上取得了长足进步，在融入高校思想政治教育中也取得了积极的成效。地方红色文化资源是一种历史性的资源，将地方红色文化资源融入思想政治教育中，有助于使学生走进历史现场、触摸历史温度，在潜移默化中受到教育和熏陶。[1] 一方面，川渝高校加深了对红色文化教育价值的认识，大部分高校都主张将川渝红色文化融入本地高校思想政治教育中，以此充分发挥其在树立学生理想信念、培育学生社会主义核心价值观、深化学生爱国主义情感等方面的作用。众所周知，思想是行为的先导。这表明，川渝高校已经在思想层面上意识到红色文化育人的重要性。另一方面，不少的川渝地区高校在推进地域红色文化融入高校思想政治教育上也展开了实际行动。一些川渝高校在红色文化理论研究上展现出极大的热情，理论研究成果不断涌现，实践举措推陈出新，这也为红色文化融入高校思想政治教育全过程提供了学理基础。在相关政府机构和高校发出的传承红色文化、发挥红色资源育人价值的双重号召力影响下，红色文化进教材、进课堂、进校园的进程不断加快，红色文化传播渠道逐渐多元化，红色文化实践育人基地逐步建立，等等，这大大地扩大了红色文化在高校学子中的影响力、认同力，有利于进一步发挥红色文化的思想政治教育价值。

---

[1]　参见张翠芳、韦汉吉:《充分发挥地方红色文化资源的资政育人作用》,《科教导刊（中旬刊）》2018 年第 11 期。

（二）地域红色文化融入川渝地区高校思想政治教育存在的问题

1. 融入红色文化内容学理性不足

川渝红色文化资源丰富且分布广泛，随着对红色文化的开发、传承不断走向深入，其在教育、经济、社会等领域的功能价值不断凸显出来，为地域红色文化融入本地高校思想政治教育提供了理论基础和社会环境。虽然川渝大地革命遗址遗迹、名人故居、纪念性场馆等展陈机构储存的相关文献档案与红色遗物数量众多，苏区精神、长征精神、红岩精神、抗战精神等一系列精神资源丰厚充实，但是在对地方红色文化继承弘扬与价值传播方面，特别是在区域红色文化融入本地高校思想政治教育的内容方面，还往往呈现出学理性、创新性不足的问题。通过调查发现，在川渝地区的大部分高校还未形成系统化、专门化的红色文化研究机制，如地域红色文化研究团队或研究中心、红色文化研究保障机制、红色文化传承与传播的反馈机制等还未广泛建立。由于系统化的研究还比较缺乏，因此在对本土红色文化资源的发掘保护、梳理校对、内容整合、实地考察、开发利用、场馆修缮、扩大社会影响等方面的工作就相对滞后。一方面，川渝红色文化主要以物质形式、精神形式、制度形式而存在，其中物质和制度形态的红色文化是精神形态的载体。因此，川渝红色文化主要以史料记载、革命历史遗迹等存在。目前，川渝高校所成立专门的本土红色文化资源研究团队数量尚较为稀少，这就导致在红色文化融入高校思想政治教育过程中在内容方面就存在内容不足、学理性不强的问题。另一方面，川渝红色文化主要形成于革命战争年代，本身具有很强的历史性与专业性，无论是以课堂教学、实践教学、开展讲座沙龙等方式阐述红色历史，还是以红色微信公众号、主题教育微博、红色网站等方式传播相关历史文化资源，难免会让不少学生感到枯燥无味。这或许不仅仅是教学方式的问题，从深层次、根本性的原因上讲，这可能更是我们今人对红色文化的内容挖掘不够深入、认知不够透彻的问题。很多时候，相关史料资源并没有被研究透，甚至存在很多错漏或是以讹传讹的问题，融入内容就容易停留在表面，就更谈不上将相关内容融会于心后的创造性、创新性的内容讲述与表达了。

2. 融入方式方法陈旧,渠道不够全面

红色文化由于在新时代凝聚中国力量、展现中国精神上具有强大的向心力,在实现中华民族伟大复兴的征程上具有强大的号召力和引领力,这符合并满足了当今中国社会民众的心理需求,其思政育人的价值因此日益受到越来越多的关注。随着红色文化资政育人价值的不断凸显,尤其是高校作为文化育人的主阵地,其需要逐渐加大对青年大学生进行红色文化与思想政治教育的力度,不断地将红色文化融入高校思想政治教育体系之中。将川渝红色文化融入本地高校思想政治教育中的关键之处,不能不提渠道的多样化、方式方法的新颖性、平台的时代化,从而将越来越多的高校学子吸引到红色文化的融合历史性和时代性的文化殿堂中来。近年来,川渝高校也在寻求红色文化融入高校思想政治教育方式创新与渠道多元的努力。但整体而言,对于红色文化融入的方式方法略显陈旧,融入的渠道虽在朝着多元化的方向发展,但对渠道的运用不够深入,没有体现出不同渠道在高校思想政治教育方面的差异性与逻辑性。就本书撰写团队进行调研所知,川渝高校多以课堂教学、理论宣讲、开展讲座的红色教育形式作为理论教学,在实践教学上以参观红色基地、红色景点作为实践教学形式。此外,在网络资源利用、红色校园文化建设上,川渝高校也进行了积极尝试。通过调研发现,川渝高校在地域红色文化融入高校的方式方法、渠道上都比过去那种课堂教学的常规性渠道多了许多,并且结合了信息化的时代特征进行融入渠道的多方面开展。这就需要川渝高校相关主管部门与专事大学生思想政治教育机构作进一步思考,如何在追求创新、多元的渠道基础上,将川渝红色文化资源更有逻辑性、关联性地融入高校思想政治教育全过程当中,以及如何实现理论教学、实践教学、网络教学等形式多样的教学方式运用的平衡与有效,以实现在高校思想政治教育教学效果上的层次性和递进性。

3. 融入程度的不深入、不协调

一部红色文化史,就是一部中国共产党带领全国各族人民反帝反封的浴血奋战革命史,它见证了中国共产党人和人民群众为实现民族解放、国家独立的艰苦奋斗历程,它蕴含了高度凝练的红色精神谱系。今天我们国家的历史方位已进入了中国特色社会主义新时代,红色文化资源深厚的历史性和符合时代发展的现实性,使得将其融入高校思想政治教育全过程中显得尤为必要与紧迫。针对川渝高校学生对红色文化的认知度、情感态度,以及川渝红色文化融入本地课堂教学、校园文化建设等方面的调研结果显示,大部分川渝高校学子对红色文化的内涵、类型,红色文化相关影视作品、文学作品都不是非常了解,更多是处于一种表面性的了解,而不是真正熟悉相关知识。

此外,根据调研结果所示,在情感态度方面,大部分川渝高校学子认为有必要推动川渝红色文化融入本地高校思想政治教育当中而发挥其教育功效,但结合其对学习红色文化表现出的意愿、主动性、兴趣等的情感态度的综合分析,川渝高校学子在意愿上愿意接受红色文化融入本地高校思想政治教育中,而在自主性的行动上是相对滞后的,也可以说还远远不够。这对于反映川渝红色文化融入本地高校思想政治教育中的融入程度是一个独特的视角和极有价值的信息。有些学生在对待学习红色文化的意愿、兴趣、主动性方面并不十分积极和强烈,但对红色文化融入高校又很认同,这便从侧面反映出川渝高校在红色文化融入思想政治教育过程中存在不深入、不协调的问题,在引导学生知行合一的目标上并没有实现。

4.融入教育效果还不够显著

高校的根本目标在于立德树人,它是实施思想政治教育的重要阵地和场所,它是学生走向工作岗位和进入社会前的重要阶段,在这一阶段高校要继续深化思想政治教育并将其提升到一个前所未有的高度,为国家培养政治意识坚定、理想信念牢固的社会主义接班人和建设者。目前川渝高校通过加强自主意识、开拓新渠道、创新方式等手段,推进红色文化融入本地高校思想政治教育,并已经取得一定的成绩。但整体而言,川渝红色文化融入本地高校思想政治教育的效果还不够显著,其融合发展之路任重而道远。

高校是众多学生人生的关键阶段,是其世界观、人生观、价值观形成确立的重要阶段。高校进行思想政治教育的目的就是帮助学生塑造正确的三观,坚定理想信念,培育良好的思想道德修养,以保证青年学生不走邪路、不走弯路,将个人理想与国家发展目标相结合,积极投身于社会主义事业的建设之中。

近年来,川渝高校在党中央关于传承红色文化,赓续红色血脉的号召下,其自主加强红色文化学习的积极性不断加强,推动红色文化进校园的工作也在逐步深入,学生也在有利于红色文化学习和传承的社会环境、校园环境中,切身感受到社会各界在高校思想政治教育工作中所作的努力和创新。但是,川渝高校仍然存在诸多学生对红色文化的基础理论知识掌握不够充分,对其基本内涵不甚了解的情况,毫无疑问这就会影响到红色文化资源的思想政治教育价值的发挥。在对许多川渝大学生作关于"您是否了解川渝红色文化的内涵、类型"这类红色文化认知度的问题调研时,有40.78%的学生表示"一般了解",29.61%的学生表示"不太了解",2.43%的学生表示"完全不了解";当问到"您对川渝地区具体的革命遗址遗迹、红色人物、红色故事、红色故居、红色精神等熟悉吗"这一问题时,有38.11%的学生表示

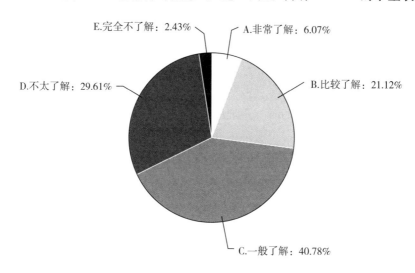

图 7-1　关于川渝大学生"是否了解川渝红色
文化的内涵、类型"的调研结果

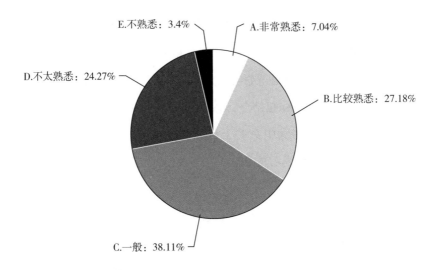

图 7-2 关于川渝大学生"对川渝地区具体的革命遗址遗迹、红色人物、红色故事、红色故居、红色精神等熟悉吗"的调研结果

"一般熟悉",24.27%的学生表示"不太熟悉",3.4%的学生表示"不熟悉"。由此可以看出川渝高校学生对本地红色文化的认知度并不太高,也反映出红色文化资源融入本地高校思想政治教育全过程的成效还不够显著,还需要各相关部门加强协作、持续努力。

二、地域红色文化融入川渝地区高校思想政治教育的问题归因

(一)红色文化资源开发运用不充分不全面

红色文化资源具有历史性的特征,特别是物质形态的红色文化资源,与现时代的我们具有遥远的时空距离感,其开发利用必须是以人的主观能动性为前提条件。从这一前提条件来看,红色文化资源的充分开发利用,就要求人这一主体积极发挥主观能动性,不仅要在现存红色资源的基础上进一步充分挖掘开发红色文化资源,并学习如何利用这些红色资源,以发挥其最大的功能价值。

当前,川渝红色文化资源在开发、保护工作方面受到了很大程度的重视,业已修缮了众多红色故居、红色纪念馆、博物馆等,但无论是当地政府还是本地高校,在红色文化资源开发方面仍然存在不足的情形,甚至还有一些

资源未被发掘就已经遭到损坏了。从红色文化资源管理部门来看,相关保护、管理部门缺位,以及部门之间职责模糊所导致红色文化资源开发利用工作不到位。据统计数据显示,四川现存的革命遗址中没有管理部门的高达61.6%,而在这众多遗址中由于没有人为的保护与修缮,迫于自然环境很可能造成资源的损毁。此外,川渝红色文化资源相关管理部门类型较多,存在职能交叉重叠,这就影响了在资源开发保护上的有效联合和一体化开发,影响了开发保护合力的形成与发挥。从川渝高校来看,其对红色文化资源的整合利用、价值凝练还没有形成合力。大部分高校将本地红色文化融入思想政治教育中普遍采取已被开发且熟知的内容,而缺乏对未知且有开发潜力资源的运用,这就会造成红色文化思想政治教育内容的重复性和僵化性。在红色文化内容研究和价值凝练上也往往不够深入,这就容易导致宣传教育的形式化、片面化和局部化,从而影响教育成效。根据关于高校在教学中对红色文化的运用程度的调查结果显示,有些高校在课堂教学中少量涉及川渝红色文化的相关内容,完全与丰富的红色文化资源不匹配,且在讲解上也是不全面不充分,多为一语带过。

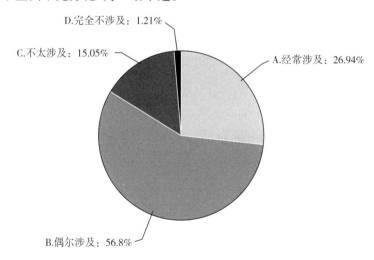

D.完全不涉及:1.21%
C.不太涉及:15.05%
A.经常涉及:26.94%
B.偶尔涉及:56.8%

图7-3　关于川渝地区"高校在思想政治教育教学中对川渝红色文化的运用程度"问题的调研结果

（二）融入渠道逐渐多样化但易流于形式

川渝高校思想政治教育各渠道是地方红色文化资源转化为教育资源的必经之路，融入渠道不畅通、不彻底，地方红色文化资源的思想政治教育价值就难以充分发挥。打通川渝红色文化融入高校思想政治教育的各种渠道是保证红色文化进教材、进课堂、进校园的有利举措。新时代是一个处于社会信息化的时代，川渝地区各高校也在传统教学基础上，积极探索与时代特征相结合的各类型融入渠道，如利用新媒体技术与运营，开设高校红色文化官方微信、微博平台，建设校园红色网站等网络学习平台；利用宣传栏、大屏幕、影视播放厅等播放红色影视作品；利用校园广播站传播红色历史等。

我们可以看到，科学技术的进步为川渝红色文化融入高校思想政治教育提供了多样的媒介手段，促使融入渠道多样化，但依靠多元渠道并不能真正实现红色文化进头脑的目的。最重要的是要在创新多元渠道的同时注重各种渠道融入的实质性效果，而不只是片面地追求融入方式方法的创新而忘了其本质的存在。川渝红色文化融入本地高校思想政治教育的渠道逐渐多元化，但这只是融入的基础性条件，要提升融入的实际效果还要继续深化融入渠道，以发挥各个渠道的最大效用，以形成合力。深化融入渠道就是高校在利用红色文化教育作用时，注重各种融入渠道之间的关联性，融入方式方法的不同理应展现出不同层次的教育效果。如红色理论课堂是展现系统的理论知识，是使学生了解、掌握红色文化的学理知识，以形成对红色文化的初步认知。实践教学要展示的应是在实践中感悟、体验红色文化所蕴含的丰富精神，应达到一种升华学生情感的教学效果。多渠道的融入，不同形式的教学展现应该是一种渐进性、递进性的育人效果，而不是现在川渝高校普遍存在的多样化融入渠道，多样性教学形式而产生一样的、表面的教育效果。

据调查数据显示，川渝高校在将红色文化融入思想政治教育中超六成的学生选择了"课堂教学"和"网络学习"的形式，超七成的学生选择了"理论宣讲或开展主题讲座"和"校外实践"的形式。这说明川渝高校在融入渠道上进行了积极探索和创新，并在高校学生中获得一定认可。结合教育反馈效果,约37%的学生认为红色文化融入高校思想政治教育工作成效不佳,仅23.3%的学生认为教育效果非常显著。尤其是在网络平台红色文化育人效果反馈上,有34.71%的学生认为效果不明显,超5%的学生认为几乎没有效果。运用渠道在增多,但渠道的不畅通、形式化恐成川渝红色文化融入高校思想政治教育效果不甚理想的重要原因。

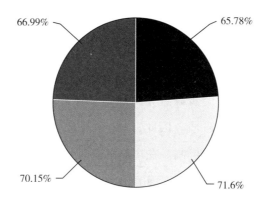

■ A.课堂教学　□ B.理论宣讲或开展主题讲座　■ C.校外实践（参观红色景点、红色基地）
■ D.网络学习（网课学习、网站浏览、微信公众号推送等）

图7-4　关于"高校将川渝红色文化融入学校思想政治教育的形式"问题的调研结果

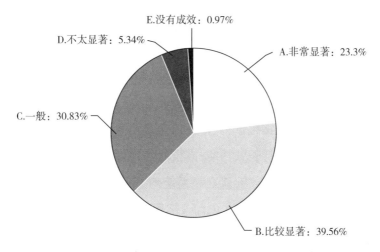

图7-5　关于"高校在促进川渝红色文化融入本地高校思想政治教育的工作成效"问题的调研结果

（三）缺乏系统的红色文化育人机制

近年来,川渝地区各高校为了积极响应党中央传承红色文化,赓续红色血脉的号召,也为了更好实现高校立德树人的目标,积极将区域红色文化融入高校思想政治教育中,丰富完善思想政治教育的内容,为高校学子创设一个立体的红色空间,以更好地发挥红色文化资政育人的实效。川渝红色文化融入本地高校思想政治教育是一个长期性、过程性、系统性的工作,这就需要做好从融入、实施、反馈到评估的各阶段的工作,并且要十分注重其各阶段的连接性。总体而言,各高校系统性地将红色文化融入思想政治教育全过程中的步骤近年来才逐步展开,其融入各阶段的连接性和实效性还处于探索阶段。因此,川渝大部分高校并没有建立起一套较为完善的红色文化育人机制。在川渝各高校依托红色文化开展思想政治教育具有资源优势、区位优势、互动优势,但在融合过程中仍旧出现不同方面、不同程度、不同层次的问题,导致红色文化思想政治教育效果不佳。

一般来说,川渝地区大部分高校在红色文化育人机制建设上的缺位或者说滞后,是导致教育效果不佳的深层次原因。高校思想政治教育将立德树人作为其立身之本,这是覆盖全体学生的教育,是没有一个学生掉队的教育。根据调查数据显示,川渝高校仍存在部分学生对本地红色资源不了解,对本校红色文化建设不清楚。这说明高校没有形成稳定的育人环境,反而在很多时候是一种间断性、间歇式的宣传教育,尤其是在以重大节日、重大事件等为背景下的红色文化宣传、传播体现得尤为明显。要想促使红色文化在思想政治教育上发挥长效功能,高校就必须将红色文化育人作为一项长期性、稳定性的工作来看待,就必须系统地、科学地制定教育方案,成立红色文化研究中心,落实红色文化育人部署,健全理论教学、实践教学、宣传传播、评估反馈等各方面机制,才能保障、提升红色文化思想政治教育的实效。

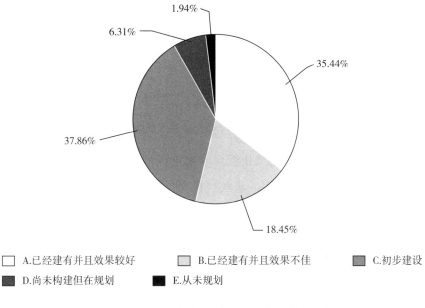

**图 7-6 关于川渝地区"高校是否有完善的红色
文化育人模式"问题的调研结果**

三、地域红色文化融入川渝地区高校思想政治教育的路径探析

川渝高校青年学生是成渝双城经济圈建设的希望和寄托,是实现成渝经济增长第四极的主体力量,他们对川渝红色文化及社会主义核心价值观的认知、认同程度在某种意义上来说就直接影响着川渝红色文化的传承与发展,也直接影响着成渝双城的未来发展。对川渝红色文化融入本地高校思想政治教育的现状、问题、原因三维度的调查分析,归根到底是为了改进其做得不足的方面。总体上,利用川渝红色文化融入本地高校思想政治教育还存在一定的问题和面临相应的挑战,因此,要想合理、深入地推动川渝红色文化融入高校思想政治教育中,更大程度上实现地域红色文化资政育人的价值,就要从以下几个方面着手。

(一)培养红色文化教育传承的专业师资团队

无论何时,教师都是思想政治教育的主力军,是对青年学生进行思想政治教育工作的直接施教者,并且思想政治课的好坏,与教师密切相关,由此可见,教师在校园红色文化的教育过程中扮演着不可或缺的角色,对红色文化育人价值的发挥起着十分重要的作用。因此,在促进川渝红色文化融入思想政治教育中,高校必须努力打造一支具有深厚红色文化底蕴的师资队伍,提升思政课教师的红色文化素养。他们自身的思想道德素质、红色文化知识水平、专业授课技能等状况,直接影响到红色文化的教学效果。首先,高校应加强思政课教师红色文化教育职能培训,在系统学习川渝红色文化理论知识的同时,支持教师深入承载红色文化、红色精神的红色场地,如邛崃高何镇红军长征纪念馆、成都十二桥烈士墓、华蓥山游击队纪念馆、重庆红岩革命烈士纪念馆等地进行学习、参观,身临红色场馆激发敬仰之情,提升红色文化素养。其次,各高校应鼓励思想政治理论课教师积极申报红色文化相关研究课题,以激发教师的红色研究学术热情,进而以扩大自身红色文化知识储备、坚定马克思主义信仰和厚植红色文化情怀。最后,各高校应着力推进地方红色文化资源进自编校本教材、进思政或通识课堂、进实践教学设计,以真正达到红色文化进头脑的目的。创新教师教学理念,强化利用川渝红色文化丰富资源,依托《中国近现代史纲要》《毛泽东思想和中国特色社会主义理论体系概论》《马克思主义基本原理》《思想道德与法治》等多门思想政治教育基础理论课程,将红色文化资源嵌入思想政治理论课程体系之中,以丰富思政课的内容和创新红色文化传承方式,使红色基因首先根植于教师内心、注入教师的血脉与灵魂深处,以此提升思想政治理论课教师的课程教学能力。只有广大教师队伍有了坚定的马克思主义信仰和深厚的红色基因及家国情怀,才能真正讲清楚"马克思主义为什么行、中国共产党为什么能、中国特色社会主义为什么好"这样的根本性问题,才能引导广大学生投身到中华民族伟大复兴的实践中去。①

---

① 参见崔建宇、魏晓红:《山西红色文化在大学生思想政治教育中的作用探析》,《山西青年职业学院学报》2020 年第 3 期。

（二）推进红色实践升华教学效果

实践教学是高校进行思想政治教育的重要组成部分,它以现场性、体验性、启发性为显著特征,拓展了红色文化育人的新途径。红色历史形成于革命战争年代,距离新时代的学生主体年代久远,另外,高校的理论教学也需要红色实践教学来作为重要的辅助教学方式,以形成彼此相互支撑、相互印证的关系。因此,川渝地区各高校应当重视实践教学,将其视为红色文化教学的第二堂课,充分发挥实践教学的独特优势和育人功能。陈列在纪念馆中的历史文物从硝烟弥漫中来,经历了岁月的沉淀和淬炼,以其厚重的历史感和连接时代的温度感,以其承载的红色精神向新时代的我们传递坚定的革命精神、深厚的爱国情怀。每一处革命遗址,每一件革命文物都是宝贵的历史遗产,都是中国共产党带领全国人民为实现民族独立、人民解放历程的真实写照,都是一系列红色精神的物质载体。以革命之足迹、历史之文物来触发高校学生内心深处对革命先辈、革命烈士的缅怀、敬仰之情,以可观、可触之体验来升华红色理论教学实效,正是红色实践教学的目的之所在。

红色文化实践教学要以红色基地为依托。红色文化基地作为爱国主义教育和革命教育的基本阵地,川渝高校应当重视并积极探索与区域内红色基地实现长久合作的模式,推动红色文化实践教学走向常态化、规范化、阵地化、制度化、持续化。川渝红色文化资源极其丰富。目前仅重庆市保存较完好的抗战遗址就有 400 余处,包括中共中央南方局暨八路军驻重庆办事处旧址、红岩村、红岩公墓等等。① 这些革命遗址承载了中国人民无法忘却的厚重历史,反映了中国人民身上最坚定的革命意志和最高尚的道德品质。无论时代如何快速向前发展,革命先辈留给我们的珍贵遗产总是时刻给予后世警示,他们的革命精神永远走在时代前列给予我们精神引领。

（三）搭建红色育人网络技术平台

邓小平曾经郑重指出:"我们政治工作的根本的任务、根本的内容没有

---

① 参见户可英、赵会娜:《网络视域下重庆红色文化传播路径研究》,《新闻研究导刊》2019 年第 10 期。

变,我们的优良传统也还是那一些。但是,时间不同了,条件不同了,对象不同了,因此解决问题的方法也不同。"①当前,为适应时代发展,高校加强网络思想政治教育已经成为一种不可逆的趋势。因此,川渝红色文化融入高校思想政治教育,必须不断适应时代发展变化的新形势,抓住时代信息传播特点,积极搭建红色网络育人平台,建设网络红色文化思想阵地,创新红色文化的传播形式。文化传播以改变人的思想观念为目的,以建立一套社会主流文化系统和态势为目标的一种有目的、有计划、有意识的思想文化传播活动。②

总体而言,网络信息技术对川渝红色文化的传播与发展既是挑战也是机遇。网络传播是一种传播媒介和手段,只要我们合理加以利用,将其与红色文化传播结合起来,就能为频繁接触网络的高校学生提供喜闻乐见的传播形式。首先,川渝高校可在先进网络技术支持下,以弘扬社会主义核心价值观为导向,以传承红色基因为使命,建设校园红色网站。红色网站建设要注意明确网站定位和层次,要深入挖掘地方红色文化资源,实现校园网站与地方红色文化的融合建设,着重突出地域特色。红色网站在栏目设置、内容选取、排版界面等方面要遵循高校学生心理需求,并结合网络文化育人的规律进行安排与建设。如可利用网络信息的便捷性、共享性,将红色文化内容以图文并茂、声像结合、情景交融的形式展现并传播开来,以此增强红色文化的生动性、趣味性和拓宽红色文化的传播面、覆盖面。

其次,需提高红色网站红色文化传播的时效性。高校现有的红色网站,宣传报道会议活动、重要讲话等类型多,而疏于及时宣传与学生活动相关的信息,且强调中国革命历史教育的多,关注学生如何更好接受传统革命教育的少。面对这一问题,高校需明确专人负责制,明确职责,坚持网络文化育人的正确方向和遵循网络文化育人规律,加强教育内容、更新传播形式、增

---

① 《邓小平文选》第二卷,人民出版社 1994 年版,第 119 页。

② 参见郝雨:《中国现代文化的发生与传播:关于五四新文化运动的传播学研究》,上海大学出版社 2002 年版,第 13 页。

强信息服务时效性。

最后,需畅通红色网站的交流渠道,增强其互动性。网络平台已成为当代青年学生人际、人事、人物互联的虚拟中转站,也是学生快速、便捷获取信息资源和沟通交流的场所。高校红色网站建设可通过网站用户注册、留言簿、聊天室、电子论坛、搜索引擎、电子邮件等方式,为学生建设网上虚拟学习、生活空间。在此开展网上党团生活、网上学术交流、网上科技文化活动等,有效实现网络技术平台与学生的互动,培育平台的亲和力,从而改善高校红色文化网站转发式宣传、文字性说教的形象。此外,川渝地区高校还可以建立微信公众号、微博等自媒体平台,把握好媒体宣传平台,利用网络信息传播的广泛性和及时性特征,综合运用文字、图片、视频等多样元素宣传红色文化,增强红色文化的影响力、号召力、传播力,实现高校红色文化资源共享。

(四) 营造红色校园育人环境

高校是人生教育的最后一个学历阶段和场所,对于人的世界观、人生观、价值观的形成具有至关重要的作用。因此,在高等教育中,将红色文化融入校园文化,充分发挥红色文化独特的育人价值,对于为中国特色社会主义伟大事业培育和供给优秀公民,自然具有与众不同的意义。高校环境是大学生学习生活密不可分的重要环境氛围,校园作为一个具有相当规模的单位,其文化可以看作一个区域文化的一个重要组成部分。①

校园文化阵地是高校思想政治教育工作的重要思想阵地,高校理应建设好校园文化,发挥其"润物细无声"的作用。校园文化对学生的思想道德观念、价值取向和行为方式的塑造有着重要的影响。面对复杂多变的国内外环境,面对意识形态领域内的思想激烈交锋,高校要建设好校园主流文化,必须深入挖掘和利用各种优质的川渝红色文化,积极探索将红色文化与

---

① 参见卢秋婷、王大洋:《红色文化融入高校思想政治教育初探》,《吉林广播电视大学学报》2021 年第 4 期。

校园文化建设有机结合起来,以红色精神引领校园文化建设方向,以红色文化彰显校园文化的独特性、魅力性。运用校园广播、校报、宣传栏等传播媒体,建设红色网站、红色微信公众号平台等大力传播、宣传红色故事、红色人物、红色景点、红色影视、红色文艺等,并进一步开展校园红色文化主题活动,如通过搜集革命故事、拍摄经典红色照片和微视频、展演红色舞台剧等红色创作来调动学生参与红色主题创作的积极性,以发挥学生主体性作用。红色电影、红色戏曲、红色歌舞、红色文学、红色工艺品等都是红色文化的优秀载体。① 现代京剧《双枪惠娘》、小说《红岩》、话剧《红岩魂》、戏剧《冈拉梅朵》等红色经典都是川渝地区红色文艺作品的代表性力作。

上述这些红色文艺作品作为主旋律作品的若干种类,以弘扬红色文化、传承红色精神、传播红色故事为己任,在实现中华民族伟大复兴中国梦的进程中发挥着凝心聚力的作用。无论是革命战争年代的红色文艺作品,还是时代创新发展的文艺作品都始终坚持用正确的价值观传承革命精神,用科学的历史观展现社会进程,用深刻的内涵反映理想信念,用丰富的表现形式激发广大人民群众的爱国主义情怀和凝聚时代发展的巨大力量。红色文艺作品走进校园,是学术殿堂贴近生活的转变,是红色文化从抽象到具体的转换,有利于高校学生参与其中、融入其中,触发学生铭记历史、牢记时代使命、激发传承热情而进行自我教育、自我提升。川渝高校也可以与本地纪念馆、博物馆、烈士陵园等红色基地建立长效合作机制,邀请红色基地相关管理部门组织人力物力走进校园,开展内容翔实、大众化的展陈宣传教育活动,为高校学子进行一场红色革命的教育和红色精神的洗礼。

"高等学校培养的人才是否具有坚定正确的政治方向,是否愿意为人民服务、为社会主义祖国服务,这关系到我国社会主义现代化事业的前途和命运的问题。"②红色文化融入校园文化建设,拉近了红色历史与学生的时

① 参见渠长根主编:《红色文化概论》,红旗出版社2017年版,第39页。
② 骆郁廷主编:《当代大学生思想政治教育》,中国人民大学出版社2010年版,第18页。

空距离,有利于学生从身边时刻感悟革命斗争的艰辛和革命精神的伟大,深刻体会民族情怀与爱国情怀,为实现民族梦想、个人梦想提供精神动力。

第三节　川渝地区红色文旅资源开发
利用的现状与问题分析

近年来,川渝地区在党中央、国务院的号召以及各级地方政府关于保护红色文化、促进红色文化旅游发展的规划促进下,红色文化旅游发展势头日益强劲,可谓前景大好。川渝地区在红色文旅资源的开发利用方面,已经取得了一些阶段性成果,受到了国内各界人士的瞩目和关注。不过,该地区的红色文旅资源目前在开发利用的过程中仍然存在若干不足之处,需要我们进一步加以审视、厘清与完善。

一、川渝地区红色文旅资源开发与利用的现状分析

(一) 川渝地区红色文旅资源开发与利用的积极成效

全国红色旅游发展规划纲要的相继出台与全面实施,为红色旅游的发展提供了根本遵循,并指明了发展方向。川渝地区作为拥有丰富的红色文化资源、绿色文化资源、民俗文化资源的地区,积极贯彻落实了红色旅游发展的政策和精神,在文旅资源开发利用方面取得了可喜成绩。

首先,在政策方面,《成渝地区双城经济圈建设规划纲要》的颁布与实施,为川渝地区文旅资源的联合开发与利用提供了政策支持,尤其是其中提到的开发与利用红色文化资源、巴蜀文化资源、绿色生态资源等共建"巴蜀文化旅游走廊",为川渝地区红色文旅资源开发与利用阐明了发展方向与实施路径。此外,四川省陆续出台的《建设文化强省中长期规划纲要(2019—2025 年)》《关于大力发展文旅经济　加快建设文化强省旅游强省的意见》以及《关于开展天府旅游名县建设的实施意见》《关于加强文物保护利用改

革的实施意见》,已经形成了"1+1+2"的政策体系,为四川省大力推动文旅深度融合提供了明确方向和政策保障。

其次,在具体成效方面,相关负责部门近年来较为有序、全面、系统地推进了川渝两地红色文旅资源普查工作,采集了历史遗址、遗迹保存状况,历史故事,人文自然环境,交通基础设施等实际情况,为进一步开发利用红色文旅资源提供了现实依据。结合川渝地区的城镇布局,并结合各地鲜明特色,宣传意识形态相关主管部门陆续建设了一批爱国主义教育基地,主要包括纪念馆、陈列馆、史料馆、博物馆、烈士墓园、红色名人旧居、红色历史遗址等纪念性的红色场馆。在国家宏观政策指导和川渝两地政府部门的具体规划实施下,相关施政者持续加大了对革命老区的经济社会发展政策倾斜与文化产业开发扶持力度,加快了红色文旅资源的开发与利用,极大地改善了红色旅游开发区域、红色景点的出行、住宿、餐饮等方面的基础设施,大大提高了游客对相关景点与旅游目的地的满意度与认可度。同时,红色文旅资源的开发与利用,也促进了各地旅游经济的发展,增加了地方旅游收入,进一步推动了产业结构的优化。

(二) 川渝地区红色文旅资源开发与利用存在的问题

1. 红色文旅资源开发不足或过度开发

红色文旅资源的开发与利用是一对相互关联、相互促进的关系。红色文旅资源开发是红色文旅产业发展的基础和前提,可以说,红色文化资源挖掘、开发的程度,在一定意义上就决定了红色文旅产业的发展前景。因此,就川渝红色文旅资源开发与利用工作来说,相关工作部门应该充分意识到开发不足或过度开发都是不可取的,并在实际工作过程中平衡好这对关系,要做到有序、有节、有度、有利的开发与利用。红色文旅资源开发与利用的不足,主要表现在某些地方有时会单纯地去寻找、发掘、保护红色文化资源,而不统筹红色资源周边的生态自然资源、地理位置等因素,而制定其开发利用的相关发展规划。这就易导致文物总体形象被破坏,进而失去将红色资源转化为育人资源、经济资源的潜在可能性。对待本地红色资源既不保护,也不利用,这是最为消极的态度,其实在个别地方亦有存在。例如,个别地方相关部门对红色资源进行全面摸底普查、登记造册等基础性工作都存在懈怠情形,在某种程度上这是工作失职的表现。由于受到市场经济趋利意识的影响,部分地区将红色资源看作简单的可创造经济收益的资源,忽视了红色文化的政治属性、社会属性,只顾追求短期经济效益,而进行红色文旅资源的过度开发甚至破坏性开发,这就会造成碎片化、庸俗化的开发利用现象。要发展红色文旅,如若丢掉了红色文化的本质精神与深层内涵,那就相当于失去了文化旅游产业的灵魂,而仅仅是一种浅层次观赏性甚或庸俗消费性的游玩活动。红色文化资源在旅游中的效能、优势如果没有充分展现、发挥出来,在很大程度上说就是一种对红色资源的浪费和破坏。不少地方在发展红色旅游方面,还存在旅游产品开发、景区内容、文创周边产品等形式雷同单调的问题,在根据自身特色进行深层次的开发方面还有待加强。①

　　总体而言,红色文旅资源蕴含的是一种精神、一种信仰、一种追求,它与消费型文化资源、娱乐型文化资源、学术型文化资源、鉴赏型文化资源不同,红色文旅资源开发与利用应遵循其精神品质、历史底蕴,而不能过度追求市场化、产业化、形式化、工具化,甚至是低俗化的趋势。② 如若过度的、扭曲的包装和开发,就会消弭红色文化资源的精神内涵,弱化红色文化资源发掘的价值,进而导致失去其传承与发展的时代意义。

　　2.空间布局不合理,尚未形成合力

　　从区域上看,川渝红色文旅资源的开发与利用存在区域开发利用不协调。川渝两地由于受行政区划因素的制约,在红色文旅资源的开发与利用上容易形成各自为政、单独规划、单打独斗、重复交叉的情形。目前,从川渝两地著名红色文旅资源的开发与利用来看,四川有"一线两区","一线"是指红军长征途经四川的地区,"两区"是川陕苏区和名人故里。这是四川红

---

① 参见中共珠海市委党校课题组:《珠海红色文化资源的保护与利用初探》,《中共珠海市委党校珠海市行政学院学报》2014 年第 5 期。
② 参见渠长根主编:《红色文化概论》,红旗出版社 2017 年版,第 256 页。

色文旅资源开发与利用的三大主题,也是四川最为著名的三大红色旅游景区。而重庆的红色文旅资源具有集中分布的特征,从红色遗址分布来看,主要集中在中心城区,尤以红岩精神和抗战精神著称。从川渝两地现有的著名红色景区来看,总体上是比较合理与成体系的,但在某些领域两地在红色文旅资源的开发与利用上仍然存在缺乏统筹规划、一体建设的思想意识与实践作为,还需要进一步补齐短板、相互融合、相互支撑,以提升相关资源开发与利用的总体效能。

据本书撰写组调研所知,目前在空间布局方面的相关问题主要有以下几点:一方面,各方似尚未对川渝区域内的所有红色文旅资源进行全面、系统的普查和梳理,未形成联合、联动跨省区开发利用相关资源的基础性机制。如果我们对川渝两地红色文旅资源没有一个完整、系统的掌握,就不可能在宏观上对红色文旅资源的成因、样态、特色、质量、数量,以及区位、环境、交通、软硬件设施、客源波动等种种开发因素作出全面、中肯的认知与评价,更不可能切实执行两地联合开发、共同利用区域红色文旅资源的政策方针。如若缺乏对川渝两地红色文旅资源在宏观上的熟悉与掌握,就容易忽视整体性开发利用的重要性,而往往采取单点、分散开发利用的方式,最终导致川渝两地红色文旅景区空间布局分散、品牌效应弱化、总体竞争力不强的局面。川渝两地虽属于不同的省级行政区划,但随着成渝双城经济联动的趋势越发凸显,尤其是在成渝地区双城经济圈建设的大背景下,川渝地区的文旅资源交融交汇和联合开发、利用理应加快进程。其中最为重要的一点就是要引起文旅资源相关管理部门的重视,对川渝红色文旅资源的开发与利用进行统筹规划,展开一体化建设。另一方面,某些地方存在线路设计陈旧、特色不够鲜明的问题。川渝两地没有依据时代发展特征和游客实际需求去审视红色文旅线路的设计,两地红色文旅景区没有相互衔接、相互依存、相互融合。川渝现有一定规模的红色文旅景区相对较少,景区与景区之间缺乏内在的联系与互动,旅游线路单一且陈旧,亮点不突出,文化内涵不深刻,没有形成网格状的、相互紧密联系的空间布局形态。川渝两地的红色文旅资源开发与利用在空间上的不协调,以及常规的旅行线路设计,缺乏体验式、情景式的旅游线路安排,实质上就是观光型的旅游体验,并不能使游客从更深层次认识和了解川渝地区红色文化的丰富内涵。这也就不能促使游客从红色文化旅游活动中窥见历史原貌、感知革命艰辛,难以在路途中激发、深化其爱国主义情怀,也就不能充分发挥红色文旅的思想政治教育功用。

3. 缺乏学理支撑,专业人才储备不足

川渝地区红色文旅资源的开发与利用,是一项涉及文化产业、旅游产业基础设施产业、物流产业、人力资源产业、食宿与商品贸易产业等多方领域的系统工程,而专业人才的总体欠缺自然会制约红色文旅资源开发与利用的程度与效度。总体上说,川渝红色文化资源丰富、形式多样,包括红色遗址、红色器物、红色人物、红色纪念建筑、红色文献、红色歌谣、红色故事、红色文艺创造等,具有高度的政治性和专业性,其资源的开发与利用需要党史党建、文物考古、文学艺术等多领域的系统化、专业化研究和协同合作开发利用。

红色文化资源是一种历史性、政治性极强的文化资源,必须要有专业的红色文化研究团队才能深刻认知理解其内涵,才能合理开发与利用红色资源。并且随着数字化、网络化、信息化技术的迅速发展,红色文旅资源开发与利用工作对开发团队提出了专业性、技术性、学术性、实践性较强的、高水平的要求,这就需要从事红色文旅资源开发与利用的工作者,不仅需要具备较强的专业知识,还需要有相关学科理论和技术的支撑。[①] 川渝红色文旅资源在开发与利用上,如对红色景区文化主题内涵的设定、对红色展陈布局的设计规划、对周边城镇的基础设施建设配套的支持等方面或仍存在若干有待查漏补缺的问题。另外,各场馆在展陈大纲设计方面仍然存在不少常识性错误,如表达不准确、图文不符、史实错乱、逻辑不清、时间线混淆错乱、

---

① 参见禹玉环:《红色文化遗产保护探讨——以遵义市为例》,《山西档案》2014 年第 2 期。

内涵提炼不精准、展品匹配错误、未遵循历史原貌等各类问题,在本书撰写组的考察调研过程中就屡屡发现。这在一定程度上亦反映出,川渝两地在红色文旅资源的开发与利用上与红色文化研究团队、平台的共建共享等方面存在沟通不畅、合作意识不强、互相支撑不足的问题,更鲜少有红色景区、红色纪念场馆与专攻区域革命历史及红色文化的高校科研团队、学界学术团体等专业研究团队建立长效合作机制,例如定期召开专题研讨会、实地联合勘探走访、展陈改扩建项目定点合作等行业交流与共同实践活动,仍较为鲜见。某些区域的相关主管业务部门也存在着官僚主义、形式主义,不尊重、不重视业内专家意见,在工作作风上敷衍塞责、得过且过的不良现象。

总之,区域红色文旅资源的开发与利用工作,具有系统性、长期性、复杂性的特征,每一个环节都需要专业型人才的参与。对红色文旅资源的开发与利用有多个步骤,从对地域红色文化具体内涵的熟悉、认知、掌握,到对其展陈内容的政治把关、学术把关及严格审查,再到对其展陈逻辑与呈现形式利弊的实地考察、调研,最后到提出细化、切实的解决方案,上述过程都需要相关历史功底深厚、文献把握全面、政治敏感性强、具备一定展陈设计经验的专业人才深度参与。既要从文献档案记载中发掘、获取有效信息,然后经过校对、审核、论证等步骤,才有可能在实地勘探走访过程中发现问题,并解决问题。红色资源的挖掘是文旅融合发展的第一步,要促进文旅资源的联合开发,并依据其地理环境、自然生态资源等要素,合理、合适、合情地打造红色文旅景点,将是一个更具实践性、现实性的工作。此外,有个别从事红色文化资源开发管理工作的相关人员,自身并未对地域红色文化有深刻、系统的学习,未能深刻认识到传承、弘扬红色文化是新时代中国特色社会主义文化事业发展的新使命与新方向,更缺乏必要的学理与情怀支撑,以致在工作中不能更好地服务于区域红色文化资源的开发与利用工作。[①] 由此可

---

① 参见邱思扬、李克龙、蒋道平:《四川省红色文化资源开发与创新性发展路径探析》,《西南科技大学学报(哲学社会科学版)》2019 年第 3 期。

见,红色文旅资源的开发与利用对专业型、复合型人才需求量极大,而现实情况是从事红色文旅资源开发与利用相关工作的专业人才相对匮乏,这就构成了人才需求与供给要求的结构性矛盾。

二、川渝地区红色文旅资源开发与利用中的问题归因

(一) 认识定位存在偏差,资源整合利用程度不高

对川渝红色文旅资源认识定位的不准确,制约了当前川渝两地红色文旅资源的有序、合理开发与利用。客观上,川渝地区红色文旅资源丰富,但有的基层党组织和政府主管部门并没有深刻认识到红色文旅资源本身具有的潜在价值,缺乏把红色文旅资源放到国家文化大发展大繁荣和文旅产业振兴的宽阔视野中来整体谋划,造成在实际工作中出现的重宣传轻实践、重开发轻保护、重政治导向轻学术把关乃至相关资源开发混乱无序的现象。一方面,随着近年来红色旅游的火热发展,一些革命老区或有着丰富红色资源的地方,依靠地域红色文化体系而大力发展旅游业,提高了当地居民的人均可支配收入,获取了较大的经济效益。在市场趋利的大环境下,有的地方政府为了短时间内迅速增加地方收入和提升政绩影响,而过度开发红色文化资源,极度追求红色文化资源的经济效益而忽视了其社会效益,从而导致保护力度跟不上资源开发与利用的速度,造成经济效益、社会效益、生态效益失衡的局面。另一方面,对川渝红色文旅资源在政治、教育、生态、经济、社会服务等方面的潜在价值,亦存在认识不足、不够深刻的情况,缺乏开发与利用红色文化资源需要理念、方式创新的先进意识,而导致有的地方在资源开发上潦草浮躁、故步自封,或从根本上就没有重视的情况发生。比如,一些地方的纪念场馆、革命遗址、红色名人故居等纪念设施,维护保养不固定、不及时,导致设施损毁严重的情况时有发生。这就大大丧失了红色文化在培育社会主义核心价值观、促进地方经济发展、推动产业结构调整等方面的功能价值,也与传承红色文化、赓续红色血脉的时代号召背道而驰。

（二）统筹规划与一体化建设意识不强

红色文旅资源的开发与利用在全国大部分地区,尤其是革命老区迅速发展起来,红色文旅前景一片向好。在指导红色旅游发展规划制定上,全国红色旅游工作办公室根据时代发展特征,并结合当前红色文化旅游发展情形,也已经先后制定了三期全国红色旅游发展规划纲要,从战略上、根本原则上指导全国红色旅游的发展。然而,在红色旅游发展规划纲要的具体实施上,很多地方政府并未将本区域红色文旅资源的开发与利用置身于全省市或全国红色旅游发展的大环境、大格局中。川渝两地虽自古经济文化往来频繁,联系紧密,尤其是改革开放和社会主义市场经济制度建立以来,川渝两地在资源配置上坚持市场化原则,经济发展要素在新时代更是相互融合、相互吸引,形成了成渝双城的竞合局面。随着成渝地区双城经济圈上升为国家层面的重大战略,其也成为中国最年轻、发展潜力巨大的双核型经济圈。

不过,川渝地区在行政区划和经济规划区域上的特殊性,使得两地在进行红色文旅资源开发与利用上难以避免各自为政、单独规划的问题。在现代城市发展进程中,成都、重庆两城之间由于多种原因时而处于相互竞争的态势,其经济互动尚不尽如人意,部分产业因整合度、融合度不高而导致产业布局趋同,产业结构相似,甚至可以说,比邻而建的两座区域中心城市之间还存在着一定的博弈与暗中的较量。这说明成渝两城在中国特色社会主义现代化城市建设进程中,合作虽有,但竞争也时时存在着。这样也难以在以旅游业为代表的第三产业发展中完全避免这一问题,尤其是近年来发展迅速的红色旅游业也隐约可见恶性竞争等问题。以至于川渝两地在开发与利用红色文旅资源因缺乏或者说统筹规划意识不够强,导致了诸多景区建设规划雷同,旅游开发项目高度相似等现实问题,以致形成表面的恶性竞争。川渝两地因行政区划的不同而使得行政管辖权不同,在红色文旅资源开发与利用上,因两地的各级主管部门较为缺乏统筹规划、一体化发展的意识,容易导致各自为政、零碎规划的结果。但事实上,川渝两地有不少共有的红色文化资源,尤其是在川东北与渝西北的交界地区。红色文化资源虽共有却出现共建共享不足的局面,在很大程度上便是因为相关部门在规划层面缺乏协同开发和共有共享的文化意识和联动意识,以至于一些共有资源遭到忽略乃至湮没于尘世,而另一些资源又被重复开发,遭至浪费。

(三) 部门、社会、高校沟通渠道不畅

川渝地区红色文旅资源的开发与利用,需要基本的学术素养、理论底蕴来作支撑,这表现在开发与利用过程中的方方面面。地方文旅资源相关管理部门往往会出现研究党史革命史、红色文化、区域经济发展、旅游产业发展等方面的专家短缺现象,而导致在开发与利用过程中出现一些常识性错误、内涵理解偏颇、旅游景区配套设施设置不合理等问题。川渝两地不仅要在意识上高度重视红色文旅资源的开发与利用,更要在实践中畅通社会各界的沟通交流、合作研讨渠道,从而为两地红色文旅资源的开发与利用提供充足的学术、理论支撑。红色文旅资源的开发与利用不仅是一项经济工程,也是一项重要的政治工程,以及文化教育工程,从社会各界参与的广泛性上来说,又是一项覆盖面广大的社会工程。事实上,川渝各级政府,尤其是地级市、县(区)政府在当地红色文旅资源的开发与利用过程中,联合社会各界力量来助力其开发的情况尚不普遍。其本质原因或在于有的地方在红色文旅资源的开发与利用过程中与社会各界缺乏沟通渠道,匮乏社会专业产业平台、高校研究团队的支持与帮助,往往导致开发利用的学理支撑不强。

第四节　川渝地区红色文旅资源开发的
可持续发展路径与对策

上文分析了川渝地区红色文旅资源开发与利用过程所面临的若干问题及其原因所在,我们要实现川渝地区红色文旅资源的可持续开发,将其保护、发掘、开发、利用等过程冶于一炉,充分助力于地方经济社会与精神文明

软实力的建设发展,就需要努力寻觅对上述这些问题的解决之道。经过笔者的思考与初步探索,拟在参考其他地区相关经验的基础上,提出若干或许值得尝试的优化发展路径,以供学界、理论界与相关主管部门参考借鉴。

一、坚持红色文化与绿色文化协调互动发展路径

众所周知,红色文化资源是具备深重历史底蕴与思想政治教育功能的宝贵资源,而地方绿色文化资源也是十分珍贵且往往不可再生的资源,这二者都极具时代价值与现实意义。本节拟将二者结合起来,以增加探讨地方文化资源开发与利用的视角,从红绿融合的层面来考察二者协调互动以促进地方经济社会发展的渠道。红色文化与绿色文化都是中国特色社会主义先进文化的重要组成部分,其在传承红色文化和加强生态文明建设的时代境遇下,为红、绿文化的创新发展提供了时代机遇。川渝红色文化在前面已有详细阐述,这里不多加赘述。在中华文明发展史上,"绿色"同"红色"一样,不仅仅是以一种物理颜色而存在,更多的是在文化发展中呈现出丰富的文化内涵,以一种独特的文化样态而存在。"绿色"意蕴充满生机和希望,寓有环保、健康、无公害、可持续之意,这是绿色文化生成、发展的基础。不言而喻,绿色文化就是以"绿色"为基底,在人与自然相互交融、相互渗透的过程中而逐渐生成、发展的一种文化形态。绿色文化有广义、狭义之分。广义的绿色文化即人类与环境的和谐共进,是使人类实现可持续发展的文化,它包括一切不以牺牲生态环境为代价的绿色产业、绿色企业、绿色工程等,也包括内涵绿色象征意义的生态意识、环境美学、生态旅游、生态教育等诸多领域;而狭义的绿色文化是指人类适应环境而创造的一切以绿色植物为标志的文化,以采集——狩猎文化,农林业、城市绿色,以及所有植物科学等为代表的文化。① 显然,无论是广义上还是狭义上的绿色文化,都是以崇尚

---

① 参见李后强、秦勇:《红色文化与绿色文化融合发展研究——以四川为例》,四川人民出版社 2016 年版,第 9 页。

自然、保护环境为发展理念,以可持续发展为根本目标,实现人与自然和谐共处为现实导向的文化形态。

川渝地区是中国人文、自然地理版图上独具特色的区域,从文化样态上来看,巴蜀文化、民俗文化、红色文化、绿色文化交相辉映,展现了川渝板块作为中国西部地区文化富集之地的显著特征。川渝地区优越的气候条件、地理位置,孕育了丰富的自然资源,是长江上游的生态屏障,生态环境宜人宜居。川渝也是近现代中国波澜壮阔的革命斗争史与社会主义国家建设史上的红色之地,长征文化、川陕苏区文化、抗战文化、红岩文化、三线文化等红色文化反映了川渝地区各个时期政治、军事、经济、文化、宣传以及党领导川渝人民战斗的各个方面,红色足迹遍地。红色是川渝板块的历史底色,绿色是川渝地区的现实诉求,促进红、绿配色,实现历史与现实的时空互动,是对川渝红色文化与绿色文化协调发展的新思路,也是川渝红色文旅资源可持续开发的必经之路。

深入推进以旅游为重点的产业发展,夯实红色文旅资源可持续开发的产业基础。大力发展以红色文化为引领,以绿色文化为理念的"红+绿"融合发展的文旅产业,创新旅游发展模式,深化文化旅游基本内涵。这种"文化+旅游"的发展模式,是区域旅游和区域文化相融发展的创意组合,为旅游赋予了人文内涵,同时也为文化传承发展提供了新路径。青山绿水既是大自然馈赠的物质财富,也是宝贵的经济财富。革命战争年代激烈的革命斗争,英勇的红军战士、革命烈士、抗战英烈、开国元勋、人民卫士等红色人物的斗争事迹,为川渝大地留存了丰富的、珍贵的历史文化遗产。川渝红色文化与绿色文化独具魅力、特色鲜明,是实现红色文旅资源可持续开发与融合发展的绚丽文化载体。川渝板块内许多民族地区和革命老区均是大革命时期、土地革命战争时期、抗日战争时期、解放战争时期等各阶段的主要斗争事迹所在区域,今天看来,这些地区的红色文化资源和绿色文化资源均十分丰富,可着眼于长远深度挖掘与开发利用。在川渝地区红色文化遗产名录上,将帅故居、川陕苏区、起义旧址、红军战斗遗址、长征路线遗址、解放战争重要战役旧址等,都极具红色特征和历史意义。当地可结合文旅产业发展规律与生态自然环境,在有效保护历史文化遗产的基础上,合理、适度开发利用革命资源与自然资源,对重点历史文化遗产,尤其是生态环境优美的地区进行重点保护性开发,打造乡村旅游、生态旅游与文化旅游相结合的旅游重点区域。具体而言,可在已经确定的全国重点红色旅游区"雪山草地红色旅游区""川陕渝红色旅游区"以及四渡赤水、巧渡金沙江、彝海结盟、会理会议等一系列红军长征遗迹遗址,培育打造重点红色生态旅游区、红色旅游精品线路、红色旅游经典景区和生态旅游体验区,不断增强红色旅游与生态休闲相结合的吸引力、竞争力,进一步发展壮大川渝文旅产业。

大力促进以文旅产业为代表的第三产业的高质量发展,为红色文旅资源可持续开发提供经济保障。川渝地区红色文旅资源的可持续开发利用是一项系统的经济工程,资源的开发与利用离不开经济层面的投入与支撑。由于红色文旅资源在政治上的特殊性,大多数区域红色文旅资源的开发主要依靠政府的财政支持,而这并不是在社会主义市场经济体系中最佳的资金投入方式。大力发展以文旅产业为代表的第三产业,增加当地居民收入和地方财政收入,为红色文旅资源的进一步可持续开发提供循环资金支持,是为可取之策。"文化+产业"是依托文化资源及其蕴含的人文精神为产业发展注入新的活力与生机,孕育出新的产业技术、新的产业形态与新的产业经济形态,并同步提升产业的文化内涵与综合效益的新型业态。

目前,以红融绿、以绿促红的红色生态旅游已经显示出强大的生命力和影响力,在促进区域产业结构转型升级,甚至将其培育为区域主导性产业方面都具有重大优势。一方面,川渝地区要充分利用革命老区的红色文化要素与绿色文化要素,推进"文化+产业"的深度融合与创新发展,进而促进产业经济业态裂变与产业经济结构的优化,进一步挖掘红色文旅产业的驱动力和生命力,实现川渝地区的红、绿文化与产业相融发展的新局面,形成红色文旅产业经济增长新形态。另一方面,延长红色文旅产业链,提升其产业附加值。红色文旅作为一种消费拉动型的产业,可在人民群众对美好生活强烈向往的时代背景下,从供给侧出发,打造一批主题鲜明、契合时代的红色文旅产品创意园区,推出一系列独具川渝地方特色与魅力的红色文旅演艺产品,设计一批传播川渝红色文旅元素的纪念性、推广性、代表性创意产品,培育一批展示川渝地方特色文化形象、具有国际影响力传播力的红色文旅精品和系列品牌文化产品。

川渝地区红色文旅资源的开发,要以可持续发展为原则,以绿色发展为理念。川渝地区开发红色旅游资源要注重保护生态环境,以红色文旅资源的开发利用促进绿色文化的发展,形成以红促绿、红绿文化融合发展的可持续开发模式,在红、绿文化的互动中促进其协调发展,更好地发挥红、绿文化在促进地方社会经济发展、建设一个美丽和谐的川渝地区命运共同体的巨大功能价值。

二、信息技术应用与人文内涵发掘的融合发展路径

川渝红色文化蕴藏着丰富的政治、经济、文化、社会价值,在全媒体不断发展的时代潮流之下,我们应当深挖其内涵,结合融媒体特色,依托成渝地区双城经济圈建设的良好契机,打造具有川渝共同文化性格的特色经典文化品牌。

具体而言,笔者认为,红色文化资源传播或可采用推出社区意见领袖的传播模式。川渝红色文化作为红色文化的一种,亦可循此轨迹,采用意见领袖方式来进行川渝红色文化品牌的打造。意见领袖(Opinion Leader)是西方现代舆论学中一个重要的概念,是指在人际传播网络中经常为他人提供信息,同时对他人施加影响的"活跃分子"。而这样的概念,在移动互联网高度发展的当今,有了新的外延——网络意见领袖。网络意见领袖指以互联网为平台发表信息、观点从而对网民施以个人影响的人物,如微博、微信、抖音、快手、小红书、今日头条、B站等各类信息内容生产商传播商 APP 上的"博主""UP 主"们。他们在全球化信息时代,有着与传统意见领袖不同的特征,他们在网络上时常承担着传播信息、引领舆论、形成潮流的作用。

截至 2021 年 12 月,中国网民规模达 10.32 亿,互联网普及率达 73.0%,其中中国网民使用智能手机上网的比例达 99.7%,智能手机仍是网民上网的最主要设备。移动互联网时代的浪潮,造就了新兴媒体与一大批网络意见领袖的诞生,他们对其粉丝及其他有所接触的受众群体有着极大的影响力号召力。随着互联网原住民的"网生一代"逐步成长,他们慢慢成为了消费群体的主要力量,他们的消费习惯、方式对原有的消费关系产生了极大的影响,社交媒体中的直播等新型消费方式形成了存在于网络社区中的人际传播性质的消费方式。此外,年轻消费者对与传统的媒介传播的信息获取方式有着一定的抵抗力,他们更愿意从群体中吸纳意见或是以独立决定的方式消费。① 川渝红色文化的开发也应迎风而动,顺应新媒体发展的全新潮流,创新思维,发掘出其新的生机。

在具体的措施上,首先,应加大以红色影视、动漫、短视频等为代表的高普及性、高观赏性的红色文化相关产品开发力度。例如,重庆市图书馆、文化共享工程重庆市分中心联合出品了重庆市红色历史动漫系列视频《江姐》《小萝卜头》等文创作品,其以动漫形式为载体,针对广大青少年进行社会主义核心价值观教育,红色知识普及,创新地进行了党史的宣传教育,有助于引导青少年"沉浸式"地感受牺牲奉献、追逐理想的强大信念力量。随着移动互联网的高速发展,在短视频时代下,青少年更倾向于接受短平快的信息传达方式,基于此种原因,以往的党史革命史教学方式、红色文化传播方式亟待转变。在红色文化的开发过程中,要寻找浩如烟海、内涵丰富的红色文化与短视频时代短、快的信息传播特征之间的均衡点。加强红色文化相关 QQ 群、微信群、APP 等线上平台的建设,在如微博、抖音、微信等社交媒体上开设相关的红色知识科普、红色文化宣传账号,以影音、直播、短视频为载体,实现红色文化传播与反馈获取的双向互动。

---

① 参见周婧、贾婧:《融媒环境下红色文化的品牌建构与价值传播》,《青年记者》2020年第 6 期。

与此同时,对川渝红色文化进行普及教育、社会传播的相关资源网站建设亦应加大力度。四川数字化红色文化教育基地是多媒体"智慧党建"展馆,是以网络形式呈现川渝红色文化的电子展馆,其网页通过可互动式滑轨屏提升了体验者观赏的自由度以及红色文化学习的开放度,使得参与者身在家中亦可通过互联网获得游览红色文化展馆、轻松学习红色文化知识的体验。而在部分线下展馆中,也引入了 VR 虚拟现实、AR 增强现实、MR 混合现实以及全息技术,引导红色历史文化从有距离感的抽象化史实描述,向日常生活化的沉浸式参与体验的转化,从静态的图片文字展示向动态的视觉体验的转化,大力提升场馆中红色文化展陈的科技感,着力提高受众的代入感,从而吸引更多游客参与其中,成功提高红色历史文化及其精神资源的传播广度与传播深度。

在信息技术迅速发展的当今社会,利用大数据技术既可以采集参观者信息与建议,更好地提升红色文化相关设施、展馆等的服务质量,又可降低红色文化品牌形象铸造成本,优化红色文化旅游产业结构,促进创新成果与红色文化品牌的融合发展,建构红色文化品牌传播的新模式、新途径。①

三、尝试系统化、科学化、情景化的动态开发原则

笔者认为,对川渝红色文化资源的系统性整合与挖掘,对川渝红色文化资源开发的科学化及情景化探究,都是对川渝红色文化品牌价值的铸造与提升,都是对传统川渝红色文化精神的继承与传播。

在对川渝红色文化开发的过程中,应坚持系统化的开发原则。川渝地区红色文化资源丰富、数量庞大,拥有各类红色文化资源百余处,但是两地资源部分呈现出独立化、碎片化的特征。在对于川渝红色文化资源进行开发的过程中,首先应将这一部分分散且孤立的文化资源以不同的标准进行

---

① 参见周婧、贾婧:《融媒环境下红色文化的品牌建构与价值传播》,《青年记者》2020年第 6 期。

重新的划分整合,合理规划红色旅游线路,将一颗颗碎玉联结成有序又多彩的珠串,形成系统的、相对统一的整体。在以往的红色文化资源开发过程之中,时常是囿于地域行政区划的限制,而将眼光只投放于一省、市、县(区)之内进行规划设计。而川渝两地,虽有区划之隔,但自古共享同样的文化氛围,在革命年代又经历了相似的动荡与纷争,在交通发达的当下,两地似若一体。川渝红色文化的系统性、整体性开发,可采用跨区域体验式旅游线路开发的方法。例如,相关部门或可将今重庆市的战时陪都历史、应对日寇大轰炸史迹、国共重庆谈判、红岩文化等历史著名事件与在四川区域发生的川陕苏区史迹、剑门关战役、四渡赤水、巧渡金沙江、强渡大渡河、华蓥山大起义、川康边人民游击武装斗争等知名红色史实相互联结,依据历史逻辑线链接前后、打通时序,合理规划红色文旅线路,充分利用川渝两地红色、绿色文化优势,借成渝地区双城经济圈建设之便利,以跨区域文旅为衔接点,以成都、重庆为中心,联结两地,带动周边,用跨川渝地区红绿文化结合的线路规划给游客带来风景与精神的双重洗礼。例如,四川广安市便开发了"邓小平故里缅怀之旅""华蓥山游击队革命之旅"等3条红色研学线路,还牵头联动川渝两地相关主管部门,整合两地优质红色文化资源,携手南充、资阳、达州,重庆开州、江津,共同打造"伟人将帅故里行·川渝联线"品牌,推出"一日游""三日游""五日游"等多条红色精品旅游线路,合理整合了散落于川渝毗邻地区的红色文化资源,系统化地推动了点、线、面相结合的立体式、多维度红色文化资源框架结构的打造。

此外,在对红色文化资源开发的过程之中,科学化的开发原则也不可忽视。红色文化的开发与发展必须坚持走科学可持续开发的道路,在规划红色文化开发的过程之中,融入对绿色生态文化的观赏,在接受精神洗礼的同时,亦可一赏自然风光,美育德育二者兼顾。川渝绿色文化见证了巴蜀千年的历史变迁,是融汇了巴蜀大地自然观、生态观等系列观念的自然与人文智慧的总和。川渝的红色文化则见证了中国共产党成长发展的历程,是秉持着川渝性格、川渝特色的伟大革命精神。

红色文化与绿色文化的融合研究是生态关怀与历史关怀的重要体现。在推动川渝红色文化开发,推动红色、绿色文化融合发展的过程中,必须抓好川渝红色地区生态建设。按照系统工程的思路,抓好包括革命老区、民族地区和贫困地区在内的红色区域生态文明建设重点任务的落实,切实把能源资源保障好,把环境污染治理好,把生态环境建设好,为地区发展提供有力保障。① 四川省遂宁市蓬溪县便依托旷继勋所率川军第七期混成旅发动"蓬溪起义"的红色遗址,不断在此基础上深挖红色资源,将"红色德育"与"绿色美育"相融合,在该县的起义遗址牛角沟村投资 1.5 亿元打造了"中国·四川红军第一村"红色文化旅游项目。"中国·四川红军第一村"红色文化旅游项目由该地政府主导,采取"投资主体公司+村级经济组织(合作社)+农户(牛角沟部分村民)+社会投资"的股份制投资方式合力打造。该项目将红色文化、民俗文化、体验教育、高端培训、研学旅行、军训拓展、休闲旅游、生态康养等多方面内涵融合,大力推进发展文化产业、现代科技农业、科旅融合产业、康养产业的发展,助力乡村振兴。如今,"中国·四川红军第一村"已成为省级爱国主义教育基地、第二批省级国防教育基地、四川省烈士纪念建筑重点保护单位、省哲学社会科学普及基地,实现"红衬绿、绿映红"的协调发展。巴山蜀水的独特风光,在孕育巴蜀人民刚猛勇毅、赤胆忠心的性格特征之外,形成了敬畏自然、和合共生的川渝特色绿色文化。川渝红色文化则是党的川渝籍革命者及革命中在川渝地区发生过的具有纪念意义的史实中形成的引人向上、给人鼓舞奋斗力量的优秀精神文化,是受川渝独特的自然环境、人文环境影响之下的巴蜀优秀传统文化形塑而来的。

最后,我们应当坚持情景化的红色文化开发原则。所谓情景化,就是使体验者能够通过耳听眼观、身临其境等方式感知红色历史。现如今全国各地红色文化开发都采取了纪念馆、遗址、展陈馆等来展示革命家的成长历程

---

① 参见李后强、秦勇:《红色文化与绿色文化融合发展研究——以四川为例》,四川人民出版社 2016 年版,第 227 页。

及革命生涯与革命事件的发生过程及历史场景,这些方式是极好地呈现历史情况的方式,但是在此基础上,我们可以创新方法,引入 VR 技术,从而使参观者的历史代入感、体验感更强。重现历史情景,带领观众回忆严酷历史的川渝红色舞台剧开发也颇有成果,如以在成都生活、奋斗的罗世文、车耀先、张露萍、董朗等革命烈士为题材,通过"剧中剧"的形式再现他们斗争历程的话剧《芙蓉花红》《努力餐》,以乐山市五通桥烈士丁佑君革命故事为蓝本的舞台剧《永远十九岁》,从平凡人视角出发讲述党和红军长征在四川境内所发生故事的舞台剧《英雄》,以及华蓥山红色音乐舞台剧《红岩魂》,温江本土原创红色主题舞台剧《追寻温江星火》,广安市同四川省川剧院共同打造的大型舞台剧、原创革命题材川剧《信仰》,等等。

除了上述话剧舞台剧形式的红色文化资源打造之外,红色文旅路线的规划,也是能使参与者身临其境,体验革命之艰辛的极好途径。红军长征路线是精品旅游路线,通过引导游客重走长征路,跟随红军的脚步,一同爬雪山、过草地,组织游客"当一天红军""尝一天红军饭菜",让群众在亲身体验中接受红色文化的熏陶和心灵洗礼,切身感受红军征途之辛苦,体悟红军战士之伟大。安顺场爱国主义教育基地开发了多个教学点位,从红军指挥楼、中国工农红军强渡大渡河纪念碑、红军渡口到孙继先骨灰抛撒处等地,中国工农红军强渡大渡河的过程仿佛得到了复原。战役遗址公园内还设有攀岩、战术训练、独木桥等项目的拓展训练中心,在开展红色文化教育的同时,又兼顾了一般文旅产业所必需的趣味性、体验性、娱乐性,在保证严肃历史事实与红色史迹的传播、浸润的同时,又增强了相关文旅产业消费者的参与度与感受度。

总而言之,川渝红色文化的开发与利用,是一个需要兼顾系统化、科学化、情景化等多方面原则的漫长过程。我们今人应以川渝红色文化的合理开发与合适发展为基础,充分发挥其带动地方经济社会发展的作用,从而在思想洗礼、社会教化的过程中,凝聚社会共识、引领社会思潮、改善人民生活,不断丰富川渝红色文化资源的内涵,为人民群众提供更高质量的川渝红色文化资源成果。

四、双城经济圈建设视域下社会多元化投资开发模式

川渝地区红色文旅资源的开发与利用,是在教育、经济、社会等价值多方面的综合开发,其根本目标是促进红色文化资源和旅游产业的融合发展,以红色文化作为旅游产业的鲜亮底色,并在振兴旅游产业中进一步保护、开发红色文化资源,实现红色旅游的育人价值和经济价值,从而达到社会效益和经济效益双赢的效果。红色文化资源由于其自身的政治性因素,在开发利用方面历来是由国家政府机构做主导的"国有领域"。[①] 这即是说,在红色文旅资源的开发与利用上,主要是由国家、地方政府根据国民经济发展要求而进行有计划地分配财政投入资金。众所周知,在促进红色文旅产业高质量高效率发展进程中,投融资是关键的一环。从红色文旅产业的特殊性上来看,其投资开发周期长、规模大、收益慢,如若单纯依靠政府力量是很难实现红色文旅产业的持续性发展的。因此,将红色文旅产业的开发联动机制拓宽到金融领域是为其注入新的动力、新的活力的首要选择,这对于推动地方文化旅游产业与社会金融资本有效对接,实现红色文旅从被动"输血"到主动"造血"的巨大转变,具有重要的意义。

川渝所属的诸多革命老区虽然拥有类型多样的丰富红色文化资源,但总体上这些地方的文化事业、文化产业基础薄弱,发展内生动力不足,又缺乏充足的建设资金支持。这就导致很多革命老区承载的优质红色文化资源没有得到充分的开发利用,造成红色文化资源的毁损和浪费。红色文化资源由于其历史性、革命性、政治性、共享性、公益性的自身特质,在资源开发与利用上更多地是由政府来主导规划发展之途的。这也就表明红色文化资源开发的资金,主要是来自于政府财政拨款。毋庸置疑,仅仅依靠政府资金扶持来充分开发红色文化资源在日益活跃的社会主义市场经济体制下不是

---

① 参见渠长根主编:《红色文化概论》,红旗出版社 2017 年版,第 263 页。

长久之策,而要在市场中寻求突破、拓宽融资渠道。其中最为重要的是要秉持多元化、市场化的投资开发原则,从而拓宽资金来源渠道,增加红色文化产业的开发活力与成效。

红色文化资源强烈的政治性、教育性,决定了其在与旅游业融合发展过程中依然要以弘扬红色文化,传承红色精神为主旨,以红色为灵魂,以红色为基底颜色来助力经济发展。红色文旅资源开发与利用的特殊性,在很大程度上决定了政府财政资金的投入具有主导性地位,发挥着保障兜底作用。因此,财政资金仍然不能退出红色文旅资源开发与利用领域,而是要在现有基础上改革财政投入方式。比如,在政府扶持上,应坚持以政府为引导的原则,以公共财政投资为主渠道,设立红色文旅资源开发与利用专项基金,加大资金投入力度,并将其纳入政府财政预算管理,建立红色文旅资源开发与利用的投资稳定增长机制,规划性、科学性、综合性地进行红色文旅资源的开发利用与投资建设。

在经济学中,资源是在投入产出过程中作为生产要素而存在的。红色文化资源作为一种兼具政治性和教育性的文化资源,具有转化为经济资源的潜在优势。在社会主义市场经济下,红色文化作为文化资源的存在,必然要进入市场领域,遵循市场经济运行的机制。因此,在红色文旅资源的开发与利用上,理应合理、适时引进市场运行机制。考虑到红色文旅资源在发挥思想政治教育、传承中华优秀传统文化、印证革命历史等方面的作用,应该遵循合理利用、提高效率的原则,调动社会力量并与政府力量一道来共同开发利用红色文旅资源,共同创新发展红色文旅产业。在政府力量与社会力量共同参与红色文旅资源开发与利用的项目中,政府应从顶层设计上制定保障红色文旅资源可持续开发与利用,引导红色文化事业、文旅产业弘扬主旋律的政策措施,以促进红色文旅资源在多方面、多领域、多层次上开发利用的平稳运行。此外,大胆引进市场运行机制,努力探索、积极创新红色文旅资源开发与利用的市场化运作新机制。政府与社会力量在红色文旅资源开发与利用中是两股重要力量,且并行不悖、同向而行。在应用多种投融资工具的同时又关注财税优惠政策,发挥财政投入的引导作用,吸引企业资金、产业资金等社会资金投入到红色文旅资源开发与利用项目上,利用多方力量、拓宽投融资渠道,积极探索国有资本和社会资本共同投入红色文旅资源的开发与利用模式,政府扶持有能力、有条件的红色文旅企业秉持畅通融资渠道的原则,通过利用资本市场而进一步发展壮大,全面吸引社会各方力量进入红色文旅资源开发与经营领域,形成政府力量引导、民间力量为主的投资开发新格局。

五、以寓教于心、情感共融的方式实践思想政治教育目标

思想政治教育关键在"教",落脚点在"育",旨在为党为国育才,将广大的公民培育成社会主义建设事业的合格接班人,这是思想政治教育的首要目标,即从意识形态上形塑人的思想,带有"时时有""处处在"的特征,即存在于一切意识形态国家所存续的历史阶段。思想政治教育在无产阶级革命当中发挥着"生命线"的作用,对于完善个人世界观、培养新型公民、促进社会和谐乃至实现中华民族伟大复兴具有重要意义。当前,我国发展在面临着前有未有的机遇的同时也面临着史无前例的挑战。从外部来说,适逢百年未有之大变局,西方某些大国日常打着所谓民主、人权、自由的旗号,通过文化输出、价值推销等各种途径妄图在中国实现其荒谬的"历史终结论",企图让世界历史终结于西方社会的资产阶级民主制度,在此情形下,我国对内的思想政治教育工作时常面临着严峻挑战。从内部来说,随着我国近年来融入全球化程度的加深,社会主义市场经济体制的确立,以及社会物质财富积累的极大丰富,人民群众的生活得到了极大改善,但与此同时国家主流意识形态与社会主义核心价值观的普及教育却在某种程度上呈缺位及弱化之势,这就导致"重物质轻精神"、理想信念迷失、政治认同混淆不清的跛足"病人"层出不穷,社会上各类"去意识形态化"的声音一度也甚嚣尘上。总之,我们的思想政治教育工作不仅持续面临着外部的冲击,也曾经遭受着来自内部的轻视与挑战。这种境况启示我们,在对全体国民"四个自信"的

塑造过程中,面对着"前有埋伏,后有追兵"的内外困境挑战,我们必须综合考量各种情况、运用各种方式来上好这堂关乎全社会福祉,涉及全体人民根本利益的"大思政课",坚决打好这场关涉国家意识形态的人民战争。人是情感的动物,在众多的思想政治教育方式当中,通情达理即寓教于心、情感共融乃是首选。思想要入脑,必须先入心、入魂,被心底潜意识所接受。

具体说来,以寓教于心、情感共融的方式实践思想政治教育目标包括以下几个方面的内容。首先,从大的社会环境来说,在顶层设计的严肃的话语框架之下,更多接地气的表述及做法为寓教于心、情感共融的思想政治教育方式奠定了基础。诚然,意识形态教育是严肃的,但严肃不代表严厉,更不代表死板,不必通篇采用机械式的话语、提纲式的表述、八股文式的套话来做群众思想政治工作。对于大多数的民众来说,单纯的文件语句传达与照本宣科似的宣讲,往往过于刻板、僵硬,反而使群众难以领会其中的内在精神,因此更多的贴近生活、接地气的烟火味儿融入政策指导思想以及政府指导性文件,对于运用四川丰厚的红色文化资源进行思想政治教育工作具有重要的意义。我们不难发现,服务型政府的要求正在促使各级主管部门作出改变,在众多的红色文化推广文件当中,越来越多地采用了图表、大众化表达及民间语言等,更加便于群众理解和感受。其次,需选拔具有扎实文化修养、专业素质、良好共情能力的思想政治教育工作主体。从狭义上看,思想政治教育工作的主体主要是广大的教育工作者,作为塑造人类灵魂的"工程师",他们必须充分了解红色文化资源的过去与现在、内涵与外延、理论与实践、实质与形式等多层面的内容,才能做好红色文化的宣传大使。了解是基础,传递是目的,纽带则是共情。只有真正的共情,才能在感化自身的基础上影响他人。最后,运用各种先进技术来进行寓教于心的实践。仅仅依靠言语的表达、直观的展示还远远不够,高科技的技术能够模拟、仿真场景,达到"沉浸式"的效果。情感共融方式能够将寓教于心的目的进行升华,情感共融所要达到的是施教者与受教者、先贤和后辈、国家与公民等多个主体身份之间的情感共通、共鸣,最终将红色文化所承载的精神内涵融入其世界观并展现在其日常的实践过程之中。寓教于心、情感共融的方式并不意味着刻意地表演和作秀,不是为了在特定场合做出的应付工作,它应该是始于心、发乎于情的表现,需要更加的日常化、生活化。

用寓教于心、情感共融的方式来进行思想政治教育活动是当下思想政治教育活动所必需和急需的。在这方面,我们也取得了不俗的成绩。在2021年中国共产党的百年华诞之际,党中央发出了在全社会进行党史学习教育的号召。各级党委和政府积极响应,取得了骄人的成绩。在四川省各级党委和政府的引领下,四川主流媒体工作者与从事红色文化研究的学者通力合作,共同努力拍摄了系列红色历史文献纪录片——《马克思主义在四川》。不同于以往的叙述型纪录片,它在历史的基础上遵循着美学的规律,通过情景再现、主人公视角讲述、专家讲述等多种方式,塑造了早期川渝革命者伟岸的形象,在彰显纪录片深度的同时传递了情感的温度,给四川人民和全国观众带来了新颖亲切之感。该纪录片后来登上了"学习强国"平台。此外,另一重要百集系列纪录片——《党旗引征程——中国共产党一百年四川印记》,也在川渝诸多红色文化影视作品中脱颖而出。在珍贵的历史影像资料基础之上,该纪录片全面盘点了百年党史中发生在四川的重大事件、重大成就和涌现的典型人物、典型故事,生动展示了党领导巴蜀儿女实现伟大复兴中国梦的奋斗历程。此类节目既有编年体的叙述、纪传体的通透,也有散文的优雅,还有小说的跌宕起伏,打通了历史与现实、理论与实践、理性与情感,每一帧都在解读"中国共产党为什么能",每一集都在提问"我们应该成为怎样的人"。在马克思主义文化观的指导下,类似的优秀作品将不断充盈我们的主流文化领地,给人民带来红色文化盛宴。

六、成渝两地及川渝地区的红色资源发掘利用共享共建形态

随着经济社会的发展、变迁,今日的川渝大地情形已不同以往。但两地

的文化渊源系出同宗,文化血脉相近,"同属一个经济文化区"①,红色文化更是一根藤上的两个瓜。在推进成渝地区双城经济圈建设的大背景下,坚持"川渝一盘棋"的理念以实现两地资源共享、利益共建、风险共担乃是大势所趋。此前,由于行政规划的相互独立性所限,川渝各领域在合作上存在较多的困难,间接地形成了人为的阻隔。有学者回忆当年申报《川剧老艺术家口述史》(重庆卷)多次被拒,认为其中主要缘由在于"四川省的研究单位,去研究重庆市的艺术院团,有'越界'嫌疑"②。成渝地区双城经济圈要谋求更广阔的发展,必须最大限度地打破这种人为的地域界限,打造多领域、全方位、深层次的共享共建形态。2021 年 11 月,四川省教育厅和重庆市教育委员会联合出台了《成渝地区双城经济圈教育协同发展行动计划》(以下简称《计划》),从"优化提升教育功能布局""促进基础教育优质发展""加快职业教育融合发展""推动高等教育内涵发展""推动社会教育规范发展"五大板块,罗列了 10 项相应要求,为成渝地区双城经济圈的文化合作奠定了总基调。

在唱响"双城记"的号召下,经济搭台、文化唱戏的模式逐渐形成。在这样的环境之下,以经济为支撑,"共同打造数字城市、智慧城市;大力发展基于物联网、大数据、人工智能的专业化服务,提升各领域融合发展、信息化协同和精细化管理水平"③是两地未来的努力方向,以大数据、云计算为平台建立好两地红色文化资源数据库,形成数据资源共享共用,具有了较高的现实意义和可操作性。其次,通过相关政策互通有无,促进两地的文化交流,包括文化产业和文化事业的合作。利用两地优势发展两地的红色旅游产业,吸引两地人民在闲暇之余享受邻地的文化宴席。在文化事业上,两地应综合利用各地优势,推出更具有历史底蕴、地方特色的精品文化作品。

---

① 徐中舒:《论巴蜀文化》,四川人民出版社 1982 年版,第 6 页。
② 万平、吕佳音:《借力成渝双城经济圈建设 促进川剧保护、传承与发展——以〈川剧老艺术家口述史〉(重庆卷)为例》,《四川戏剧》2021 年第 11 期。
③ 何一民、崔峰、何永之:《多维度视阈下成渝地区双城经济圈建设探析》,《四川师范大学学报(社会科学版)》2021 年第 3 期。

　　除了发挥政府的主导作用,市场自发的合作也颇为重要。社会主义市场经济体制下,市场在资源配置中起着决定性的作用,对此我们要加以利用和引导。出台相关的政策及法律法规,刺激两地市场合作行为,同时为两地文化合作保驾护航。此外,也应该鼓励非营利性社会文化组织积极参与两地文化合作。推动川渝两地携手打造文化共享共建平台一靠政府,二靠市场,两者缺一不可。政府在其中起着协调和组织的功能,在市场的作用下,推动两地将已有的资源进行统计、整合。再次,广博的川渝地区还蕴藏着尚待开发的红色文化资源,在保护的前提下综合利用现有条件,对其进行开发利用是促进两地经济文化发展的一大策略。许多挖掘不够或者尚待挖掘的红色文化资源应当得到两地相关人员的关注。具体说来,包括两方面的内容。第一,要在大量调研走访的基础上挖掘当地的红色文化资源,不可无中生有,也不应跟风争抢其他地区的红色文化资源,造成"资源打架"的情况。在这当中,在调查走访基础之上的挖掘又极为重要。笔者在调研走访过程中,发现了若干可能存疑的红色文化资源。如成都市蒲江县一村子里有一个无名红军墓,该处被当地相关部门授名为"成都文化地标",但仅就笔者所见,该红军墓尚未得到充分的保护和发掘。从村镇到红军墓的交通极为不便,埋葬的红军烈士为无名氏,红军墓碑也成了无字碑,墓园内外也显现着年久失修的荒芜。历史具有复杂性与久远性,受文化地域和时代环境所限,对于一些现今尚存疑的红色文化资源一时难以解开其中的谜题,但作为后来人,在既有的基础上,下功夫复原史实,努力找寻答案,为红色文化保护性发掘发声,以再现那段红色历史记忆,是今人该有的历史态度和现实自觉。第二,对于挖掘不充分或缺乏特色的红色文化资源应加大研究力度。在发掘过程中,成渝两地的红色文化资源还可以与两地的民俗文化、地域风情、生态旅游、主题公园等加以结合,从而形成新的地标特色和文化旅游增长点。需要说明的是,共建是共享的基础,共享是共建的结果,在共建共享过程中,两地还需要考量利益分配、风险担当、权责主体等多方面问题。"川渝一家亲",在新的建设环境下,今人应举全域之力为唱好"双城记"贡献力量。

第八章　川渝红色文化体系对于打造成渝地区双城经济圈的现实价值

如前所述,川渝红色文化体系是包括红色物质文化、红色精神文化、红色制度文化等在内的复合型文化形态系统,其在成渝地区双城经济圈建设战略背景下被赋予了铭记历史、文明传承、思政育人、促进经济社会发展,以及推动川渝两地共享共建、交流互动的时代使命与现实价值。下文笔者将尝试从多个层面就川渝红色文化体系对于打造成渝地区双城经济圈的现实价值展开论述,以就教于方家。

第一节　铭记历史的价值

一、红色资源保护发掘推动双城民众共同历史记忆建构

近年来,有研究者曾提及:"在新民主主义革命的不同阶段,因革命斗争具体目标、任务的需要,区域本土文化土壤等社会历史条件不同,又培育生成了各具鲜明区域特色的中国革命文化。"①中国共产党在川渝地区的不同历史阶段中的伟大革命实践中,孕育了长征精神、川陕苏区精神、抗战精神、红岩精神等系列革命精神,这些带有历史烙印的革命精神代表着川渝红

---

① 李康平:《中国革命文化基本理论问题研究》,《马克思主义研究》2015 年第 7 期。

色文化的核心和灵魂。习近平总书记曾指出："要加强抗战遗迹保护开发，发挥各类抗战纪念设施的作用，让历史说话用史实发言。"①20 世纪 90 年代，德国历史学家扬·阿斯曼夫妇提出了"文化记忆"理论，进一步将记忆研究从社会学范畴扩展到文化研究领域，文化记忆被解释为"每个社会和每个时代所特有的重新使用的全部文字材料、图片和礼仪形式的总和……它是一种集体使用的，主要涉及过去的知识，一个群体的认同性和独特性的意识就依靠这种知识"②。我们可以看出，文化记忆理论是具有跨越时空的特征，这就为文化传承提供了新的路径。但文化记忆的传承必须有载体才能得以重现。文化记忆的传承在其载体得到展现时，不可避免地会受到当时社会环境的影响，即在传承中会以当代社会想要传承的记忆为主导。这就说明文化记忆是一个不断被重塑和建构的动态过程，体现的是当前社会宣传的主流价值，而不是一种僵死的、一层不变的文化形态，也切不可将其看作传统的、历史的文化。这是因为，文化记忆作为一个具有建构倾向的理论框架，它指示出社会实践（交往记忆）对建构一个全新的文化记忆是可行的，即文化记忆的未来维度：以具体的未来指向观照和指导当下的社会实践，引导和尝试建构符合未来发展需要的全新的文化记忆。

　　红色文化资源不是从来就有的，其丰富资源是在特定的历史环境中产生的，并在社会进程中不断得到保护发掘。简而言之，红色文化资源是指在中国共产党领导下，以马克思主义理论为指导思想，在理论和实践的进程中所创造并遗留下来的、以精神与物质形态存在的一种特殊文化形态。③ 它是中国新民主主义革命和社会主义建设、发展的产物，并以物质和非物质的形态存在。考虑到用文化记忆理论来论述红色资源保护发掘以推动双城民众共同历史记忆建构，本节仅从红色资源的物理存在形式，即从红色资源的

---

　　①　渠长根主编：《红色文化研究与实践》，红旗出版社 2019 年版，第 43 页。
　　②　[德]哈拉尔德·韦尔策编：《社会记忆：历史、回忆、传承》，季斌等译，北京大学出版社 2007 年版，第 5—6 页。
　　③　参见渠长根主编：《红色文化研究与实践》，红旗出版社 2019 年版，第 94 页。

物质形态出发来论述。在红色资源的物质形态中,红色资源可分为三大类型:遗址遗迹、历史文物、重要文艺作品。也可从组织机构、场地场所、设施设备、文本文献四种状态来解读。①

红色文化的物质形态通过形式多样的物化表象要素,以显性的形态表达着历史文化、精神文化、制度文化。文化记忆理论对红色资源的保护发掘,尤其是对物质形态的文化资源的使用和重塑提供了一种新的视角和思路。在对川渝红色文化资源保护发掘的过程中,文化记忆理论的建构性就在于保护与复原革命战争遗址场景、塑造革命英雄纪念碑、保存革命文献与文物、修建革命陈列馆和博物馆等一系列纪念性的红色文化场馆,为成渝双城地区的人民群众营造和建设了一个纪念性的红色空间。在一体规划和科学保护发掘川渝红色资源的前提下,以川渝红色文化为历史素材,设计、打造一批具有代表的纪念性红色场馆,为双城民众共同历史记忆的形成提供了兼具历史感和时代感的红色场域。此外,精神形态的红色文化是红色文化体系的内在表达和情感感知,蕴含着红色精神谱系,以隐性的形态表现,具体通过理想信念、道德规范、核心价值和历史文化知识,以无形的方式感染参观者而发挥其精神引领价值。

纪念性的红色文化场馆建设必须将物质形态和精神形态的红色文化结合起来,物质性红色文化是精神性红色文化的历史载体,精神性红色文化是物质性红色文化的精神凝练。因此,红色文化精神形态应以有形的物质载体在各类纪念性红色场馆展示空间中多样性保存、展现,以更好地传承红色文化。川渝地区纪念性红色文化场馆是展现川渝板块革命奋斗史和弘扬川渝红色精神的重要媒介,它将红色历史知识以真实、完整的状态展现出来,更能通过虚拟现实、全系影像和人工智能等科学技术手段,使观者置身于红色场景之中,有身临其境之感,强化红色文化场景体验。这不仅可以从可知

---

① 参见渠长根:《基于人物印记的党史文化资源保护与开发刍议》,《江西科技师范大学学报》2015 年第 2 期。

可观的物理存在形态感受红色文化的力量,还能从场景体验的角度感悟红色精神,此种范式均为双城民众形成共同历史记忆和红色记忆提供了有效途径。德国著名学者阿莱达·阿斯曼认为,地点对于文化回忆空间的建构具有重要意义,"不仅因为它们能够通过把回忆固定在某一地点的土地之上,使其得到固定和证实,它们还体现了一种持久的延续,这种持久性比起个人的和甚至以人造物为具体形态的时代的文化的短暂回忆来说都更加长久"①。正是为了让这些普通的"地名"变成承载红色记忆和红色文化的革命圣地,川渝地区才保护性地修建了各类纪念性的红色纪念碑、陈列场馆、博物馆、碑林墓园等设施,以扩大红色文化的影响,让红色记忆融入双城民众心中,让川渝红色精神文化一代一代地传承下去。

中华优秀传统文化记忆的建构是文化传承与发展的途径之一。在中国特色社会主义新时代这一全新的历史方位下,尤其是在推动中华优秀传统文化创造性转化与创新性发展的过程中,以红色文化为文化因子来唤起、建构人民群众的红色历史记忆显得尤为迫切。新时代,借助文化记忆理论,引导过去、步入当下、走向未来,以实现红色文化与当代社会相调适为目的,深入挖掘红色资源的理论内涵和时代意蕴,以红色资源为载体的红色文化最终通过记忆窗口的建构,为实现中华民族的伟大复兴和构建人类命运共同体提供强有力的文化支撑。②

二、红色基因保存延续促进双城民众正确历史意识塑造

形成传播主流思想、主流价值观的意识形态对于我国实现文化大发展大繁荣的发展格局具有重要意义,对于全国各族人民形成正确的历史意识与价值观具有指导性作用。

---

① ［德］阿莱达·阿斯曼:《回忆空间:文化记忆的形式和变迁》,潘璐译,北京大学出版社 2016 年版,第 344 页。

② 参见吕进、何佳佳:《传承与重塑:文化记忆视角下优秀传统文化发展探析》,《重庆大学学报(社会科学版)》2021 年第 5 期。

（一）保存延续红色基因　坚决反对历史虚无主义

历史有客观历史和主观历史之分,前者是指过去发生的事情,后者是指今人对过去发生的历史事实的认知、叙述和评价等,前者是已经发生的客观存在,是一种"历史真实",后者则是今人对"历史真实"的认知,必然包含着今人的现实考量。① 历史意识属于主观历史的范畴,"是人类自我意识觉醒、自我认知深化的体现"②。因此,面对自改革开放以来逐渐出现的一股历史虚无主义思潮,我们必须警惕和全力抵制,以保存、延续宝贵的红色基因来对抗历史虚无主义,就显得十分必要且相当紧迫。这一社会思潮以历史虚无主义的价值范式贬低传统、扭曲历史,否定历史发展的内在逻辑,轻率地对待中国近现代革命历程和相关历史文化遗产。它以所谓的"客观"评价、"重新"评价、"反思"历史为由,美化反动统治者、侵略者和汉奸叛国分子,否定中国共产党的领导,否定中国走向社会主义道路的必然性。巴山蜀水涵养的川渝红色基因,无论是从其产生的源头还是其蕴含的红色灵魂来说,它对成渝双城民众都是更具代表性和信服力的。因此,传承好川渝红色文化基因是成渝双城民众抵制历史虚无主义的必然路径,也是帮助其塑造正确历史意识的必然选择。

在近代中国社会变迁中,川渝红色文化沉淀出历久弥新的红色基因和时代品质。当前,受经济全球化、世界多极化、文化多元化和社会信息化加速发展的影响,中国历史文化的传承和主流价值观的培育面临诸多不确定、不稳定的因素。一方面,由于地方政府对红色文化资源开发保护不当,造成红色文化遗产损坏或消失;另一方面,历史虚无主义在网络平台和民间以更加隐蔽和细小入微的方式传播、渗透,不利于全体中国人民遵循马克思主义主流意识形态和凝聚中华民族伟大复兴的力量。川渝红色文化是巴蜀儿女

① 参见陈春英:《当代中国话语体系构建中的历史意识:价值、内涵和现实表征》,《社会主义研究》2020 年第 3 期。
② 朱哲、薛焱:《高校思想政治理论课教师应树立正确的历史意识》,《思想理论教育》2015 年第 8 期。

前赴后继参与革命斗争的历史见证,是成渝双城民众有力批判、回击一切歪曲历史、抹黑英雄、否定中国特色社会主义道路的强大武器。精神给予人的行为准则、价值判断以强大引导作用,而作为川渝革命历史见证的红色文化,则是帮助成渝双城民众树立唯物主义历史观的革命史实,作为川渝红色精神内核的红色基因则是帮助成渝双城民众树立正确历史意识的精神导向。

(二) 保存延续红色基因　提升双城民众历史素养

川渝地区是近现代中国多场革命的发生地,因此,无数先辈先驱在巴山蜀水间留下了众多红色文化资源。在新时代保护发掘红色文化资源的有力倡导下,川渝地区作出了积极的响应。包括革命博物馆、纪念场馆、陈列馆、烈士陵园、红色名人故居等一系列红色物存,可谓是构成了丰富博大的川渝红色资源基因库。保护修缮红色物存,是对红色基因传承的物质性基础,并起着关键性作用。保存延续川渝红色基因最重要的是要和党史、国史的学习相结合,在学习党史、国史的过程中,深刻体会红色共和国创建的不易和艰辛;在学习党史、国史的过程中,真切体会革命英烈的理想信念和革命必胜的信心。川渝红色基因的传承之途,就是要讲好中国共产党领导川渝人民英勇奋战的故事、巴蜀子弟艰苦奋斗建设川陕革命根据地的故事、中共中央南方局坚守渝城阵地的故事,更要弘扬好长征精神、川陕苏区精神、抗战精神、红岩精神等红色精神谱系。这为双城民众以唯物主义历史观来看待党的历史提供了历史底蕴,为双城民众客观评价党的历史提供了历史支撑,为双城民众塑造正确的历史意识提供了历史依据。

历史意识受社会多因子的影响和制约,如自我意识、劳动以及社会文化环境等,关涉人在心理、思维中对历史知识、经验的认知和处理,往往呈隐性状态。川渝红色文化及其内涵的红色基因是红色历史的载体,透过红色资源可以窥见历史的容貌,在红色基因的传承赓续中能培养双城民众的历史意识。

第二节　文明传承的价值

习近平总书记指出："没有文明的继承和发展,没有文化的弘扬和繁荣,就没有中国梦的实现。"①红色文化是以中华优秀传统文化为根脉,在革命战争年代形成并不断与时代同行、回应时代使命的优秀文化,其革命性、民族性、人民性是它的基本特征。红色文化的生命力在于传承,即在变化发展的历史时期以自身为根基,不断融合时代精神而锻造的彰显当前时代的特色精神。② 川渝红色文化极具历史的厚重感,也极具薪火相传的传承价值,厘清其文化根脉的形成、发展脉络是实现文化传承的首要条件。川渝红色文化体系和巴蜀优秀传统文化之间有着密不可分的内在联系,在很大程度上可视为一脉相承的一体化框架结构,而这当然是有着深厚的历史渊源的。

一、红色文化传承涵育接续巴蜀优秀传统文化精髓

如前文所述,巴文化和蜀文化是巴蜀文化共同体中各自有着悠久而独立始源的文化范式,它们并行不悖地生存、生长和发展,是在历史长河中相互交错影响和相互融合的两支子文化。巴蜀文化作为中国西部具有代表性的区域文化范式,也是沿长江文化体系的重要构成部分,并在其体系中占有重要的历史地位。一般而言,巴蜀文化便是指以巴蜀地理板块为依托,北及天水、汉中区域、南涉滇东北、黔西,生存和发展于长江上游流域,具有从古及今的历史延续性和连续表现形式的区域性文化。③

---

① 习近平:《在联合国教科文组织总部的演讲》,《人民日报》2014 年 3 月 28 日。
② 参见王婧:《发挥重庆红色文化的资源优势》,《当代党员》2021 年第 13 期。
③ 参见刘茂才、谭继和:《巴蜀文化的历史特征与四川特色文化的构建》,《西南民族学院学报(哲学社会科学版)》2003 年第 1 期。

川渝红色文化的传承与传播,离不开巴蜀地区深厚的文化基因和文化底蕴,而在巴蜀文化背景下川渝红色文化的传承与发展,必然对巴蜀文化的创新发展具有重要意义。巴蜀文化是璀璨夺目的地域文化,其鲜明的地域性不仅体现在巴蜀人民日常生活的点点滴滴中,更鲜明地表现在其特定的性格特质和人文精神中,这是川渝红色文化得以在巴蜀大地扎根生长的人文土壤和内在动力。巴蜀文化的自然地理环境造就了巴蜀人民勤劳勇敢的精神品质,并赋予巴蜀文化创新性的内涵,这种开拓进取的精神和创新性的文化内涵,为红色文化的传承发展提供了契合点和精神支撑。

巴蜀文化的精神内涵中,具有强烈的反抗精神,具体表现在巴蜀人不畏强暴、敢于挑战、不怕牺牲、勇于斗争的个性品质,这与红色文化的革命性有天然的联系,本质上具有高度的一致性,为川渝红色文化的传承提供了精神土壤。不畏强暴的文化精神造就了巴蜀文化的尚武性,作为巴蜀文化的一部分巴文化尤为明显。考古学家证实,古巴人尊白虎为祖先,颇有以之为图腾之意。尊白虎为图腾的巴人在血液里就流淌着好武善战的因子。古语有"天下未乱蜀先乱,天下已治蜀未治"一说,这句话就包含巴蜀之地的反抗精神和巴蜀人民民风剽悍之意。巴蜀人民这种不畏强暴、敢于反抗的革命精神和英雄品质在近代以来更是发挥得淋漓尽致。四川保路运动引发了全川的反清起义,最终成为辛亥首义也即武昌起义的引路先锋。在新民主主义革命时期,川陕革命根据地民众为党和红军的革命事业提供了海量的物质、人员援助,极大地扩大了革命队伍。全面抗日战争时期,300多万巴蜀优秀子弟出川抗战,为这场艰苦卓绝的民族解放战争取得最后胜利作出了巨大贡献。巴山蜀水孕育了独具一格的巴蜀文化,其以不畏强暴、敢于反抗为核心精神的文化精神与红色文化的革命性、斗争性是一脉相承的,在本质上是一致的。可以说,川渝红色文化传承是在巴蜀文化背景之下,并接续涵育了巴蜀文化的斗争精神。

在数千年的巴蜀文明史中,始终贯穿着巴蜀人民永不磨灭的集体主义精神,这种大局意识、爱国主义情怀的优良传统一直延续至今。无论是巴蜀方伯出力助秦对抗外族入侵、巴蜀人民参与宋元之战的封建王朝时期,还是近代以来以邹容、彭家珍、王右木、杨闇公、赵一曼、罗世文、车耀先、黄继光等为代表的革命烈士勇敢站出来去反抗、去斗争,去保卫人民群众的根本利益和捍卫中华民族的尊严等革命光辉事迹,都展现出了巴蜀儿女的家国情怀。可以说,无论是封建王朝时期还是迈入近代门槛的川渝大地,巴蜀人民都展现出坚定的大局意识、维护国家统一的优秀历史传统,以及巴蜀儿女所蕴含的爱国主义情怀,才使得中华民族在历次抵御外来侵略的斗争中取得光辉胜利。

川渝红色文化是在革命战争年代融合了巴蜀文化的内涵精神,尤其是充分吸纳巴蜀文化中革命斗争精神、爱国主义精神等精髓而在川渝大地上的革命实践中逐渐产生的。川渝红色文化无疑是在将巴蜀优秀传统文化精髓内化于其精神谱系的基础之上,而实现不断传承与发展创新的。

二、红色基因赓续助力社会主义先进文化建设战略

当前中国正面对百年未有之大变局的复杂外部形势,在物质文明普遍发展和移动网络快速覆盖全球大部分地区的今天,意识形态领域的交锋正值激烈之际,冲击中国特色社会主义思想体系的不良社会思潮不时出现。面对思想多元的时代,以红色沃土和红色文化作为牢固树立社会主义核心价值观的根基,正是当前中国抵制不良社会思潮的必然选择,也是强化马克思主义主流意识形态的历史支撑。将川渝红色文化作为社会主义先进文化建设的一部分,结合川渝红色文化地域特点和文化整体性建设规律,全面传承红色文化、重点赓续红色基因,既能助推中国特色社会主义先进文化建设,又是提升国家文化软实力,实现社会主义文化大发展、大繁荣的必然要求。

红色是中国人普遍喜欢的颜色,在中国人心中有着足够重的分量,这不仅是因为红色蕴含喜庆之意,更是因为其渗透历史韵味。"红色",象征希望和光明,在时代潮流中凝聚力量和引领未来前行。同时,"红色"又是革

命、战争的代名词,是中国共产党领导全国各族人民在革命战争年代浴血奋战中推翻封建主义、帝国主义和官僚资本主义"三座大山",并最终建立起中华人民共和国历史的代表色。红色基因是中国共产党在不同历史时期所形成的独有的文化基因,是记录中国共产党领导全国各族人民波澜壮阔奋斗史的鲜活印记,具有丰富的内涵。对于中国共产党人的一生而言,红色基因是信仰,目光远大,追求高远。习近平总书记在党的十九大报告中提出:"经过长期努力,中国特色社会主义进入了新时代,这是我国发展新的历史方位。"①当下这个波澜壮阔的新时代,是中国特色社会主义新时代,而不是别的什么新时代。习近平总书记在党的十九大报告中特别强调文化自信,发出"坚定文化自信"的号召。实现中华民族伟大复兴的中国梦,离不开中国特色社会主义文化建设。中国特色社会主义先进文化,是以马克思主义为指导,以社会主义核心价值观为灵魂,发展面向现代化、面向世界、面向未来的,民族的、科学的、大众的文化。

由红色基因的内涵外延可知,红色基因就是构成中国特色社会主义先进文化的一部分,并在时代发展中引领社会主义先进文化的建设。其从本质上看,红色基因就是社会主义先进文化的源头之一,是引领社会主义先进文化建设的精神旗帜,因而它与社会主义先进文化相互影响、相互作用,对社会主义先进文化的建设具有基础性、历史性的作用。

(一) 红色基因是社会主义先进文化的根脉

中国特色社会主义先进文化不是无本之木、无源之水。红色基因是社会主义先进文化的精神来源。红色基因是高度化、凝练化的红色精神,它是中国共产党带领全国各族人民在不同的历史阶段中所锤炼出的彰显和永葆党的性质、宗旨和优良作风的先进思想和优秀品质。② 从理论基础、思想渊

---

① 习近平:《决胜全面建成小康社会 夺取新时代中国特色社会主义伟大胜利——在中国共产党第十九次全国代表大会上的报告》,《人民日报》2017 年 10 月 28 日。

② 参见王易、田雨晴:《论红色基因的生成条件、核心内容及时代价值》,《南开学报(哲学社会科学版)》2022 年第 1 期。

源和实践基础上来看,红色基因是以马克思主义为指导,以中华优秀传统文化为思想来源,以中国共产党领导的新民主主义革命为现实基础,因此在新时代传承好红色基因对社会主义先进文化建设具有重大时代意义。建设社会主义先进文化不可能跃过产生于革命战争年代的红色文化,而必须以此为文化建设的前提。可以说,红色文化是社会主义先进文化建设的主心骨和主导力量。川渝红色文化是中国共产党和广大川渝人民共同创造的先进文化,是思想政治教育的鲜活教材,是培育和践行社会主义核心价值观的天然载体。川渝红色文化的形成与发展离不开川渝人民的努力和奋斗,离不开党的科学领导。川渝红色文化体系中包含的长征精神、川陕苏区精神、抗战精神、红岩精神等一系列精神形态所固有的兴党强国、铸魂育人、凝心聚力等价值追求,与社会主义先进文化引领风尚、教育人民、推动发展的价值目标高度统一和契合。①

（二）红色基因是社会主义先进文化建设的方向保证

坚定不移的政治方向是中国特色社会主义先进文化建设的根本前提。在建立新中国的革命斗争历程中所形成的红色文化,是中国共产党和全国各族人民在马克思主义指导下,充分继承并发展中华优秀传统文化后而形成的新型文化形态。红色文化因其产生的历史条件和时代特性而具有鲜明的政治特色和红色底蕴。红色文化的精髓就是其中高度凝练而来的红色基因,这种红色文化基因从其本质来看,就是一种革命精神的传承。红色文化是中国人民面对实现民族独立、国家富强的历史任务对中华传统文化批判继承和发展,并融入西方优秀文明成果的产物,为社会主义先进文化植入了新的因子,使得红色基因成为社会主义先进文化的显著特点。这与红色基因始终坚持以马克思主义理论为主导意识形态,这也是马克思主义中国化的必然结果。因此,红色基因始终以马克思主义理论体系为自身的理论支

---

① 参见郑人杰:《红色文化与社会主义先进文化价值契合探究》,《中学政治教学参考》2015年第12期。

撑,始终坚持马克思主义在意识形态领域的指导地位。不言而喻,新时代更好地传承红色基因,为社会主义先进文化建设提供了正确的方向保证。

（三）红色基因是社会主义先进文化的价值导向

有效推动社会主义先进文化建设,关键是要把握社会主义先进文化的价值导向,掌握社会主义先进文化建设的核心价值观,明确社会主义先进文化建设的根本目标。红色基因作为中国特色社会主义先进文化建设过程中不可逾越的文化基因,高度凝练着社会主义先进文化的价值追求,赓续和发扬红色基因,能够在全社会营造学习红色历史、感悟红色精神的氛围,能够有效强化广大党员和广大人民群众对社会主义先进文化以及社会主义核心价值观的认同感。一方面,从红色基因的教育价值来看,其作为中国共产党长期以来锤炼党员党性的价值导向,早已"润物细无声"般融入每个党员的心灵乃至血液之中;另一方面,从红色基因的生成逻辑来看,它是中国共产党和广大人民群众共同开创的文化产物的凝练和升华。广大人民群众既是红色基因的创造者,又是红色基因传承的践行者,在中国共产党传承好红色基因,赓续红色血脉的号召下,它同样也深深地融入广大人民群众的血液之中。

将川渝地域红色文化融入社会主义先进文化建设战略中是适应新形势,把握新规律的有益尝试,且在社会主义核心价值观的培育上也具有重要意义。红色文化承载着社会主义核心价值观的重要内容和精神来源。党在川渝大地 20 多年艰苦卓绝的斗争历程,尤其是南方局时期,无数仁人志士在这里用青春和热血甚至生命迎来了新中国的曙光。这些闪耀在川渝大地的红色文化,对社会主义先进文化的建设来说就是其厚重的历史底蕴,其中包括的爱国主义精神、革命英雄主义精神、集体主义精神,正是社会主义核心价值观的有机构成来源和主要内容。川渝地区的红色文化是中国整体红色文化中的代表性地域文化,它直观生动地展现了川渝儿女在中国共产党的领导下在大西南敢于开拓进取、坚决斗争的历程,也集中凝练了川渝儿女不胜不休的革命信念和保家卫国的家国情怀,尤其是川陕革命根据地红色文化和巴蜀抗战文化中所蕴含的川渝人民不畏强暴、敢于胜利的伟大精神力量,这和中国特色社会主义核心价值观传递的精神内涵是一致的、相通的。①

第三节　思政育人的价值

红色文化是中国人民在中国共产党的领导下,在长期的革命实践中,不断依据时代发展特征而进行选择、融合、重组、整合中外优秀文化成果基础上,所形成的既具有稳定性又具有创新性的文化形态。一部红色文化史就是一部革命奋斗史。它见证了从中国共产党成立到新中国成立的革命历程,昭示了马克思主义中国化的必要性和必然性,是指导中国革命走向成功的重要法宝。它的传承、发展,集中反映了中国共产党的政治心理、政治思想和政治作风,是中国共产党的政治文化形态。同时,学校思想政治教育的模式也在不断创新,思政教育体系在不断完善,这为将红色文化融入学校思想政治教育体系提供了良好的时代契机。因此,将红色文化有机融入学校思想政治教育体系中是当前时代发展的要求,也是学校落实"立德树人"根本目标的必然要求。

一、红色文化有机融入成渝两地学校思政教育体系

川渝红色文化是川渝大中小学思想政治教育的优质资源,主要表现为红色文化构成思想政治教育的独特内容、拓展思想政治教育的形式、构建多元思想政治育人平台和深化思想政治育人的成效。红色文化丰富的思政育人价值集中表现为它有利于促进本地学生坚定理想信念,强化道德情操,增

---

① 参见钟秀利:《试析红色文化的政治价值——执政文化的视角》,《求实》2007 年第11 期。

强爱国主义情感等价值。大中小学各阶段的学生具有不同的身心发展规律、认知规律，因此在将地域红色文化融入川渝学校的过程中也要充分考虑将学生阶段特征和思想政治教育规律相结合，体现各阶段思想政治教育的差异性，同时又注重各阶段教育的衔接性，构建大中小学思想政治教育一体化体系。

川渝红色文化样态多样、资源丰富，为其创新创作多样文化作品、文艺作品以及学术研究提供了珍贵素材和历史史料，也为其有机融入大中小学思想政治教育提供了可能。地域红色文化可有机融入学校课堂教学，丰富课堂思想政治教育的内容。课堂教学是川渝本地学校进行思想政治教育的主渠道和主要方式。因此，川渝红色文化和教育教学活动相结合是川渝学校进行思政育人的首要选择。川渝红色文化是集物质形态、精神形态和制度形态于一体的文化形态，是其文化体系的主要构成子系统。它形成于革命战争年代，发展深化于社会主义建设和改革开放新时期，具有浓厚的历史色彩和鲜明的时代特征。红色文化是中国共产党革命史、建设史、开放史的集中反映，承载了中国共产党带领全国各族人民从革命战争年代走向和平发展的新时代。因此，无论从红色文化的构成形态还是从其承载的历史底蕴来看，它都是构成学校思想政治教育的重要内容。川渝学校依托本地红色文化可通过打造品牌课程、开发校本课程和特色课程来实现课程教学的创新。

川渝红色文化体系是包括巴蜀文化在内的中华优秀传统文化和马克思主义相结合的历史积淀和时代创新，蕴含着丰富的马克思主义理论、中共党史、国史等学科内容。川渝学校开设的思想政治理论课程应对川渝红色文化体系有一个清晰的认识和科学对待的态度，充分展示其蕴含的丰富内涵，清晰展示其多样的文化类型，精准凝练其强大的文化基因，以资最大限度地发挥其资政育人功能价值。如开设与"红色"有关的必修课或选修课，加强川渝本地学校红色思想政治教育，做到川渝红色文化进教材、进课堂，以达到进头脑的目的。以地域性红色文化为文化研究、开发导向，可因地制宜开设"红军长征在四川""川陕苏区建立及策应长征""战斗在国统区的中共南方局""红岩精神永放光芒"等优质课程,组织川渝红色文化体系研究专家学者,依托红色文化研究平台,紧紧围绕新时代强化学校思想政治教育的要求,遵循传承创新、通俗易懂、图文并茂的编著原则,编著出版高质量的川渝红色精神教育系列校本教材,建构思想政治理论课、选修课和红色专题讲座"三位一体"的教学体系,提升川渝红色文化体系在本地思政教育教学中的地位,进而增强川渝红色文化在资政育人上的成效。总之,在教学内容与教学设计上,川渝大中小学校都应遵循学生的认知规律和符合不同阶段学生的心理特点。具体而言,研究生阶段的大学生因其已经具备了一定的知识储备,且研究生是以培养其发现问题、解决问题的研究能力为目标,因此要重点开展探究式学习;本专科阶段的学生要注重培养其理论素养,因而重在开展理论性学习;初高中阶段的学生重在开展常识性学习;而小学阶段的学生因其在心理和认知方面都处于启蒙、成长阶段,因此要重点开展启蒙性学习。①

　　川渝红色文化融入本地学校思想政治教育,不仅要结合各阶段、各年级学生的认知规律和思想政治教育规律,在纵向上连续性地进行思想政治教育,也要在横向上贯通实践教育、校园文化教育来强化红色文化育人效果,从而建构一个系统性、一体化的大中小学思想政治教育体系。实践教学是川渝本地学校进行思政育人不可或缺的部分。川渝地区革命遗址遗迹、名人故居、烈士纪念碑及此后修缮的革命陈列馆、博物馆等是川渝红色文化体系中的物质形态,这是川渝各学校开展红色实践教学的主要阵地。将川渝红色资源融入本地学校社会实践活动,将其作为可观可感的实践教学课本,带领学生去爱国主义教育基地、革命传统教育基地接受实地教育,使学生近距离接触革命文物、瞻仰革命英雄,身临革命斗争之地,拉近与革命历史的

---

① 参见成勇、张凤池:《大中小学思政课一体化建设策略研究》,《学校党建与思想教育》2020 年第 8 期。

时空感,从而激发学生的爱国主义情感和真切感悟今天和平生活的来之不易。依托川渝红色文化资源建立社会实践基地,并将其作为思政教育的第二课堂,让川渝学生参与到构建和传播红色文化的宣传教育体系当中去,提升学生红色实践整体水平的实践效果,引导学生在实践中感悟中国共产党的革命精神,在实践中向人民群众学习,从而促进川渝学生坚定信念、艰苦奋斗、健康成才。川渝各阶段学校在开展实践教学活动时需将第二课堂和第一课堂紧密结合与相互衔接,避免为举办活动而活动,使实践教学流于形式化,从而弱化了其育人价值。

营造红色校园文化是川渝本地学校进行思政育人的浸润式方式。校园是学生学习、生活的地方,它的文化氛围往往会对学生的思想、行为产生潜移默化的影响。将川渝红色文化有机融入本地学校,是川渝各级各类学校以“三全育人”理念为指导,积极探索创新学校开展思政教育工作的生动实践。川渝地区各级各类学校应依托校园文化的建设,将地方红色文化资源融入到校园文化建设中,促进红色文化资源进校园,实现校园红色文化的发展。

川渝红色文化体系融入学校思政育人体系在建设红色校园文化时,要注意营造校园红色氛围,使其对学生产生持久性的影响。中小学阶段的学生因对红色文化的理论把握还不够深入,因此在校园文化建设中应当以红色文化主题活动为主阵地,可开展一系列红色歌曲演唱、红色经典诵读、红色书信朗诵等多姿多彩的文化活动,使中小学阶段的学生在积极参与红色文化活动中切身感受红色文化的魅力与精彩,在活动中提升红色文化素养。高校学术活动是阐述和交流学术思想的阵地,是促进学科研究的主要方式。

川渝高校可将本地红色文化与学术活动相结合,通过理论研讨、学报开设红色专栏等,弘扬川渝红色文化、社会主义先进文化。近年来,红色文化资源在学校思政教育、旅游业、文化遗产保护开发等领域展现出巨大价值和独特魅力,这也引起了学术界的高度关注,并将其作为学术研究的对象。将红色文化资源引进学术界,拓宽红色文化学术研究视野,鼓励高校师生申报红色文化研究课题,举办红色文化资源进课堂进头脑的理论研讨会、报告会,有利于宣传川渝革命历史与文化,深化对红色文化的理论认识,促进对红色文化的传承与创新,从而扩大川渝红色文化的传播和影响,塑造红色校园形象。习近平总书记号召广大青年要"珍惜韶华、脚踏实地,把远大抱负落实到实际行动中"。川渝红色文化资源进校园,在校园红色文化的熏陶和红色精神的感染下,有利于激发并增强广大青年学生的历史责任感与时代使命感,引导广大青年学生自觉把个人的理想追求融入国家和民族的事业中,勇做走在时代前列的奋进者、开拓者,增强实现中华民族伟大复兴的信心和决心。

二、红色文化传播有效提升两地人民精神文明风尚

红色代表热血、象征热烈、蕴含奋斗,它流动在民族的血脉里,也孕育在人民的精神中。[①] 不断丰富广大人民群众的精神世界和提升思想道德修养,需进一步加强中国特色社会主义先进文化的建设和社会主义核心价值观的培育,其根本要求就是要发展面向现代化、面向世界、面向未来的,民族的、科学的、大众的社会主义先进文化。红色文化就是印证中国共产党成立、发展和壮大的历史进程,其精神内核集中体现为革命理想主义、革命英雄主义、革命乐观主义和革命集体主义。中国共产党在领导全国各族人民的革命实践中所形成的一系列精神谱系,都是中华民族不可再生的、珍贵的精神财富,不仅是鞭策中国人民不断奋进的历史警钟,也是新时代进行社会主义精神文明建设的重要历史材料。新时代红色文化通过凝聚强大的精神内核,能够帮助广大人民群众坚定理想信念、增进政治认同、提升文化自信、助力社会主义先进文化建设,使其成为推动社会发展和祖国奋进的重要力量。

---

① 参见于志勇:《关于红色文化的精神内核分析与当代价值探讨》,《文化产业》2020年第32期。

　　我们要充分发挥红色文化的精神引领作用,首先就要从理论上系统认识红色文化,即明白红色文化为何产生、红色文化的基本特征、红色文化的价值功能、红色文化的创新与发展等基本问题。其次,要以正确、客观、历史的态度对待红色文化、尊重红色文化的传播规律,科学传播红色文化。对红色文化的理论认识和其传播、发展规律的掌握,是从根本上关系到红色文化的传承创新与科学发展。红色文化的传播在很大程度上可以看作是红色精神的传承与弘扬,将红色文化所蕴含的理想、信念和信仰的精神力量,进一步融入到精神文明创建工作中,对成渝双城人民群众精神信仰的提振、民族精神的振奋以及中国精神力量的凝聚,势必发挥其强大而持久的引导力、凝聚力和感召力,在精神文明建设上发挥旗帜引领作用。在新的历史发展时期,构建起一个完整的科学传播红色文化、红色精神的立体图景,高举艰苦奋斗、勇于斗争的革命精神旗帜,传承红色文化精神基因,强化红色文化精神纽带。当前,继续发扬红色文化精神,与红色文化同行,以红色文化引领社会主义精神文明建设是新时代赋予我们的重要使命。

　　在物质文明高度发展的今天,精神文明的发展却相对滞后。面对当前精神文明发展不够以及其建设过程中的不足,推动红色文化与精神文明创建活动相结合有利于开创精神文明建设工作的新局面。将红色文化注入精神文明建设活动,这为其注入了新活力与新动力。对红色文化所凝结的光荣传统、优秀品质、革命精神的正能量传播,有助于广大人民群众牢固树立社会主义核心价值观,坚定共同理想,进而有效抵制不良社会风气,培育优良的社会风尚。精神文明的建设从个人层面来说,就是培养有理想、有道德、有文化、有纪律的社会主义公民;从中华民族整体来看,就是要提高整个中华民族的思想道德素质和科学文化素质。① 红色文化的物质载体和精神载体蕴含着厚重的历史文化内涵和丰富的革命精神,是当代中国精神文明建设的理想传播和传承方式。中国特色社会主义新时代,中国经济发展已

_____

　　①　参见吴赛:《红色文化在精神文明建设中的应用研究》,《新西部》2020 年第 6 期。

由高速增长阶段转向高质量发展阶段,表明中国今天的物质文明已经得到高度发展。物质文明的高度发展必然要呼应精神文明得到同样的发展态势。深入挖掘红色文化内涵和广泛传播红色文化,其本质上就是坚守马克思主义主流思想、传承革命精神、创造时代精神和显示共产主义的理想信念。红色文化的传播中最重要和最关键的,是要传播红色精神,促进双城民众以红色精神引领自身的行为方式和行为准则,凝聚共同建设成渝地区双城经济圈的力量。将川渝红色文化深入融入到双城精神文明的建设活动中,对双城民众爱国主义情感的增强、共产主义信仰的坚固和中华民族伟大复兴的实现都将起到重大推动作用。站在新的历史发展方位,以红色文化精神旗帜为价值导向,构建起一个完整、科学、立体的传播红色文化的社会图景,在时代发展中传承红色文化精神基因,赓续红色文化珍贵血脉,增强红色民族精神纽带,为奋力实现"两个一百年"奋斗目标和中华民族伟大复兴中国梦提供源源不断的精神动力。

第四节　促进经济的价值

红色文化资源作为一种文化资源,不仅具有教育价值、社会价值,还具有促进经济发展的价值。尤其是在新时代红色文化旅游产业的兴起和发展,更是为红色文化资源转化为经济资源提供了现实动力。

一、红色文旅资源开发共享推动双城旅游经济联动

红色文化资源在社会主义市场经济的发展过程中,不仅体现为一种重要且特殊的文化资源、精神资源,还体现为一种新兴的经济资源。川渝地区无论是自然风景区还是人文古迹,均数量众多且美名远扬,而丰富的红色文化资源更是为川渝大地增添了红色风采和历史韵味。正是成渝双城对红色资源经济价值的开发与利用丰富了双城的旅游资源,也创新了双城旅游发

展的模式,从而在旅游经济的发展上创造了新的辉煌。成渝双城的红色文旅资源无论从其产生的革命年代来看,还是从其现实发展前景来看,都向我们展现出紧密的内在关联性。打造巴蜀文化旅游走廊,有利于打破成渝双城的行政区划界限,进一步拉近成都、重庆双城的时空距离感;有利于在市场经济条件下重新优化资源配置、组合区域资源以形成双城资源开发合力,以实现经济效益、社会效益、生态效益的平衡。成渝双城红色文旅资源的开发共享,是两地真正有效发挥文化资源的价值功能的前提,可以更好地满足成渝双城民众多样化、多层次、高品位的文化需求,提升双城民众的文化素养。

巴蜀千载情,川渝一家亲。从川渝两地在历史长河的发展演变脉络来看,川渝历史同根、文化同源、地理同枝、经济同体、人缘亲厚,为双城旅游经济联动发展提供了文化资源和现实支撑。川渝地区有巴蜀文化、长江文化、红色文化、移民文化等丰富又深厚的文化资源,而在"共和国是红色的""传承红色基因"等时代号召与机遇下,相关部门在旅游资源开发中愈来愈重视对红色资源的保护与开发。由此,形成了"红色资源+旅游资源"双重保护与开发的文旅资源开发模式。文化是旅游的灵魂,旅游是文化的彰显。川渝红色遗迹遍布川渝大地、红色故事深入人心、红色歌谣经久不衰,这独具川渝地域特性的红色文化资源是值得不断开发和深入挖掘的,不断在旅游业创新发展过程中将文化资源转变为经济资源,从而为旅游业的发展注入红色文化因子和新的动力。

从分布区域上看,川渝红色文化资源多聚集在革命老区、边远山区等区域,事实上这些地区经济发展程度多落后于川渝板块经济社会发展的平均水平。从全国范围来看,在新民主主义革命时期,革命老区曾经为中国革命的胜利作出了巨大贡献,但目前革命老区虽红色资源富集,却大多因为地理位置偏远,山高谷深,交通等基础设施建设落后,导致信息阻塞、生产要素流动受阻,而使得其社会经济发展长期落后于中心城市。不过,这些地区往往正是因为地处偏僻,受人为生活生产活动影响较小而生态环境保存较好,自然景观较多且风景优美。因此,其经济发展的后发优势明显。从自然生态环境上看,川渝两地得山水之宜,造就了瑰丽秀美的巴蜀风光,自然旅游资源丰富,自然景观奇特。重庆又号称"山城",是世界最大的山水城市,又是世界唯一的温泉之都,拥有武隆喀斯特地质奇观的世界自然遗产和南川金佛山。四川有佛教名山峨眉山、青城山、都江堰、九寨沟风景名胜区、大熊猫栖息地等,是融合世界文化与自然遗产的文旅资源富集大省。同时,成都又是我国农家乐的发源之地,其休闲农庄、生态旅游已成为四川的一道特色风景线。从历史文化底蕴上看,川渝地区是巴蜀文化的发源地和创新地,也是富集长征文化、川陕苏区文化、抗战文化、红岩文化、三线建设文化等一系列红色文化的产生地。自然风光与历史遗产的秀美和富集为成渝双城联合开发红色文化资源、自然旅游资源提供了雄厚的资源基础。

川渝地区历史和时代的耦合,造就了成渝双城终将是中国西部携手发展的双子星的样态。川渝两地红色文旅资源的共建共享趋势,为双城旅游经济的联动发展提供了历史和现实的基础。从旅游市场上来看,成渝双城互为客源地。旅游业是依靠消费拉动的产业,只要具备旅游需求就会促进旅游经济的发展。川渝板块是一个人口过亿的大规模统一市场,也是川渝本地文化旅游发展的主体,其旅游内需潜力巨大。此外,重庆与成都都是国家级的中心城市,尤其是随着近年来对双城的网络宣传逐渐增强,成渝双城已双双成为"网红"城市,在很多外地游客看来,成都、重庆就是在一个旅游线路上的,双城必然是紧密联系在一起的。因此,成渝双城只有合力整合两地红色文旅资源,依据红色文旅资源的关联性、地理位置相近性,成片建设红色文旅景区,合理设计、适度开发川渝两地一程多站的旅游线路,打造跨省区的精品旅游联线产品。从文旅产业供给方主动提升旅游线路、旅游产品质量,给川渝本地及外地游客塑造一个成渝双城文旅联动的亲密形象。依托"巴蜀文化旅游走廊"建设平台,合力打造融汇巴蜀文化、民俗文化、红色文化、绿色文化等文化样态的巴蜀文化旅游走廊精品线路;依托成渝双城内陆开放高地形象,通过共同策划、共同举办大型文旅节会,推动川渝文化走出去,打响国际知名度;依托成渝双城科技创新实力,建立一批文化创新产业园区,开发巴蜀文创产品等,将会进一步释放双城文化魅力、拉动旅游内需,增强双城旅游经济的联动性。

从基础设施建设上来看,文旅资源的开发及旅游业的发展将会加快双城基础设施的建设与完善,从而进一步推动双城旅游经济的联动。交通便利是出行的基础条件,尤其是对旅游业来说,交通更是影响其发展的重要因素。成渝高速公路、成渝铁路、成渝高铁是实现成渝双城互联互通的主要交通干线,也是联通、辐射周边城区的基础设施。目前,成渝双城已依托以高速铁路、干线铁路、高速公路、长江航运等为主骨架的综合交通网络,初步形成与长三角、京津冀、粤港澳重要经济圈的互联互通。川渝红色文旅资源的开发共享将会进一步推动两地基础设施的高质量建设,在更高层次上实现两地的互联互通,将以更加立体、发达、多样的综合交通网络体系来满足川渝两地人民便捷出行、舒适旅游的要求。从区域协调发展机制建设上来看,红色文旅资源开发共享将会促进合作协调机制的建设。川渝两地属于不同的行政区划,在合力开发红色旅游资源,实现双城旅游经济联动方面必须要坚持"一盘棋"思想和一体化发展原则。坚持双城文旅资源开发工作整体推进,建立完善各层级协同发展工作机制,畅通常态化双城沟通渠道,积极争取国家层面在文旅资源开发、基础设施建设等相关方面的财政支持和政策倾斜,推进川渝两地红色文化旅游业发展规划协同、政策相通、基础设施互联、信息共享、产品相关、品牌共用。

成渝地区双城经济圈不仅凸显经济辐射作用,也是成渝双城的文化圈、旅游圈,是巴蜀文化、川渝红色文化的共生之地、融合之地。川渝地区可在遵循旅游产业发展规律的前提下,创新发展方式,创建全国红色旅游经典景区、文化旅游精品线路,不断提升红色旅游的竞争力和吸引力。成渝双城应提高政治站位、战略站位,充分发挥自身专业优势,精准聚焦成渝红色资源联线开发,按照"优势互补、共建共享、协同发展、服务大局"原则,高质量打造成都红色旅游"芙蓉联线"、成渝红色旅游"双城联线",示范带动"成渝地区红色旅游走廊"建设,大力开创"到重庆必到成都,到成都必到重庆"的红色旅游融合共兴新格局,实现红色旅游的经济效益。川渝两地应统筹规划,坚持一体化发展理念,将以区域文旅协同发展为目标,以打造高品质川渝红色文化为核心的文化旅游走廊为抓手,让留存在巴山蜀水间的红色文化迸发出时代价值,形成同呼吸、共命运的文旅发展格局,唱响新时代的红色文旅大合唱,迈向世界级的文旅高地,让红色文旅产业成为成渝地区双城经济圈建设的支柱性产业,推动文旅经济高质量发展,实现成渝双城在多方面、多城镇的旅游经济联动。

二、红、绿文化互融互渗促进双城生态经济圈发展

由于成渝地区在我国西部地区具有重要的生态地位,是构建我国"两屏三带"生态安全战略格局的重要组成部分,加之成渝地区作为长江上游区域,还承担着建设长江上游生态屏障和维护国家生态安全的重要使命,其绿色发展对长江经济带战略推进具有极其重要的支撑作用。[①] 因此,成渝双城在生态战略地位上的特殊性和重要性就决定了其在社会经济发展上的生态性、绿色性。

实现红色文化和绿色文化的互融、互渗就是对红色文化资源和绿色文化资源所蕴含的文化传承价值、思想政治教育价值、经济发展价值的充分挖掘,并使其得到充分利用,以实现经济价值和社会价值的双赢。红色文化和绿色文化都是中国特色社会主义文化的重要组成部分。推动红色文化和绿色文化融合发展不仅具有强大的思想政治教育意义,还具有促进经济发展的重大意义。整体而言,红色文化和绿色文化都是以中华优秀传统文化为根基,在不同历史时期的实践中不断调适和发展的文化形态,丰富和完善了中国特色社会主义文化体系,是实现中华民族伟大复兴中国梦的不竭动力

---

① 参见郭仕利、丁祥宇、胡智勇:《成渝地区双城经济圈迈入绿色发展新阶段的现状、问题与路径》,《经济研究参考》2021 年第 24 期。

与精神支撑。

党的十八大将生态文明建设纳入"五位一体"总体布局之中,生态文明建设受到了前所未有的重视。"生态兴则文明兴,生态衰则文明衰"更是表明生态兴衰与文明兴衰已紧密结合在一起了,荣损与共。党的十九大报告中指出,"人与自然是生命共同体""人类对大自然的伤害最终会伤及人类自身,这是无法抗拒的规律"。① 这样的阐释表明,生态文明建设对于人类文明的发展延续和人类自身的生存生活都具有十分重大的意义。这启示我们,在社会经济发展进程中,应当将生态文明建设与人的发展作为一个共同体来看待,致力于形成人与生态环境和谐共生的局面。改革开放以来,我国经济发展在很长的一段时期内是"粗放式"的经济发展模式,不可避免地对生态环境造成了严重损害。随着我国经济发展的积累和生产力的巨大提高,以及伴随着生产方式的转变,我国经济发展已由快速增长阶段进入高质量发展阶段,呈现出经济发展新常态。随着经济全球化的加速发展和文化软实力在综合国力竞争中占据越来越重要的位置,加快对文化资源的保护、开发和利用的步伐,就成为当下服务经济建设目标的迫切要求。

成渝地区双城经济圈建设,是党和国家立足经济发展大局而作出的促进区域协调发展的战略部署,对成渝地区、西部地区,乃至全国的经济社会发展都具有重要意义。成渝地区双城经济圈建设于成渝地区经济社会发展而言是一个重大契机,而依托区域文化资源助力经济发展是掌握好时代发展形势,利用好战略机遇的可持续发展思路。成渝地区地处长江上游,区域内生态环境对于筑牢长江上游生态屏障以及长江全域生态环境保护都具有不可替代的重要作用。在成渝地区双城经济圈建设战略的大背景下,深入挖掘全域红色文化和绿色文化资源,塑造双城文化形象,打造区域文化软实力,对全力将成渝地区双城经济圈建设成为西部高质量经济增长极具有重

---

① 习近平:《决胜全面建成小康社会 夺取新时代中国特色社会主义伟大胜利——在中国共产党第十九次全国代表大会上的报告》,《人民日报》2017 年 10 月 28 日。

大意义。

川渝地区文化资源丰富且类型多样,红色文化、绿色文化、民俗文化、巴蜀文化、自然遗产文化等交相辉映,是川渝地区作为中国西部地区文化富集的重要表现。而其中的红色文化和绿色文化都具有深厚的历史渊源、相同的理论指导和实践主体。因此,红、绿文化在内涵上是互通的,在功能上是互助的。再者,从其分布来看,红色文化和绿色文化资源相伴相生,在空间上具有互融的特征。近年来,生态文明建设不断得到重视以及红色旅游的蓬勃发展,也为红色文化、绿色文化互融互渗创设了实践环境。川渝革命老区与民族地区的红、绿、古、俗等各类文化资源相当丰富,有利于旅游业的迅速成长壮大,甚至可将其培育为区域的支柱性产业。川渝不少民族地区和革命老区,均是红军长征时期、抗日战争时期及解放战争时期,在中国共产党老一辈无产阶级革命家领导下创建过根据地、游击区和战斗过的地方,其所涉及的先驱先烈战斗、工作、参与建设之处皆为历史遗迹,因此红色文化资源总量可谓是十分丰富。同时,这些地区又往往是极富生态旅游资源的地区,拥有大量的全国重点文物保护和风景名胜地。川渝地区可谓是同时拥有多姿多彩的自然生态和革命光辉岁月沉淀下来的人文遗迹的宝藏区域,这是大自然的珍贵馈赠,也是历史的选择。因此,在成渝地区双城经济圈建设战略的大背景下,成渝双城应坚持"一盘棋"思想,秉持"一体化"发展理念,大力深化以红色文化为引领、以绿色发展为主攻方向的"红+绿"融合发展,特别是以红色旅游、生态旅游为代表的第三产业的发展,在推动该区域第一、二、三产业结构的优化升级和加大第三产业在地区经济中的比重过程中具有重要作用。

第五节　共享交流的价值

川渝红色文化是在革命战争年代形成并与时代发展同行的优秀文化,

其作为中华文化共同体中的一支独特的区域文化,具有共享交流的价值,主要体现在文化资源共鉴共享促进双城情感认同与共享历史梳理复原促进双城身份认同。

一、文化资源共鉴共享促进双城情感认同

党的十八大以来,习近平总书记在多个场合、多次讲话中,都高度重视红色文化资源的保护开发、红色基因的传承、红色血脉的赓续,如何使红色文化获得全社会的认同并融入到社会发展的各个领域,发挥其在政治、经济、文化、教育等各个方面的重要价值,是学界和社会民众普遍关注的重大问题。机械的介绍红色文化资源和口号式的宣扬红色精神,不仅难以使之深入社会群众的头脑和心灵。反之,频繁地、枯燥地宣讲其重要性还有可能使人们产生抵触、厌烦的心理。可见,要使红色文化及其精神入脑入心绝不是依靠简单的介绍和重复的宣讲就能实现的,而是一项系统工程,需要红色文化相关职能部门及其研究者全面深入挖掘其内在价值,并向社会群众展现其美学价值,寻找其背后的心理情感认同机制,这样才有可能高效地促进社会群众的红色文化认同情感。

以保护开发文化资源来促进红色文化的建设和发展,有利于牢固树立中国特色社会主义共同理想,凝聚全党全社会团结奋斗的价值共识和社会共识,从而达到社会群体在情感上的共识。成渝双城民众在中国共产党的领导下共同创造了川渝红色文化,从而留下了丰富的红色文化资源。成渝双城民众共同创造红色文化为其文化资源共鉴共享提供了社会现实基础。成渝双城民众共同创造共同享有川渝红色文化必然有利于促进双城民众在对红色文化的认识上达到高度的一致,进而达到情感的一致。川渝红色资源毕竟是集物质文化形态、精神文化形态和制度文化形态于一体的红色文化资源体系,其内涵的长征精神、川陕苏区精神、红岩精神、红军精神等在革命战争年代熔铸的一系列精神谱系无不闪耀着艰苦奋斗、不胜不休的革命斗志与崇高理想信念。川渝红色文化资源是爱国主义精神、民族精神、社会

主义核心价值观,以及现代创新精神、时代精神等主流精神的红色载体,使得成渝双城民众尤其是在成渝地区双城经济圈建设战略的大背景下,各个民族、阶层、行业等社会群体,都能够在这个特殊又先进的载体上产生"川渝自古是一家"的高度情感认同。

关于"认同"一词的内涵,国内外学者都倾向于解释为"认同是基于心理和情感层面对某一事物的认可和认定"①。弗洛伊德认为"认同是个体或群体在感情上、心理上趋同的过程"②。国内学者费穗宇从心理学的角度出发来说明认同和情感之间的关系,他认为"认同是对外在情感、态度和认识的接纳"③。从现有文献来看,"认同"一词广泛应用于心理学、社会学和教育学等多个领域。④ 并且,多数学者从"心理学"和"社会学"⑤角度出发,一致认为认同是"认知认同、情感认同和行为认同的高度统一"。而情感认同就是人们对事物发自内心的肯定、认可和喜爱的积极态度。川渝红色文化具有地域性、整体性、民族性的特征,它是以中华优秀传统文化为文化根脉,同时又融入了巴蜀优秀文化地域代表文化。从川渝红色文化产生发展的历程来看,川渝红色文化是以马克思主义理论为指导思想,以中国共产党为领导,以川渝人民为实践主体,以川渝地区为域,在革命实践中产生的文化形态,集中记载了川渝人民在川渝大地上为实现民族独立、人民解放的浴血奋斗史。如果从伟大的红色的革命重大事件来体现川渝红色文化的革命性、斗争性、先进性的话,必然绕不开红军长征在四川、川陕苏区革命根据地创建、中共中央南方局在重庆等重大革命主题。如果从革命史诗般的英雄主义来展现川渝儿女的英雄气概、大局意识、革命理想的话,必然提及朱德、邓

---

① 严华勇、吴新颖:《论社会主义核心价值观情感认同的行为引导机制》,《贵州师范大学学报(社会科学版)》2021 年第 6 期。

② 车文博:《弗洛伊德主义原理选辑》,辽宁人民出版社 1998 年版,第 375 页。

③ 费穗宇等主编:《社会心理学辞典》,河北人民出版社 1988 年版,第 45 页。

④ 参见严华勇、吴新颖:《论社会主义核心价值观情感认同的行为引导机制》,《贵州师范大学学报(社会科学版)》2021 年第 6 期。

⑤ 邹国振:《社会主义核心价值体系认同的层次性分析》,《学术论坛》2011 年第 2 期。

小平、陈毅、刘伯承、聂荣臻等老一辈无产阶级革命家的民族气概和国家意识;王右木、赵世炎、杨闇公、冉钧、刘愿庵、李鸣珂、刘伯坚、赵一曼、邹进贤、罗世文、车耀先等革命烈士荡气回肠般地抛头颅、洒热血的革命热血故事。从历史中走来的红色人物和革命英雄,以及他们那值得后世永远铭记的革命战斗史构成了不容争辩的红色文化,这是当代川渝人民对革命史形成正确认知的历史根基。因此,从文化资源产生的角度来看,川渝红色文化资源对于现如今的川渝民众具有共同鉴赏、共同享有的价值。

更进一步说,成渝双城民众正确的历史认知是产生情感认同的基础和条件,即是说形成正确的历史认知对双城社会群体、个人在精神上、心理上是具有积极导向作用的。成渝双城民众对红色革命历史形成正确的认知是双城民众产生来自内心深处、由内而外的文化认同的历史根基。可以说,成渝双城民众缺乏对川渝革命史及红色文化的正确认知,其内心就难以对今天和平幸福生活产生珍惜之感,更难以在成渝地区双城经济圈建设中以红色文化渲染其时代意义和以红色精神引领其实现时代使命。成渝双城民众以川渝红色文化内涵的革命史、地域史为情感纽带而形成的情感认同,能够激活红色文化蕴藏的红色基因,有利于厚植双城民众的爱国主义情感、培育双城民众的社会主义核心价值观、凝聚双城经济圈建设的时代力量。

二、共享历史梳理复原促进双城身份认同

成渝地区历史悠久,最早可追溯到先秦时期的巴蜀地区。成渝两地古称巴蜀,自公元前 316 年统一于秦后,两地就一直处在川东、川西的政治经济中心地位,因历史和地缘关系两地间存在密切联系。由于封建社会时期,地区的发展状态多受制于封建统治者政策、社会背景、地理环境的影响。因此,成渝地区于 1840 年中国近代史开端以前,在多种因素的综合作用下历史运行较为平稳,在中国西南地区形成了重要的经济政治中心。鸦片战争以后,成渝地区各自开始了自身的近现代化工业历程,而重庆开埠是两城现代化发展的分水岭。重庆开埠便是其城市发展的重要历史节点,这一时期,

因开埠通商,外国资本主义迅速融入重庆,为重庆经济发展注入了新的动力和活力,使其成为依托工业发展的近代商业中心。而此时的成都仍旧处于自然经济的封闭状态,在经济上一度落后于重庆。全面抗战时期,重庆成为国民党政府的战时陪都,随之而来的一大批工矿业、学校、企事业单位的人口物资等各类资源也涌入重庆,使得重庆一度成为全国的政治、经济、文化与军事指挥中心。新中国成立后,出于国家的战略考虑,成都的经济发展得到中央的大力支持,成都的经济得到快速恢复和发展。1997年重庆市再次直辖,行政区划的变更致使成渝双城的发展呈现出新的特点。从成渝双城的历史发展脉络看,几经沉浮而又蕴含历史新机。

近年来,由于重庆成为直辖市后出现的"去四川化"现象和部分成渝网民之间出现的无谓"口水战"等意气之争,一度呈现出不太理想的文化心理倾向。① 目前社会中也有相当数量的民众对成渝双城一体化发展缺乏认同,究其根本是缺乏对双城历史渊源和时代际遇的理解,由此造成对成渝双城历史身份共享的不认同。成渝地区双城经济圈建设战略的提出,是党中央面对百年未有之大变局,立足全国区域经济协调发展而作出的重大战略部署,为成渝双城在各领域的发展提供了时代机遇。这是一个战略机遇,而成渝双城要如何把握这一机遇,促进双城自身以及双城民众的身份认同,形成合力以促进共同的发展并带动西部地区,乃至整个中国经济的发展,是双城必须要解决的问题。

文化是城市的根和魂,是城市不断创新发展的内在动力。川渝红色文化作为成渝双城城市空间中的一部分,已深深熔铸于双城民众的血脉之中,其蕴含的红色精神也在时代流变中永续指引着川渝人民开拓进取、奋勇前进,开创成渝双城共建的新时代。从古巴蜀国的建立到今天的川渝地区,历经了几千年的历史风霜,形成了独具特色的集巴蜀文化、革命文化、抗战文

---

① 参见何一民、崔峰、何永之:《多维度视阈下成渝地区双城经济圈建设探析》,《四川师范大学学报(社会科学版)》2021年第3期。

化、三峡文化于一体的文化形态,使得川渝地区具有了浓厚的历史文化底蕴。成渝双城共同拥有的红色文化资源为促进成渝双城身份认同提供了历史支撑。一是要进一步摸清、梳理巴蜀文化、红色文化等历史文化资源,构建系列凸显成渝双城特色的文化标志、文化符号。文化标志多以建筑物或其他类的物态形式的纪念形式出现。① 因此,川渝地区加大红色文化历史资源的保护力度,加大收集、整理旧民主主义革命时期和新民主主义革命时期的革命历史文化资源的力度。特别是梳理近代历史脉络,从而丰富包含长征文化、川陕苏区文化、红岩文化、抗战文化等在内的红色文化标志体系。中国的近代史中,尤其在民主革命时期,川渝地区对全国革命的胜利和全国人民的解放起到了至关重要的作用。重庆开埠以后,民主革命就在重庆广泛开展。在抗日战争时期,随着蒋介石国民政府迁都重庆,重庆更是成了政治、经济、文化中心,革命先驱毛泽东、周恩来等伟大领袖都在此展开了伟大的革命斗争。而四川是二万五千里长征的主要途径地,是全国第二大苏区的诞生地,其策应了主力红军的长征,促进了红军北上抗日目标的实现。这些清晰的历史脉络书写了川渝两地的红色文化,红岩村、白公馆、渣滓洞、周公馆、解放碑等革命战斗遗迹早已家喻户晓,这些遗址遗迹不仅是红色文化存在的一种物质载体,更以其庄严之感折射出历史底蕴,刻画出历史容貌的一面。加大对川渝红色文化资源的挖掘、梳理和校正,不仅可以无限接近还原历史的真相,更是可以通过这一过程加深双城对历史的认同和对自我身份的认同。成渝双城共享历史梳理复原是双城及双城民众身份认同的重要内容维度。

文化认同是身份认同的前提,是人们对其所属的文化和文化群体形成承认感和归属感基础之上的对自身的认同。加强对川渝红色文化的梳理复原可以为成渝双城本身及其双城民众对从革命战争年代沉淀而来的红色文

---

① 参见重庆市文化和旅游研究院编:《重庆文化研究(2019 年卷)》,中国文史出版社 2020 年版,第 24 页。

化的理解与认同。从本质上看,这是在强调国人要形成对中华民族共同体的身份认同,各级党组织和政府机关要通过开展一系列有利于增强文化认同、身份认同的规范性社会活动、国民教育活动,形成主导性的社会历史记忆,形塑出紧扣时代脉搏的中华民族共同体身份认同。①

身份认同是个人、群体、集体等对自我的身份由不知到知、由知到行的心理建构过程,历史梳理复原本质上也是一种动态的建构过程,其梳理复原的过程与身份认同的心理活动过程紧密相关,并且产生心理认同的过程及其成效在很大程度上取决于对历史梳理复原的过程建构活动。从心理接受角度分析历史梳理复原对形成身份认同的作用过程,即对身份的唤醒、判断、认知、趋同与维护五个层层递进的阶段。并结合历史梳理复原的过程思考历史梳理复原如何实现对身份的"知情意行"四个层次的认同。

历史梳理复原与身份认同是一种双向互动的关系。川渝红色文化历史梳理复原工作是一个长期性、复杂性和系统性的工作,它包括对形态多样的历史资源的挖掘和校正,并在此基础上对红色文化资源的运用。川渝红色文化资源丰富,形态多样,对红色文化历史梳理复原是一个动态的过程,身份认同的形成也是一个动态的过程,两者之间的双向互动,为川渝红色文化历史梳理复原与形成成渝双城身份认同提供了现实的契合点。

成渝双城身份认同为川渝红色文化历史梳理复原提供强大动力。对川渝红色文化资源在思政教育价值、经济发展价值、文化传承价值等价值功能的开发与利用的过程本质上属于对川渝红色文化体系的梳理复原,是一个不断丰富、充实川渝红色文化体系的过程。尤其是对遗址遗迹的保护开发,对各类纪性念场馆的修缮等复原工程更多是强调其情感价值,希望以历史文物的真实性、以历史场地的空间性来激发双城及双城民众的情感需求。身份认同作为重要的也可以说是基础性的情感需求,在对川渝红色文化历史梳理复原过程中理应受到高度重视,并且应将其作为红色资源开发的战

---

① 参见王明珂:《反思史学与史学反思》,上海人民出版社 2016 年版,第 37 页。

略性定位。因此,在川渝红色文化资源开发与利用的过程中,要注重从开发与利用的形式和内容上构建"过去(历史性)—现在(时代性)—未来(发展性)"的关系,引入大数据、虚拟技术等各种先进的互动工具和媒介,充分唤醒、激发成渝双城及双城民众的身份认同和情感共鸣。

成渝双城红色文化历史梳理复原为身份认同提供历史支撑和赋予活力。身份认同在为红色文化历史梳理复原的过程中提供动力的同时,红色文化历史梳理复原也为身份认同提供了历史支撑和赋予了活力。德国社会学家斐迪南·滕尼斯认为,身份认同是建立在人们本能的中意或习惯制约的适应的共同社会记忆之上的。① 成渝双城及其双城民众通过寻找革命战争年代共同的过去和记忆,搜寻着双城在历史发展中的关联性、亲缘性,促进其对自我的个人身份、双城身份的理性认知与确证,进而接受与承认,最终完成身份认同。在这个过程中,记忆帮助他们"建构他们是谁,他们如何联系以及他们发生了什么共同故事"②,人们在记忆之场中"搜集着和它身份相符的东西"③。历史梳理复原正是成渝双城及民众通过对历史的追忆,从历史文化出发来为形成身份认同提供历史支撑。这可以说是一个实践性、社会性、动态性的建构过程。身份的形成和确证要以集体性的记忆建构为其基础性条件,红色文化历史梳理复原是社会记忆建构的一种形式,赋予了实现身份认同的活力。梳理复原历史悠久、渊源深远的川渝红色文化,是成渝双城摒弃文化对立情绪,形成文化认同共同体和双城一体化发展身份认同共同体的必经历程。

---

① [德]斐迪南·滕尼斯:《共同体与社会》,林荣远译,商务印书馆1999年版,译者前言3。

② [美]查尔斯·蒂利:《身份、边界与社会联系》,谢岳译,上海人民出版社2008年版,第220页。

③ 杨茜兰:《档案记忆再生产视角下的身份认同过程与策略分析》,《浙江档案》2021年第10期。

结　语

　　红色文化作为中国共产党在新民主主义革命时期领导人民创造的，在继承中华优秀传统文化基础上，以马克思主义基本原理为指导的，同中国具体实际相结合，在革命斗争历程中诞生的意识产物，是思想活动与现实实践的结合体。川渝红色文化并非无源之水、无本之木，其诞生的背后有着深刻的历史因缘。想要了解川渝红色文化的现状，想要在未来更好地发扬川渝红色文化的功能价值，就要先了解川渝红色文化的源头。巴蜀大地自古就有着得天独厚的自然地理环境，在群山环绕之下，形成了辉煌灿烂的巴蜀文明。川渝人民身上厚德载物、务实肯干、刚毅勇猛、继往开来的传统美德，在近代中国陷入亡国灭种的危机之时，同优秀的外来思想——马克思列宁主义相碰撞，诞生了内涵丰厚、波澜壮阔的革命文化。在川渝革命者的身上，我们可以看到忠贞坚定、敢于斗争、牺牲奉献等伟大的革命品质。实践是认识的来源，也是认识发展的动力。川渝红色文化的形成，既有赖于巴蜀地区中华传统文化道德的厚重积淀，也同近代以来川渝人民不屈不挠的抗争历史紧密相关。从"教案"、四川义和团运动开始的反帝爱国主义斗争，到推动辛亥革命爆发的四川保路运动，再到土地革命战争时期建立的川陕革命根据地，抗日战争时期出川抗战的川军将士，解放战争时期南方局领导下争取民主、反对内战的斗争……从旧民主主义革命的失败到新民主主义革命的胜利，传统文化与新潮思想相互碰撞，才形成了既同全国的革命浪潮水乳交融，又独具自身地域文化特色的川渝红色文化。同全国其他地区的如江西红色文化、沂蒙红色文化、福建红色文化一样,川渝红色文化既是中国红色文化主体的一部分,具有红色文化的共性;又展示出自身的地域色彩,体现出川渝地区"坚定忠贞、舍身为国、艰苦奋斗、舍己为人、与时俱进"的鲜明个性。实践又是认识的目的和归宿,在新民主主义革命进程中形成的红色文化,又反作用于革命本身,对中国共产党带领中华民族反抗"三座大山"的压迫,实现民族独立、人民解放的历史任务起了重要的推动作用。

在回顾川渝红色文化形成的过程时,我们还必须要思考这些问题:为何创造红色文化的是中国共产党领导的中国人民? 为何从1840年鸦片战争爆发以来,无数仁人志士,为拯救民族危亡抛头颅、洒热血,最终却是有中国共产党领导的新民主主义革命取得成功,实现了民族独立、人民解放的目标? 为何只有中国共产党才创造了如此种类繁多且内涵丰富的红色文化形式? 在本书中,我们对这一系列问题进行了探讨,给出了自己的答案。川渝红色文化的形成,既是川渝人民不屈不挠的斗争意志的体现,也是中国共产党所坚持的革命道路正确性的最好证明。创造川渝红色文化的,是代表着先进生产力、代表着进步事物、代表着最广大人民根本利益的中国共产党。人民群众是历史的创造者,也是红色文化的创造者,如果没有得到人民群众的真心拥护和坚定支持,中国共产党和其创造的红色文化绝不可能在中华大地上落地生根,更不可能让革命的星火汇成燎原之势。红色文化蓬勃发展的背后,是中国人民对马克思主义、对中国共产党的选择。只要仔细"审视"川渝红色文化的"细胞",就可以发现那是一个个自强不息、顽强拼搏的个体,而正是这些个体,才汇聚成了波澜壮阔、可歌可泣的红色长河。

铭记过去,才能更好地迈向未来。当下,我国正值中华民族伟大复兴中国梦与中国特色社会主义现代化国家建设的战略目标实施期,发掘红色文化、纪念红色文化、拥抱红色文化、传承红色文化,是中国共产党人"不忘初心、牢记使命"的应有之义。川渝红色文化体系内涵丰富、种类繁多、资源密集,在建设成渝地区双城经济圈的过程中发挥着推动民众共同历史记忆建构、促进民众正确历史意识塑造、接续巴蜀优秀传统文化精髓、助力社会主义先进文化建设、提升人民精神文明风尚、推动旅游经济联动、促进生态经济圈发展、促进两地情感认同和身份认同等多重作用。当前,川渝红色文化体系虽然资源丰富、客观条件充足,但在发掘利用上却存在着开发失当、流于形式等现象。川渝红色文化,本应成为教育下一代的生动教材,却在融入高校思政课教育时,有着学理性不足、方式陈旧、融入程度浅、教育效果差等问题。背后暴露的,是我们对川渝红色文化资源开发运用不充分、未能建立系统有效的育人机制的缺憾。对于如何开发、保存、利用川渝红色文化这一珍贵的历史遗产,本书同样给出了建议。当然,"一千个人眼里有一千个林黛玉",众口难调,文化宣传不可能做到面面俱到,但对于广大川渝地区的思政工作者、党史工作者来说,我们仍然希望能够尽可能地把红色文化的内涵、精髓赋予时代价值,用红色文化感染、打动祖国下一代青少年,在推动经济建设的同时,完成"入脑入心"这一崇高而艰难的使命。

本书既不是研究川渝红色文化的起点,更不会是这一学术研究领域的终点。优秀文化体系的构建,除了要有正确的理论指导、丰富的历史素材、合格的教育主体、广泛的教育对象外,还需要有广大的接班人和传承者去不断完善。本书在对于一些既存问题进行回应的同时,也勉力提出了一系列面向未来的新问题、新思考与新建议,以就教于川渝地区广大党史党建、思想政治教育与红色文化研究的工作者们。今天,这些问题或仍值得关注和探讨。笔者期待本团队的这份很不成熟的研究成果,能够激起学界思想界理论界的同仁们对川渝红色文化相关问题作更进一步的思考与求索。

参 考 文 献

期刊文章

[1]赖宏、刘浩林:《论红色文化建设》,《南昌航空工业学院学报(社会科学版)》2006 年第 4 期。

[2]杨海霞:《红色文化的内化困境及对策探析》,《思想政治教育研究》2020 年第 4 期。

[3]李东坡、郭佳琪:《红色文化基因融入思想政治教育意蕴》,《毛泽东思想研究》2019 年第 5 期。

[4]邓显超、邓海霞:《十年来国内红色文化概念研究述评》,《井冈山大学学报(社会科学版)》2016 年第 1 期。

[5]彭陈:《红色文化涵养大学生价值观的理论前提与实现路径》,《长沙大学学报》2021 年第 1 期。

[6]郭少华:《红色文化融入大学生思想政治教育的价值与途径》,《井冈山大学学报(社会科学版)》2011 年第 4 期。

[7]范方红:《红色文化融入高校思想政治教育的价值与路径》,《学校党建与思想教育》2017 年第 6 期。

[8]郭培荣、徐永超:《红色文化融入高校思想政治教育的价值与路径》,《学校党建与思想教育》2020 年第 8 期。

[9]徐永健、李盼:《试论红色文化资源与大学生思想政治教育的内在

关联》,《思想教育研究》2016 年第 12 期。

[10]胡勇胜、唐华山:《论高校基层党组织建设中的红色文化融入》,《学校党建与思想教育》2019 年第 3 期。

[11]胡爱军:《红色文化在高校党建工作中的影响及应用》,《南方论刊》2020 年第 9 期。

[12]渠长根、闻洁璐:《红色文化资源研究综述》,《浙江理工大学学报(社会科学版)》2019 年第 2 期。

[13]张泰城:《论红色文化资源》,《红色文化资源研究》2015 年第 1 期。

[14]金鹏、卢东、曾小乔:《中国红色旅游研究评述》,《资源开发与市场》2017 年第 6 期。

[15]银元、李晓琴:《乡村振兴战略背景下乡村旅游的发展逻辑与路径选择》,《国家行政学院学报》2018 年第 5 期。

[16]王安平、杨可:《新时代乡村旅游业与乡村振兴融合发展途径研究》,《重庆社会科学》2020 年第 12 期。

[17]毛嘉正、李玮:《乡村振兴战略下革命老区红色旅游资源价值及开发》,《中国经贸导刊(中)》2020 年第 7 期。

[18]李勇:《革命老区旅游发展与扶贫攻坚战略刍议——以贵州黎平革命老区为例》,《凯里学院学报》2018 年第 5 期。

[19]杨凯、陈丽军:《乡村振兴背景下红色旅游扶贫的创新模式和路径——以湖北省黄冈市为例》,《三峡大学学报(人文社会科学版)》2019 年第 5 期。

[20]龙江兰、刘然、吴振兴:《川渝红色旅游文化形象建构与传播》,《新闻研究导刊》2019 年第 14 期。

[21]常胜:《红色文化资源效用:现实考察与理性审视》,《广西社会科学》2018 年第 10 期。

[22]李阁:《中国青年红色文化认同:诉求、困境和对策》,《保定学院学

报》2019 年第 5 期。

[23]卞成林:《红色文化创造性地融入高校思想政治教育的实践路径》,《社会科学家》2020 年第 5 期。

[24]朱景林:《红色文化物质载体培育社会主义核心价值观的展示应用研究》,《思想理论教育导刊》2017 年第 5 期。

[25]江旺龙、方文龙:《红色文化是马克思主义中国化时代化大众化的重要成果——学习习近平总书记关于红色文化重要论述》,《景德镇学院学报》2018 年第 4 期。

[26]项继权:《中国农村社区及共同体的转型与重建》,《华中师范大学学报(人文社会科学版)》2009 年第 3 期。

[27]翁钢民、王常红:《基于 AHP 的红色旅游资源综合评价方法及其开发对策》,《工业技术经济》2006 年第 2 期。

[28]宋洁、程望杰:《城乡规划领域文化体系构建模式研究》,《规划师》2014 年第 1 期。

[29]《用好"四大优势" 发挥"三个作用" 在推进西部大开发形成新格局中展现新作为实现新突破——国务院新闻办在北京举行庆祝新中国成立 70 周年重庆专场新闻发布会》,《当代党员》2019 年第 19 期。

[30]谯长卫:《川陕革命根据地红军石刻概述》,《四川档案》2011 年第 3 期。

[31]刘宗灵、赵春茂:《论王右木与四川地区中国共产党早期党团组织的创建》,《绵阳师范学院学报》2018 年第 3 期。

[32]刘宗灵:《从"并行不悖"到"百川归海"——四川地区早期马克思主义者的聚合之途及群体特征分析》,《兰州学刊》2018 年第 4 期。

[33]郁志龙:《时代性:中国化马克思主义的生命张力》,《甘肃理论学刊》2010 年第 3 期。

[34]魏本权:《从革命文化到红色文化:一项概念史的研究与分析》,《井冈山大学学报(社会科学版)》2012 年第 1 期。

[35]刘润为:《红色文化:中国人的精神脊梁》,《红旗文稿》2013年第18期。

[36]胡雪峰、魏大军:《四川藏羌地区红色文化资源教育价值探析》,《西南民族大学学报(人文社会科学版)》2011年第10期。

[37]刘宗灵:《抗战初期中共四川地下党组织的重建与整顿》,《中共党史研究》2017年第9期。

[38]翟时雨:《成都、重庆话在四川方言分区中的地位》,《西南师范大学学报(哲学社会科学版)》1999年第2期。

[39]王友平:《长征中的川籍女红军述论》,《中共四川省委党校学报》2019年第4期。

[40][日]竹添进一郎:《栈云峡雨日记并诗草》,奎文堂明治十一年(1878)刊刻。

[41]张翠芳、韦汉吉:《充分发挥地方红色文化资源的资政育人作用》,《科教导刊(中旬刊)》2018年第11期。

[42]崔建宇、魏晓红:《山西红色文化在大学生思想政治教育中的作用探析》,《山西青年职业学院学报》2020年第3期。

[43]户可英、赵会娜:《网络视域下重庆红色文化传播路径研究》,《新闻研究导刊》2019年第10期。

[44]卢秋婷、王大洋:《红色文化融入高校思想政治教育初探》,《吉林广播电视大学学报》2021年第4期。

[45]禹玉环:《红色文化遗产保护探讨——以遵义市为例》,《山西档案》2014年第2期。

[46]邱思扬、李克龙、蒋道平:《四川省红色文化资源开发与创新性发展路径探析》,《西南科技大学学报(哲学社会科学版)》2019年第3期。

[47]中共珠海市委党校课题组:《珠海红色文化资源的保护与利用初探》,《中共珠海市委党校珠海市行政学院学报》2014年第5期。

[48]习近平:《加快推动媒体融合发展　构建全媒体传播格局》,《奋

斗》2019 年第 6 期。

[49]周婧、贾婧:《融媒环境下红色文化的品牌建构与价值传播》,《青年记者》2020 年第 6 期。

[50]万平、吕佳音:《借力成渝双城经济圈建设 促进川剧保护、传承与发展——以〈川剧老艺术家口述史〉(重庆卷)为例》,《四川戏剧》2021 年第 11 期。

[51]何一民、崔峰、何永之:《多维度视阈下成渝地区双城经济圈建设探析》,《四川师范大学学报(社会科学版)》2021 年第 3 期。

[52]李康平:《中国革命文化基本理论问题研究》,《马克思主义研究》2015 年第 7 期。

[53]渠长根:《基于人物印记的党史文化资源保护与开发刍议》,《江西科技师范大学学报》2015 年第 2 期。

[54]习近平:《坚定文化自信,建设社会主义文化强国》,《求是》2019 年第 12 期。

[55]吕进、何佳佳:《传承与重塑:文化记忆视角下优秀传统文化发展探析》,《重庆大学学报(社会科学版)》2021 年。

[56]中共中央党史研究室:《历史是最好的教科书——学习习近平同志关于党的历史的重要论述》,《中共党史研究》2013 年第 9 期。

[57]陈春英:《当代中国话语体系构建中的历史意识:价值、内涵和现实表征》,《社会主义研究》2020 年第 3 期。

[58]朱哲、薛焱:《高校思想政治理论课教师应树立正确的历史意识》,《思想理论教育》2015 年第 8 期。

[59]王婧:《发挥重庆红色文化的资源优势》,《当代党员》2021 年第 13 期。

[60]刘茂才、谭继和:《巴蜀文化的历史特征与四川特色文化的构建》,《西南民族学院学报(哲学社会科学版)》2003 年第 1 期。

[61]王易、田雨晴:《论红色基因的生成条件、核心内容及时代价值》,

《南开学报(哲学社会科学版)》2022年第1期。

[62]郑人杰:《红色文化与社会主义先进文化价值契合探究》,《中学政治教学参考》2015年第12期。

[63]钟秀利:《试析红色文化的政治价值——执政文化的视角》,《求实》2007年第11期。

[64]于志勇:《关于红色文化的精神内核分析与当代价值探讨》,《文化产业》2020年第32期。

[65]严华勇、吴新颖:《论社会主义核心价值观情感认同的行为引导机制》,《贵州师范大学学报(社会科学版)》2021年第6期。

[66]邹国振:《社会主义核心价值体系认同的层次性分析》,《学术论坛》2011年第2期。

专著

[1]中国科学院:《邓小平科技思想研究》,科学出版社1997年版。

[2]朱峻峰:《什么是社会主义　怎样建设社会主义》,学习出版社1994年版。

[3]张家顺:《组织工作的理论与实践》,人民出版社2003年版。

[4]中国科学院、中国工程院编:《百名院士谈建设科技强国》,人民出版社2019年版。

[5]慎海雄主编:《习近平改革开放思想研究》,人民出版社2018年版。

[6]夏征农:《辞海(文化、体育分册)》,上海辞书出版社1988年版。

[7]上海辞书出版社编辑:《辞海·语词分册(上)》,上海辞书出版社1985年版。

[8]夏日云、张二勋主编:《文化地理学》,北京出版社1991年版。

[9]李化树:《现代德育论》,西南交通大学出版社2013年版。

[10]孟东方主编:《重庆文化发展理论与实践研究》下卷,重庆出版社2012年版。

[11]张嘉友、陈君峰等:《开发与利用:四川红色文化资源与青少年思想品德教育融合研究》,四川大学出版社 2020 年版。

[12]赵熙文编著:《楹联撷趣》,湖北人民出版社 1996 年版。

[13]孙和平等:《四川红色文化资源开发与利用研究》,四川大学出版社 2010 年版。

[14]李后强、秦勇:《红色文化与绿色文化融合发展研究》,四川人民出版社 2016 年版。

[15]中共阿坝州委党史研究室编著:《雪山草地·红色旅游》,四川人民出版社 2006 年版。

[16]翟继光主编:《纪检监察依法依纪办案常用法律法规全书》第 2 卷,中国民主法制出版社 2020 年版。

[17]白寿彝:《中国通史 1》(第 1 卷·导论),上海人民出版社 2015 年版。

[18]吴玉章:《吴玉章回忆录》,中国青年出版社 1978 年版。

[19]刘伯承:《刘伯承回忆录》第 2 集,上海文艺出版社 1985 年版。

[20]褚赣生、邹益编:《告白人间名人遗书》,杭州出版社 1996 年版。

[21]王跃飞:《湘鄂西与湘鄂川黔革命根据地研究》,青海人民出版社 2005 年版。

[22]渠长根主编:《红色文化概论》,红旗出版社 2017 年版。

[23]中央党校党建部编著:《党员教育培训学习辅导》,人民出版社 2020 年版。

[24]刘秉荣:《中国工农红军全传》(七),人民出版社 2007 年版。

[25]张秀熟:《二声集》,巴蜀书社 1992 年版。

[26]聂荣臻:《聂荣臻回忆录》,解放军出版社 1986 年版。

[27]张学君、张莉红:《四川近代工业史》,四川人民出版社 1990 年版。

[28]徐特立等:《光辉的五四》,中国青年出版社 1959 年版。

[29]汪慧、丑万涛主编:《经济学基础》,立信会计出版社 2007 年版。

[30]彭通湖主编:《四川近代经济史》,西南财经大学出版社 2000 年版。

[31]傅钟:《征途集》,上海文艺出版社 1993 年版。

[32]杨绍中等编辑整理:《杨闇公日记》,四川人民出版社 1979 年版。

[33]陈永发:《中国共产革命七十年》上册,台北联经出版事业公司 1998 年版。

[34](春秋)孔子著,黄怀信注训:《尚书注训》,齐鲁书社 2002 年版。

[35]肖平:《古蜀文明与三星堆文化》,四川人民出版社 2002 年版。

[36]段渝主编:《巴蜀文化史》,四川人民出版社 2012 年版。

[37]陈世松:《天下四川人》,四川人民出版社 2008 年版。

[38](东汉)班固:《汉书》,太白文艺出版社 2006 年版。

[39]苏培庆、战文翔主编:《中医哲学概论》,中国中医药出版社 2009 年版。

[40]王友平主编:《长征中的川籍女红军》,四川辞书出版社 2016 年版。

[41]陈思华主编:《闪耀的星群:为中国革命作出突出贡献的达州儿女》上册,四川人民出版社 2014 年版。

[42]韩树英主编:《马克思主义哲学纲要(修订本)》,人民出版社 1990 年版。

[43]张力:《四川义和团运动》,四川人民出版社 1982 年版。

[44]尚明轩主编:《孙中山全集》第二卷,人民出版社 2015 年版。

[45]高万娥、刘道慧:《建党伟业——聚焦 1921》,人民出版社 2011 年版。

[46]《陈独秀文集》第二卷,人民出版社 2013 年版。

[47]《李大钊文集》第五卷,人民出版社 1999 年版。

[48]徐中舒:《论巴蜀文化》,四川人民出版社 1982 年版。

[49](晋)常璩:《华阳国志校补图注》,上海古籍出版社 2007 年版。

［50］（清）顾祖禹：《读史方舆纪要》，中华书局出版社 2005 年版。

［51］李后强主编：《成渝双城五论》，四川人民出版社 2021 年版。

［52］郝雨：《中国现代文化的发生与传播：关于五四新文化运动的传播学研究》，上海大学出版社 2002 年版。

［53］骆郁廷主编：《当代大学生思想政治教育》，中国人民大学出版社 2010 年版。

［54］渠长根主编：《红色文化研究与实践》，红旗出版社 2019 年版。

［55］边慧敏、李向前主编：《新时代高校思想政治工作指导手册》，东方出版社 2020 年版。

［56］［德］哈拉尔德·韦尔策编：《社会记忆：历史、回忆、传承》，季斌等译，北京大学出版社 2007 年版。

［57］［德］阿莱达·阿斯曼：《回忆空间：文化记忆的形式和变迁》，潘璐译，北京大学出版社 2016 年版。

［58］车文博：《弗洛伊德主义原理选辑》，辽宁人民出版社 1998 年版。

［59］费穗宇等主编：《社会心理学辞典》，河北人民出版社 1988 年版。

［60］重庆市文化和旅游研究院编：《重庆文化研究（2019 年卷）》，中国文史出版社 2020 年版。

［61］王明珂：《反思史学与史学反思》，上海人民出版社 2016 年版。

［62］［德］斐迪南·滕尼斯：《共同体与社会》，林荣远译，商务印书馆 1999 年版。

［63］［美］查尔斯·蒂利：《身份、边界与社会联系》，谢岳译，上海人民出版社 2008 年版。

地方志、地方通史

［1］四川省宜宾县志编纂委员会编纂：《宜宾县志》，巴蜀书社 1991 年版。

［2］四川省地方志编纂委员会编纂：《四川省志·农业志》上册，四川辞

书出版社 1996 年版。

[3]四川省地方志编纂委员会编纂:《四川省志·商业志》,四川科学技术出版社 1996 年版。

[4]四川省地方志工作办公室主办:《四川年鉴 2018》,四川年鉴社 2018 年版。

[5]万县志编纂委员会编:《万县志》,四川辞书出版社 1995 年版。

[6]《汶川特大地震抗震救灾志》编纂委员会编:《汶川特大地震抗震救灾志》卷 10,方志出版社 2015 年版。

[7]陈和平主编:《重庆年鉴 2010》,重庆年鉴社 2010 年版。

[8]《四川简史》编写组编著:《四川简史》,四川省社会科学院出版社 1986 年版。

[9]陈世松、贾大泉、温贤美主编:《四川通史》第 7 册,四川大学出版社 1994 年版。

[10]四川省地方志编纂委员会编纂:《四川省志·文化艺术志》,四川人民出版社 2000 年版。

[11]贾大泉、陈世松主编:《四川通史》卷 2,四川人民出版社 2010 年版。

[12]贾大泉、陈世松主编:《四川通史》卷 4,四川人民出版社 2010 年版。

[13]贾大泉、陈世松主编:《四川通史》卷 5,四川人民出版社 2010 年版。

[14]贾大泉、陈世松主编:《四川通史》卷 6,四川人民出版社 2010 年版。

经典文献

[1]《毛泽东选集》第一卷,人民出版社 1991 年版。

[2]《毛泽东选集》第二卷,人民出版社 1991 年版。

［3］《毛泽东选集》第三卷，人民出版社 1991 年版。

［4］《毛泽东选集》第四卷，人民出版社 1991 年版。

［5］《邓小平文选》第二卷，人民出版社 1994 年版。

重要文献、档案及汇编

［1］中共成都市委党史工作委员会编：《中共成都市委简史（新民主主义革命时期部分）》，四川民族出版社 1989 年版。

［2］中共巴中市委、巴中市人民政府主编：《川陕革命根据地简史》，（出版社不祥）2005 年版。

［3］《湘鄂川黔革命根据地史稿》编写组：《湘鄂川黔革命根据地史稿》，湖南人民出版社 1985 年版。

［4］《湘鄂川黔苏区革命文化史料汇编》编辑小组编：《湘鄂川黔苏区革命文化史料汇编》，中国书籍出版社 1995 年版。

［5］中国社会科学院经济研究所中国现代经济史组：《第一、二次国内革命战争时期土地斗争史料选编》，人民出版社 1980 年版。

［6］中共中央党史资料征集委员会编：《中共党史资料》第 1 辑，中央党史资料出版社 1982 年版。

［7］《川陕革命根据地历史长编》编写组编：《川陕革命根据地历史长编》，四川人民出版社 1982 年版。

［8］《王右木致团中央负责人的信——关于成、渝、川北团的筹建情况》（一九二二年十月十一日），《四川革命历史文件汇集》甲 1。

［9］《中共党史教学参考资料》（一），人民出版社 1957 年版。

［10］林增平等编：《辛亥革命史》，人民出版社 1980 年版。

［11］刘引泉主编：《中国民主革命时期通史》上卷，东方出版社 1990 年版。

［12］《川陕革命根据地历史文献选编》（上），四川人民出版社 1979 年版。

［13］中共四川省委党史研究室编:《四川党史人物传》第一卷,四川人民出版社2016年版。

［14］中共重庆市委党史研究室:《中国共产党重庆历史》第一卷,重庆出版社2011年版。

［15］中共中央组织部等编:《中国共产党组织史资料》第二卷,中共党史出版社2000年版。

［16］中共四川省委党校、中共四川省委党史研究室编:《中国共产党四川历史十讲》,四川人民出版社2020年版。

［17］中共中央文献研究室编:《十八大以来重要文献选编》(上),中央文献出版社2014年版。

［18］四川省档案局(馆)编:《抗战时期的四川——档案史料汇编》(中),重庆大学出版社2014年版。

［19］西南师范大学历史系、重庆市档案馆编:《重庆大轰炸(1938—1943)》,重庆出版社1992年版。

［20］四川省档案馆编:《川魂:四川抗战档案史料选编》,西南交通大学出版社2015年版。

［21］嘉兴学院中国共产党革命精神与文化资源研究中心、嘉兴学院红船精神研究中心、浙江省中国共产党创建史研究中心编:《列宁主义在中国早期传播史料长编:1917—1927》(上),武汉大学出版社2019年版。

［22］中央档案馆编:《中国共产党第一次代表大会档案资料(增订本)》,人民出版社1984年版。

［23］中共中央文献研究室、中央档案馆编:《建党以来重要文献选编(1921—1949)》第1册,中央文献出版社2011年版。

［24］中共中央党校党史教研室选编:《中共党史参考资料(一)党的创立时期》,人民出版社1979年版。

［25］中共中央文献研究室、中央档案馆编:《建党以来重要文献选编(1921—1949)》第24册,中央文献出版社2011年版。

附　　录

川渝红色文化融入本地高校思想
政治教育情形调查问卷

亲爱的同学,您好! 川渝红色文化资源丰富,它是党领导川渝人民在不同历史时期所形成的社会主义先进文化。在新时代,红色文化迸发出巨大的育人价值,成为区域高校思想政治教育独具一格的载体。为了了解川渝红色文化融入川渝高校思想政治教育的现状,特此开展此问卷调研,希望您能真实反映贵校情况。本问卷采取匿名方式填写,不涉及个人隐私,且您的回答仅用于课题研究,不做他用。请根据自己的实际情况放心作答。非常感谢您的参与和配合。祝您生活愉快!

1. 您的性别是? (　　　)

A.男

B.女

2. 您的政治面貌是? (　　　)

A.中共党员

B.共青团员

C.群众

D.其他

3. 您所在的院校是? (　　　)

A.普通专科

B.普通本科

C."双一流"高校

4.您的专业是?（　　　）

A.人文社科类

B.理工类

C.艺术体育类

D.医学类

E.管理类

F.其他

5.您的学历程度是?（　　　）

A.专科

B.本科

C.硕士研究生

D.博士研究生

6.您了解川渝红色文化的内涵、类型吗?（　　　）

A.非常了解

B.比较了解

C.一般了解

D.不太了解

E.完全不了解

7.您对川渝地区具体的革命遗址遗迹、红色人物、红色故事、红色故居、红色精神等熟悉吗?（　　　）

A.非常熟悉

B.比较熟悉

C.一般

D.不太熟悉

E.不熟悉

8.您是否经常观看川渝地区相关的红色纪录片、影视作品或文艺展演？
（　　　）

A.经常观看

B.偶尔观看

C.不观看

9.您了解川渝红色文化的渠道有哪些？（可多选)（　　　）

A.课堂教学

B.校外实践、参观

C.自主旅游

D.网络媒体

E.长辈讲述

F.书籍、报刊和杂志

G.自主查阅资料

H.影视作品

I.其他

10.您对川渝红色文化感兴趣吗？（　　　）

A.非常感兴趣

B.比较感兴趣

C.一般

D.不太感兴趣

E.完全没兴趣

11.您会主动学习川渝红色文化吗？（　　　）

A.经常学习

B.偶尔学习

C.从不学习

12.您认为推进川渝红色文化融入本地高校思想政治教育是否有必要？

(　　)

　　A.非常有必要

　　B.比较有必要

　　C.一般

　　D.不太必要

　　E.没有必要

13.您认为川渝红色文化融入本地高校思想政治教育的意义有哪些?
(可多选)(　　　)

　　A.增强爱国主义情感

　　B.铭记历史

　　C.坚定信念

　　D.弘扬优良传统

　　E.增强文化自信

　　F.树立正确价值观

　　G.其他

14.您所在高校是否重视将川渝红色文化融入本地高校思想政治教育?

(　　　)

　　A.非常重视

　　B.比较重视

　　C.一般重视

　　D.不太重视

　　E.完全不重视

15.您所在高校在思想政治教育教学中对川渝红色文化的运用程度如
何?(　　　)

　　A.经常涉及

　　B.偶尔涉及

　　C.不太涉及

D.完全不涉及

16.您认为您所在高校在思想政治教育教学中是否充分挖掘川渝红色文化资源？（　　）

A.非常充分

B.比较充分

C.一般

D.不太充分

E.不充分

17.您所在高校通过哪些形式将川渝红色文化融入学校思想政治教育？（可多选）（　　）

A.课堂教学

B.理论宣讲或开展主题讲座

C.校外实践（参观红色景点、红色基地）

D.网络学习（网课学习、网站浏览、微信公众号推送等）

18.您所在高校是否开展以"川渝红色文化"为主题的校园文化活动？（　　）

A.经常开展

B.偶尔开展

C.不开展

D.不清楚

19.您所在高校开展参观红色基地、爱国主义教育基地、红色景点等校外实践的频率如何？（　　）

A.非常频繁

B.比较频繁

C.一般

D.不太频繁

E.不开展

20. 您是否赞同高校开展红色文化实践教育比理论教育更有启发性和更具实际性意义？（   ）

A.赞同

B.不赞同

C.不清楚

21. 您认为是否有必要将川渝红色文化纳入思想政治教育教材当中？（   ）

A.非常有必要

B.比较有必要

C.一般

D.不太必要

E.没有必要

22. 您所在高校是否重视利用新媒体技术（如川渝红色文化网站建设、微信和微博平台的运营、播放红色影视作品等）传播介绍川渝红色文化？（   ）

A.非常重视

B.比较重视

C.一般

D.不太重视

E.不重视

23. 您认为您所在高校利用网络平台传播介绍川渝红色文化的效果如何？（   ）

A.非常有效

B.比较有效

C.一般

D.不太有效

E.没有效果

24.您所在高校是否有完善的红色文化育人模式？（　　　）

A.已经建立并且效果较好

B.已经建立但效果不佳

C.初步建立

D.尚未建立但在规划

E.从未规划

25.您所在高校是否建立了关于川渝红色文化融入本地高校思想政治教育的反馈机制？（　　　）

A.已经建立并且效果好

B.已经建立但效果欠佳

C.正在规划建立

D.没有规划建立

26.您认为川渝红色文化融入当地高校思想政治教育有利于实现立德树人的目标吗？（　　　）

A.非常有利于

B.比较有利于

C.一般

D.关系不大

E.不利于

27.您认为您所在高校在促进川渝红色文化融入本地高校思想政治教育的工作成效如何？（　　　）

A.非常显著

B.比较显著

C.一般

D.不太显著

E.没有成效

28.您认为您所在高校在促进川渝红色文化融入本地高校思想政治教

育工作中存在的不足之处有？（可多选）（　　　）

A.重视程度与自主意识不强

B.教育内容刻板且不全面

C.方式、方法不够新颖

D.渠道不够畅通

E.相关的实践教育活动缺乏

F.思想政治教育体系不够完善

G.教育效果不够明显

H.其他

29.您认为造成川渝红色文化融入当地高校思想政治教育困境的影响因素有？（可多选）（　　　）

A.学校领导及有关部门不够重视

B.对川渝红色文化资源缺乏深度的开发利用

C.思想政治教育内容不够丰富

D.思想政治教育形式单一

E.思想政治教育体系不够完善

F.网络建设不够完善

G.思想政治理论与实践教育协调不当

H.政府、社会、高校、个人配合不当

I.其他

30.您对川渝红色文化融入本地高校思想政治教育的建议和意见有？

后　记

　　本书的研究起点是源自笔者主持的四川省社会科学研究"十三五"规划 2020 年度课题重大项目"川渝红色文化的发掘、传承及其对打造成渝地区双城经济圈的现实价值研究"（立项编号：SC20ZDCY004）。众所周知，川渝自古一家，以成都为代表的川西平原和以重庆为代表的川东丘陵山地，在历史的演进中成为了孕育源远流长的巴蜀文化的两大重点区域。从优秀传统文化的诞生至现当代红色文化的陶冶，川渝两地始终是相互交织、相互融合、相互支撑以及共生共建的关系，从川渝两地的历史文化视野与经济社会视角出发，着力探讨川渝红色文化体系的构建历程、前世今生、内涵要素、独特表征、互动关联、当代价值等等，是一个相当有意义的话题。本书作者尝试从自己的认知、理解出发对上述这些问题作一初步探索。当然，由于执笔团队的视野有限、学识浅陋、基础薄弱等原因，本书亦难以对上述诸问题均展开全面深入的回答，书中难免仍有许多纰漏不周之处，还望学界理论界同仁和相关领域实务工作者从各个角度出发多作批评指正。也希望本书未能阐释清晰的若干遗留问题，在未来能得到识者的进一步探究与深切考察。

　　需要说明的是，本书是由电子科技大学特聘教授刘宗灵领衔的学术研究团队集体攻关撰写而成。具体分工如下：刘宗灵教授负责全书框架结构的设计拟定、研究方向的把控、全书初稿的审阅修订、绝大多数内容的校改重写工作，涉及文稿字数共计约 24 万字；2020 级硕士生周娇凤负责本书第八章和第七章绝大部分内容的初稿撰写工作，涉及文稿字数约 5.4 万字；

2020 级硕士生盛清清负责本书第二、三章与第七章少部分内容的初稿撰写工作,涉及文稿字数约 5.1 万字;2020 级硕士生何雨婷负责本书第五章初稿和第七章少部分内容的初稿撰写工作,涉及文稿字数约 3 万字;2021 级博士生周雨童负责本书第六章和第四章第二节内容的初稿撰写工作,涉及文稿字数约 3.8 万字;2021 级博士生杨可负责本书第一章和第四章第一节的初稿撰写工作,涉及文稿字数约 3.7 万字。上述同学均为电子科技大学马克思主义学院的在读硕博士生,他们都为相关课题以及本书的顺利完成作出了重要的贡献。本学院的郭芙蕊教授与李贞海老师也协助进行了本书的资料搜集与文稿校对工作,特此致谢!

此外,本书在撰写过程中,参考了大量学界理论界的既有研究成果,在此向各位学者与理论工作者致以谢意;本书最终得以顺利出版,既要感谢学校、学院各级科研项目出版基金的支持赞助,也要感谢人民出版社编辑赵圣涛老师的精心谋划与细心编校。与此同时,衷心感谢华南师范大学陈金龙教授与电子科技大学吴满意教授二位德高望重的学界前辈欣然为本书作序,亦令拙著增色不少。总之,在此向所有给笔者的研究工作以大力帮助的各位师友、同事、同行、家人、同学致以最真诚的感谢!

责任编辑：赵圣涛
封面设计：胡欣欣

图书在版编目（CIP）数据

川渝红色文化体系及其当代价值研究/刘宗灵等 著. —北京：人民出版社，
　2022.12
ISBN 978－7－01－025094－6

Ⅰ.①川…　Ⅱ.①刘…　Ⅲ.①革命史-研究-四川 ②革命史-研究-重庆
　Ⅳ.①K297.1②K297.19

中国版本图书馆 CIP 数据核字（2022）第 176566 号

川渝红色文化体系及其当代价值研究
CHUANYU HONGSE WENHUA TIXI JIQI DANGDAI JIAZHI YANJIU

刘宗灵　等　著

人 民 出 版 社 出版发行
（100706　北京市东城区隆福寺街 99 号）

中煤（北京）印务有限公司印刷　新华书店经销

2022 年 12 月第 1 版　2022 年 12 月北京第 1 次印刷
开本：710 毫米×1000 毫米 1/16　印张：18.5
字数：320 千字

ISBN 978－7－01－025094－6　定价：89.00 元

邮购地址 100706　北京市东城区隆福寺街 99 号
人民东方图书销售中心　电话（010）65250042　65289539